高职旅游专业实训系列教材

旅行社综合业务实训

Lǚxingshe Zongheyewu Shixun

刘雁琪 等●编著

北京·旅游教育出版社

策　　划：丁海秀　安颖侠
责任编辑：陈　志

图书在版编目（CIP）数据

旅行社综合业务实训／刘雁琪等编著． ——北京：
旅游教育出版社，2016.2
高职旅游专业实训系列教材
ISBN 978-7-5637-3338-5

Ⅰ．①旅… Ⅱ．①刘… Ⅲ．①旅行社—业务管理—高等职业教育—教材 Ⅳ．①F590.63

中国版本图书馆 CIP 数据核字（2016）第 037427 号

高职旅游专业实训系列教材
旅行社综合业务实训
刘雁琪等　编著

出版单位	旅游教育出版社
地　　址	北京市朝阳区定福庄南里1号
邮　　编	100024
发行电话	(010)65778403 65728372 65767462(传真)
本社网址	www.tepcb.com
E－mail	tepfx@163.com
排版单位	北京旅教文化传播有限公司
印刷单位	北京柏力行彩印有限公司
经销单位	新华书店
开　　本	787 毫米×960 毫米　1/16
印　　张	17.125
字　　数	226 千字
版　　次	2016 年 2 月第 1 版
印　　次	2016 年 2 月第 1 次印刷
定　　价	39.00 元

（图书如有装订差错请与发行部联系）

前　言

本教材是一本具有创新性的职业能力实训类教程,体现了职业教育改革的优秀成果,充分体现"做中学"以情境教学和项目教学为核心的实训教学理念,是以行动导向为指导的一本项目教学法的配套教材。它打破了以往相关教程的基本框架结构,对于知识的认知和学习不再是一味地追求老师讲学生听、填鸭灌输式的知识教学结构,而是根据学习领域的最新教学方法,重构了学生获取知识的过程,让学生在任务中、在实践操作中去获取经验性知识,让学生在完成任务的过程中,发现自己在知识上的欠缺时,自主地去寻找相关的信息进行学习。本书提供的学生信息页,可以辅助学生进行相关知识的学习。

旅行社综合业务实训课程是学生们在学习了相关专业课程之后的一门综合实训类课程,其前期课程是旅行社经营与管理、旅游经济学、旅游市场营销学和管理学概论等相关知识类型课程。它的后续课程就是企业的顶岗实习,是学生在到企业实习之前,所进行的针对旅行社综合业务的一个模拟演练过程。通过该课程的开设,让学生充分了解企业,认知企业的各个岗位,以及各个岗位的基本职能,同时掌握不同岗位所需要的基本能力和职业技能。让学生在去企业之前,更加明确自己的职业规划,避免就业后对具体职业的盲目,缩短了学生就业后的磨合期,可以更加有效地实现企业和学校的对接,让学生找到更适合自己的岗位。

本教材共设计了7大模块,每个模块下设若干实训项目,每个项目又分解为若干工作任务。教师在应用本教材的时候,可以引入一个教学情境:即让学生们(可分组进行)模拟开设一家旅行社,同学们各有分工,然后从旅行社的设立、名称的拟定、徽章的设计、旅游门市的设立、基调业务的处理、旅游产品的设计、产品的销售、产品接待的实施等若干模块实训中让学生逐步了解一个旅行社的运营状况、基本的业务范围、各个岗位的基本职能,以及在各个岗位中工作所需要的基本技能等知识。整个过程中,老师是一个引导者、辅助者的身份,应该让学生们更多地发挥其主观能动性。每个模拟旅行社的社长可以通过竞聘的方式,也可以轮流担任,所有的员工也可以通过招聘的方式来组成团队。在每个模块的实训中,这个团队是固定的,通过相互的磨合,最后形成良好的合作关系。教师在最后的考核中,要综合考核整个团队的工作,也要分别对每个学生的工作进展进行考核。在教学效果评价中,应该采取过程评价法,根据学生自评、小组评价、组间评价、教师评价来综合给出每个模块学生的实训效果评价。最后,所有模块结束后,成绩累计就是学生最后的课程评价分值。每个模块的分值比,由教师来确定。

  本教材在每个模块的学习中都强调了对学生各种动手能力的培养,每个实训项目结束后都有相应的小组汇报,或者是班级汇报。通过这些项目的实训,相信学生们能够在综合的职业能力上有很大的提升。在教学之初,或许很多学生还可能有些不适应,但我相信,只要坚持做好每个实训项目,认真完成每次任务,一定能够培养学生自我思考、承担责任、自主学习、语言表达、项目汇报、团队合作等多种综合技能,一定能够让学生受益无穷。

  作者分工:刘雁琪老师和童俊老师负责本书的整体设计和协调工作。童俊老师负责实训模块一的编写,刘雁琪老师负责实训模块二、四的编写,陈昱霖老师负责实训模块三、五的编写,王丽娟老师负责实训模块七的编写,李秀霞老师负责实训模块六的编写。

编者

2015 年 2 月

目 录

实训模块一　旅行社认知和设立 …………………………………… 1

　实训项目一　认知旅行社 …………………………………………… 2

　　任务1　旅行社情况调查 …………………………………………… 4

　　任务2　旅行社业务调研 …………………………………………… 6

　　任务3　旅行社案例分析 …………………………………………… 7

　　任务4　成果汇报与考核评价 ……………………………………… 8

　实训项目二　设立旅行社 …………………………………………… 12

　　任务1　为拟成立的旅行社起名和设计徽志 ……………………… 14

　　任务2　填写旅行社设立申请表 …………………………………… 14

　　任务3　成果汇报与考核评价 ……………………………………… 15

实训模块二　旅行社门市认知 …………………………………… 22

　实训项目一　认识旅行社门市 ……………………………………… 23

　　任务1　旅行社门市基本情况调查 ………………………………… 25

　　任务2　撰写旅游门市状况调研报告 ……………………………… 26

　　任务3　成果汇报与考核评价 ……………………………………… 27

　实训项目二　旅行社门市选址与设计 ……………………………… 31

　　任务1　旅行社门店选址和设计 …………………………………… 33

　　任务2　电脑绘制旅行社门店内部装修及外部装潢图 …………… 33

　　任务3　成果汇报与考核评价 ……………………………………… 33

　实训项目三　旅行社门市运营与管理 ……………………………… 37

　　任务1　模拟门市接待 ……………………………………………… 38

— 1 —

任务2　门市接待工作点评……………………………………… 38
　　任务3　制定旅行社门市员工管理规范…………………………… 38
　　任务4　撰写旅行社门市营销方案………………………………… 39

实训模块三　旅行社计调业务……………………………………… 44
实训项目一　计调工作认知……………………………………… 45
　　任务1　认识旅行社计调岗位……………………………………… 47
　　任务2　计调工作内容分析………………………………………… 48
　　任务3　成果汇报与考核评价……………………………………… 49
实训项目二　国内组团计调业务操作流程……………………… 58
　　任务1　设计产品和制定行程……………………………………… 60
　　任务2　定价与报价………………………………………………… 60
　　任务3　发团管理…………………………………………………… 62
　　任务4　成果汇报与考核评价……………………………………… 63
实训项目三　国内接待计调业务操作流程……………………… 78
　　任务1　地接线路设计……………………………………………… 79
　　任务2　产品计价与报价…………………………………………… 80
　　任务3　组织接团…………………………………………………… 81
　　任务4　成果汇报与考核评价……………………………………… 81

实训模块四　旅行社产品设计……………………………………… 89
实训项目一　旅游资源调查……………………………………… 91
　　任务1　本地旅游资源调查………………………………………… 93
　　任务2　周边旅游资源调查………………………………………… 94
　　任务3　撰写（　）区域旅游资源调研报告……………………… 95
　　任务4　成果汇报与考核评价……………………………………… 96
实训项目二　特定游客群体旅游需求调查……………………… 103
　　任务1　针对学生群体设计游客旅游需求调查问卷……………… 105
　　任务2　学生群体旅游需求调查…………………………………… 105

任务3　调查问卷结果分析 …………………………………… 106
　　任务4　成果汇报与考核评价 ………………………………… 106
　实训项目三　针对特定游客群体设计旅行社产品 …………………… 116
　　任务1　针对学生群体设计周末两日游旅游产品 …………… 117
　　任务2　针对特定群体设计主题创意旅游产品 ……………… 118
　　任务3　设计成果展示 ………………………………………… 118
　　任务4　考核评价 ……………………………………………… 118

实训模块五　旅行社外联销售 ……………………………………… 127
　实训项目一　旅行社外联岗位认知及外联市场分析 ………………… 128
　　任务1　旅行社外联销售岗位认知 …………………………… 130
　　任务2　外联部市场调研 ……………………………………… 131
　　任务3　成果汇报与考核评价 ………………………………… 132
　实训项目二　旅游产品促销方案设计 ………………………………… 139
　　任务1　旅行社促销案例收集与分析 ………………………… 141
　　任务2　旅行社产品促销方案设计 …………………………… 141
　　任务3　促销方案展示与考核评价 …………………………… 142
　实训项目三　旅游产品的销售技巧 …………………………………… 147
　　任务1　电话销售 ……………………………………………… 149
　　任务2　拜访客户 ……………………………………………… 150
　　任务3　门市销售 ……………………………………………… 150
　　任务4　与客人签订旅游合同 ………………………………… 151
　　任务5　成果汇报与考核评价 ………………………………… 156

实训模块六　旅行社接待业务 ……………………………………… 166
　实训项目一　地陪导游业务 …………………………………………… 167
　　任务1　模拟到当地火车站(或机场)接团 ………………… 169
　　任务2　带团过程中突发问题的处理 ………………………… 171
　　任务3　当地景点模拟讲解 …………………………………… 172

实训项目二　全陪导游业务 ·189
任务1　全国旅游景点的概述讲解 ·191
任务2　绘制全陪工作流程图 ·193

实训项目三　海外领队业务 ·215
任务1　开"赴英旅游团"行前说明会 ·217
任务2　领队工作中突发问题的处理 ·218

实训模块七　旅行社签证业务 ·228
实训项目一　接受客人咨询 ·230
任务1　准备相关资料,接受客人咨询 ·233
任务2　与客人协商并签订协议 ·233
任务3　人员信息收集 ·235
任务4　成果汇报与考核评价 ·235

实训项目二　签证手续准备 ·250
任务1　申请签证的各项资料的准备与核对 ·251
任务2　根据规定填写签证申请表 ·252
任务3　预约时间 ·252
任务4　成果汇报与考核评价 ·252

实训项目三　办理签证 ·258
任务1　携带相关资料于预约时间办理签证 ·260
任务2　对签证处审核出现的问题进行修正 ·260
任务3　领取签证并做好保管工作 ·260
任务4　成果汇报与考核评价 ·261

参考文献 ·266

实训模块一
旅行社认知和设立

▶ 本模块导读

  本实训模块由两个实训项目构成,通过两个具体项目的实训,使学生了解旅行社的基本情况、本地主要旅行社的数量和规模、每年接待游客的规模等,了解旅行社的业务范围、旅行社典型的案例分析与调查。学生还可以通过本实训模块了解旅行社发展的主要趋势及新的线上渠道的发展状况等。本实训模块的两个项目是紧密联系、环环相扣的。教师在指导学生进行本模块内容的实训时应该先整体介绍本模块的具体内容,然后分项目、分任务进行具体实训内容的实施。在实训任务区域的选取过程中,可以针对学生所居住区域进行相关的旅行社调查,还有就是针对线上旅行社的状况和业务的范围有针对性地进行调查。要求每个任务完成后要撰写完整的调研报告和案例分析报告。

▶ 实训目标

- 了解本地旅行社的基本概况;
- 了解旅行社基本的业务流程;
- 熟悉旅游调查的基本方法,能够运用相关调研工具完成具体目标调研;
- 能够针对具体的旅游案例进行分析;
- 能够模拟完成一家旅行社的设立;
- 学习并撰写调研分析报告。

旅行社综合业务实训

▶ **实训模块推荐课时** 10课时

▶ **具体实训项目**

表1-1 具体实训项目任务表

实训项目一 认知旅行社	实训项目二 设立旅行社
任务1 旅行社情况调查	任务1 为拟成立的旅行社起名和设计徽志
任务2 旅行社业务调查	任务2 填写旅行社设立申请表
任务3 旅行社案例分析	任务3 成果汇报与考核评价
任务4 成果汇报与考核评价	

实训项目一 认知旅行社

● **实训目标**

（一）熟悉本地旅行社的基本情况；
（二）了解旅行社的基本业务范围；
（三）了解旅行社的基本业务流程；
（四）学习调研报告的撰写方法。

● **实训推荐课时**：6课时

● **实训环境**：给每位学生配一台能上网的电脑的实训室。

● **实训项目介绍**

当地旅行社的发展状况是一个区域旅游业发展程度的直接代表，也是学生未来就业的主要行业之一。因此，了解当地旅行社的基本构成，了解旅行社的基本发展状况，旅行社的主要业务范围，对于学生了解当地的旅游业的发展有非常重要的意义。因此只有在很好地掌握了当地旅行社的基本发展现状和主要业务范围的基础上，学生才能更好地了解行业，了解企业，了解未来的从业岗位。

本实训项目采取实地调查和室内资料收集的方式。在实训条件上要求为学生提供可连接互联网的电脑，或其他上网的条件，以便于学生能够利用网络获取所需的各种信息和资源。在实训开始前要求教师为学生的调查提供大体的建议和方向,避免学生在操作的过程中,因没有找好方向而浪费人力和时间。

● **项目实训工作程序**

(一) 教师讲解

由教师布置总体实训安排,针对本实训提出总体要求,进行必要的关于旅行社的类型、获取资料的主要渠道的讲解以及讲解实地调查的方法和注意事项,主要的调查方向和调查的主要内容。

(二) 学生分组

在实训过程中把学员根据实际人数分成若干小组,每个小组选出一名组长组织整个调查工作过程,寻找可能提供当地旅行社情况的各种资料来源,着手进行相关资料的收集。

(三) 分组讨论

教师组织学员进行分组讨论,确定各小组的具体调查内容,提出意见要求。各个小组组长之间通过讨论选定各自小组调研的主要侧重方面,要求每个具体的调查内容都有小组进行调查,各小组之间可以有重叠的内容,但不能有内容空缺。

(四) 资料的收集

组长分配任务,开始收集当地旅游资源相关信息。小组成员在组长的带领下进行具体内容的分工,通过不同的渠道去获取信息,如去图书馆查找资料,上互联网查找相关旅行社的信息,通过电话访问企业,旅游相关主管部门等方法了解最新旅行社信息,访问当地的旅游局的官方网站和各大旅行社的官方网站获取具体的旅行社信息。

(五) 实际调查阶段

分组进行,每个小组根据自己确定的调查内容,对本地的旅行社进行实地调查,由于时间限制最好将本地的旅行社分区,分配布置任务,每个小组负责一个区域的主要旅行社的分布调研,并对所调查区域内的旅行社的发展状况进行评价。

(六) 小组资料汇总

整理旅行社调研的相关信息,将小组内部成员所收集和实地调查到的旅

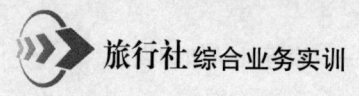

行社信息按不同需求汇总,分析选取出最为有用的信息,并编制有针对性调查报告,打印成文本。

(七)成果展示

各个小组最后进行自己所选调查内容的汇报,选取一名同学进行主要调研成果的课堂讲解与展示。

(八)集体评议

集体评议打分,由老师和全体学员一起进行各个小组最后成果的评议和打分。

(九)教师点评

指导教师进行整个实训过程的总结和点评,提出学员们在实训中的不足之处和可取之处。

(十)集体成果汇编

最后将各个小组成果汇总,形成一份比较完整的当地旅行社调查报告,为后面的实训项目和实训内容提供重要的基础资料。

- **具体任务分解**

任务1 旅行社情况调查

▶ **工作目标**

1. 掌握各种获取信息的渠道;

2. 让学生对当地的旅行社能够有比较充分的了解,能够将旅行社进行基本的分类,对当地旅行社发展状况有一定的了解。

▶ **推荐课时**:2课时

▶ **工作内容**

1. 通过网上查阅资料和实地调研的形式对某区的旅行社进行调查,填写调查表,实地调研分小组,3~5人为1组(根据学生和当地的具体情况,以下项目可做具体调整)。

主要调查内容包括:

(1)旅行社的名称;

(2)旅行社的地理位置;

(3)旅行社的注册资本;

（4）旅行社的类型；

（5）旅行社的业务范围；

（6）旅行社的组织结构（现场咨询）。

2.搜集该区旅行社的图片。

3.填写旅行社调查表格。

4.搜集旅行社的徽章，标志，主要办公地点的图片。

5.分工协作，各司其职。

6.以小组为单位完成各自的调研汇总，按时完成任务。

> **工作要求与注意事项**

1.本工作过程采取教师指导为辅，学生自主组织为主的方法，将学生分成5~6个小组来进行。在各个小组之间形成互相竞争比较的局面。

2.教师为学生提供主要调查内容的题目和主要查找信息资源手段的介绍，然后由学生自己通过各种可能的渠道进行所需资料的收集整理分析的工作。

3.学生根据所收集的当地旅行社的信息，通过网络、电话，或到实地进行调查。调查的内容主要依据实训要求中的各个分项。

表1-2　（　　）区域旅行社调查表

名称	位置	面积	工作人员数量	联系电话	旅行社类型	旅行社注册资本

调查小组成员：　　　　　　　　　　　　　　　　　　记录人：

汇总人：　　　　　　　　　　　　　　　　　　　　　审核人：

任务2　旅行社业务调研

➢ **工作目标**

1. 调研旅行社业务的基本范围；
2. 编写知名旅行社业务经营情况调查报告；
3. 讲述该旅行社业务经营特色。

➢ **推荐课时**：2课时

➢ **工作内容**

1. 查阅教学资源库中的企业库，搜集知名旅行社的相关信息，分析旅行社的经营范围；教师为学生提供电脑与网络、企业库。

2. 实地到该旅行社调研，收集相关资料，拍摄照片。

3. 编写旅行社业务经营情况调查报告。

（1）提供旅行社分类标准，学生依据旅行社的经营范围和服务流程，对旅行社的经营情况进行分析。

（2）编写1 000字的调查报告。

4. 阐述该旅行社业务经营特色和品牌特色产品。

（1）每名学生在小组范围内讲述自己对该旅行社业务经营特色的理解。

（2）以小组形式，选派1名成员在全班范围内进行汇报、交流与竞赛。

（3）评选出最佳汇报成果，老师点评。

➢ **工作要求与注意事项**

1. 以室内调查为主，主要通过网络、图书馆、电话咨询等方式进行调研。

2. 本工作过程采取教师指导为辅，学生自主组织为主的方法，将学生分成5~6个小组来进行。在各个小组之间形成互相竞争比较的局面。

3. 教师为学生提供主要调查内容的题目和主要查找信息资源手段的介绍，然后由学生自己通过各种可能的渠道进行所需资料的收集整理分析的工作。

4. 在整个过程中老师针对学生存在的问题随时进行指导，并随时解答学生的各种问题。

任务3 旅行社案例分析

➢ **工作目标**:能结合具体案例分析旅行社业务范围。
➢ **推荐课时**:0.5课时
➢ **工作内容**

【案例】

针对暑假亲子游的特点,上海锦江旅游有限公司适时推出了日本"动漫夏令营"、香港迪斯尼乐园等游玩项目,侧重孩子的喜好,注意参与性,不再停留于普通的观光休闲方式。动漫夏令营安排了宫崎骏博物馆参观,博物馆里珍藏了数以千计宫崎骏动画的原稿,让游客亲身体验动漫的无穷魅力。日本迪斯尼乐园、九州Kitty乐园更是带着小朋友进入童话的世界,不仅满足男孩子的喜好,还有适合女孩子的节目。

新趣香港游"家庭乐翻天"也是接连三年越来越火的项目,通常是两大人带一小孩,满二三十人就出团,平时每月一团,而到暑假则每周一团,它区别于普通shopping(购物团),充分挖掘香港的资源,全家同游,各取所需,实现效益最大化。

每到7月,锦旅还会推出"日本浪漫北海道熏衣草之旅",连续三年用心打造,口碑非常之好,据悉目前报名人数已爆满。上海锦旅同时推荐了许多值得期待的旅游产品,比如中东非洲的毛里求斯之旅,东南亚巴厘岛、马尔代夫等海岛游。

针对本案例,结合所学的知识回答下列问题:

(1)上海锦旅推出特色旅游产品,体现了旅行社的什么职能、属于哪种业务?

(2)结合案例中提供的信息,分析上海锦旅是国际旅行社还是国内旅行社,理由是什么?

(3)上海锦旅的成功做法对别的旅行社有何借鉴作用?

➢ **工作要求与注意事项**

1.分小组讨论,得出结论;

2.讨论亲子游市场的现状和主要的旅游线路有哪些。

任务4 成果汇报与考核评价

> **工作目标**

1. 进行成果汇报,掌握成果汇报展示的方法并进行训练;
2. 评价各组的工作情况。

> **推荐课时**:1.5 课时

> **工作内容**

1. 工作研讨交流:以组为单位交流汇报调研成果,组与组之间提出问题并交流,师生互动。要求用 PPT 展示,每组限定时间。
2. 学生自评,互评,小组组长点评各个组员的工作成效。
3. 指导教师给各组评分,并进行有针对性的点评。
4. 教师汇总各组成果形成最终全班的调研成果汇总。

表 1-3 特别提示:考核要领

内容	考核要领	常见错误
01 资料的收集	学员必须在规定时间内完成所选调查的内容,并以书面形式呈报成果	由于小组成员分工不合理等问题,不能在规定时间内按时完成最后的文本
02 小组资料汇总	各个小组都要求提供准确的资料来源,以便在此后的实训项目中其他学员可以更便捷地寻找到相关的资料	在最后的文本中只有相关的信息,没有信息来源
03 教师点评	学生在调查过程中注意总结遇到的问题,最后共同提出问题,大家一起进行讨论	
04 填写实训报告	按报告要求认真填写	填写不够认真

表1-4　学生自评表

考核项目:旅行社调查		班级	学生姓名	
小组组长		指导教师		教师评定
小组成员				
学生自评				
项目		分值	得分	
工作中对规范和标准的遵守		10		
查阅资料准备		10		
调研计划制订		10		
调研分工是否合理		20		
调研报告撰写是否能够反映实际情况		20		
调研报告撰写中是否能够检索参考足够的最新资料		20		
团队合作情况		10		
自我评价		时间的利用情况		
我的工作时间		1	提前	
		2	准时	
		3	超时	
我做得很好				
我做得不是很好				
下次换一种做法(改进)				
与老师的交流				
记录:				

表1-5 教师评价表

题目		班级		
教师				
	项目	权数	检查情况	成绩
1.咨询				
(1)学生能正确理解任务的要求和目标吗		1		
(2)学生努力获得信息了吗		1		
(3)学生已具备目前应有的知识和能力了吗		1		
(4)学生新的知识和能力的准备达到要求了吗		1		
2.计划和决策				
(1)学生做了行动计划了吗		1		
(2)确定了部分问题并找到解决的方法了吗		1		
(3)学生所确定的问题完整了吗		1		
(4)学生所确定的问题正确吗		1		
(5)学生所采取的步骤明智吗		2		
实施				
搜集资料	齐全、迅速	5		
资源检索渠道的寻求	争取选择各种资源检索渠道	10		
	高效完成任务	10		
有效信息收集	能够很好地进行调研	5		
	能够全面获取信息图片等	5		
调研报告撰写	资料翔实	10		
	问题,改进措施,撰写全面	10		
调研汇报	汇报全面	10		
	制作精美的PPT	10		
检查与评价				
学生准确实施了行动过程了吗		5		
学生报告的缺陷和修改措施		10		
学生怎样评价自己的成果		10		
总分			100	
分数				

表1-6　小组汇报展示评分表

组别：_____　　姓名：_____　　时间：_____

项　　目		应得分	扣分
调研成果展示	是否全面地进行了信息的收集	20分	
	是否在规定时间内完成了所要求的全部内容的调研	20分	
	调研成果课堂展示是否清晰顺畅	10分	
	调研报告文本	30分	
实训报告	实训心得	10分	
	回答问题	10分	

考核时间：　　年　月　日　　考评师(签名)：_____

- 学生信息页

一、旅行社的业务范围

(一)按经营范围划分

1. 入境旅游业务

2. 出境旅游业务

3. 国内旅游业务

(二)按服务流程划分

1. 旅游产品设计与开发业务

2. 旅行社服务采购业务

3. 旅行社外联销售业务

4. 旅游接待业务

二、旅行社基本业务及其与旅游者的关系

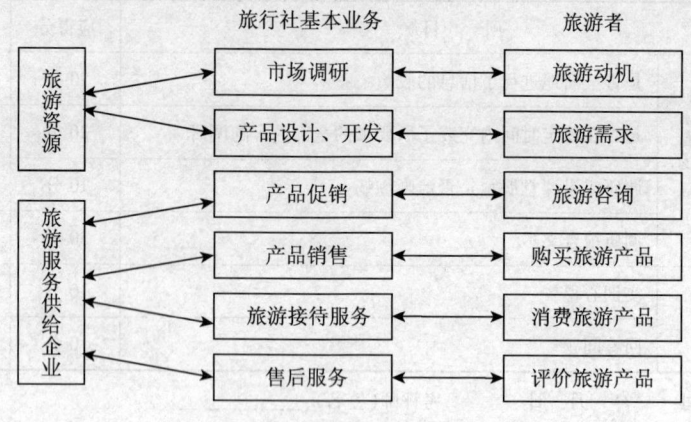

图1-1 旅行社基本业务图

三、旅行社的基本类型

（一）我国水平分工的旅行社

1. 经营国内旅游业务的旅行社
2. 经营国内、入境旅游业务的旅行社
3. 经营国内、入境、出境旅游业务的旅行社

（二）欧美国家垂直分工的旅行社

1. 旅游批发商
2. 旅游经营商
3. 旅游代理商

实训项目二 设立旅行社

● 实训目标

（一）会选择旅行社设立的地址；

（二）能为旅行社起社名和设计社徽；

（三）会撰写旅行社设立申请书，办理旅行社设立的手续。

实训模块一 旅行社认知和设立

- **实训推荐课时**:4 课时
- **实训环境**:给每个学生配备一台能上网的电脑的实训室。
- **实训项目介绍**

该项目是让学生们了解一个旅行社设立所需要的一些必需手续和基本方法,为学生以后在工作中自主创业提供基础,也是为学生以后能够在工作中逐步成长奠定基础。本实训项目主要是训练学生掌握旅行社设立的基本条件和基本方法,能够通过旅行社的虚拟设立了解旅行社选址、创办基本思路和方法。本实训内容关注的主要能力点为:①旅行社的选址;②旅行社的起名和徽章设计;③旅行社设立申请的撰写;④旅行社设立手续的办理。

- **项目实训工作程序**

(一)教师讲解

由教师布置总体实训安排,针对本实训提出实训总体要求,进行必要的基本方法的讲解和法律法规知识的引导回顾,企业案例展示。

(二)学生任务分配

在实训过程中可以把学生根据实际人数分成若干小组,但根据多年实践教学的经验,小组成员可以分工明确地进行角色扮演,例如经理,外联销售员,计调员,财务,票务员等,以小组为单位完成整个任务。

(三)分组讨论

教师组织学员进行分组(最好是课程之初就确定好组,不再每次重新组合,以节约时间)讨论。用头脑风暴的形式讨论,内容包括:所需要设立旅行社的性质、名称、含义、企业的口号、徽章等细节问题。

(四)任务分配

组长负责给每个人分工,任务明确,单独考核。

(五)小组回报

以小组为单位向全班同学汇报任务完成情况。

(六)教师点评

指导教师进行整个实训过程的总结和点评,提出学员们在实训中的不足之处和可取之处。

(七)集体成果汇编

最后将各个小组成果汇总,形成一个班级汇总文件,为下一步的实训内容提供重要的基础资料。

- 具体任务分解

任务1　为拟成立的旅行社起名和设计徽志

➢ **工作目标**:为拟成立的旅行社起名和设计徽志。

➢ **推荐课时**:1课时

➢ **工作内容**

1. 指导教师展示知名旅行社徽志;

2. 学生以组为单位,根据起名规则和徽志设计规则为拟成立的旅行社设计名字和徽志;

3. 研讨交流,对设计完的徽志作为学生的工作成果进行展示,学生阐述标志的含义,老师点评。

任务2　填写旅行社设立申请表

➢ **工作目标**:填写旅行社设立申请表。

➢ **推荐课时**:1课时

➢ **工作内容**

1. 依法填写旅行社设立申请书(准备好旅行社设立申请书模板,依法填写空缺的内容)。

2. 研讨交流:(1)对填写完的设立申请书作为学生的工作成果进行展示;(2)老师点评设立申请书填写是否规范,是否有遗漏,是否有违规之处。

附件:旅行社设立申请书模板

关于设立旅行社的申请

_____旅游局:

　　兹有 _____

　　申请在 _____

　　设立一家:　□国际旅行社,　□国内旅行社,

　　旅行社中文名称为:_____

　　英文名称及缩写为:_____

该旅行社采取_____方式设立，主要投资者及其投资额、出资方式为：

(1)

(2)

(3)

总投资额为 _____ 万元人民币。

特此申请，请按规定审批。

法定代表人：　　　　　　身份证号码：

工作单位：　　　　　　　电话：

住址：　　　　　　　　　邮编：

委托代理人：　　　　　　身份证号码：

住址：　　　　　　　　　电话：

申请人签章：

年　月　日

说明：

(1)抬头填写接受申请的旅游局名称，其中设立国际旅行社的填写辽宁省旅游局，设立国内旅行社的填写大连市旅游局。

(2)开始和结尾的申请人应当一致，多方共同投资的，应当推举一方为申请人。

(3)旅行社名称应当符合旅游和工商部门的有关规定，原则上应由注册地、旅行社字号和行业名称组成，公司制的还应包括企业组织形式；使用与其他旅行社相同的字号的，应附同意其使用的证明材料；国内旅行社名称中不得含有"国际""海外"和其他可能使人误认为其为国际旅行社的字样。

(4)设立方式包括独立投资、合伙投资、有限责任公司、股份有限公司等四种。

(5)有多位投资者的，最多填前5位。

(6)总投资中应包括质量保证金和注册资金。

任务3　成果汇报与考核评价

➢ **工作目标:**成果的汇报与交流。

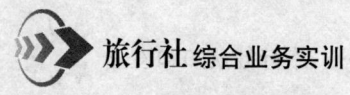

> **推荐课时**:2 课时
> **工作内容**

1. 各个小组内部进行研讨交流,汇报自己组项目完成情况;
2. 小组内部学生自评,互评;
3. 小组组长,点评各个组员的工作成效;
4. 小组汇总本小组的调研结果,进行班级内的汇报;
5. 指导教师对各组的工作情况进行针对性点评和评价;
6. 汇总全班的调研情况,上传至课程网站或公共学习邮箱。

表1-7 学生自评表

学生姓名				教师评定
自评				
学生自评				
项目	系数	最高分	得分	
工作中对规范和标准的遵守		10		
查阅资料准备		10		
旅行社名称的设计质量		10		
旅行社徽志的设计质量		20		
旅行社申报表的填写质量		20		
旅行社地址的选定质量		20		
团队合作情况		10		
自我评价	时间的利用情况			
我的工作时间	1	提前		
	2	准时		
	3	超时		
我做得很好				
我做得不是很好				
下次换一种做法(改进)				
与老师的交流				
记录:				

表1-8 教师评价表

题目	设立旅行社		班级	
教师				
	项目	权数	检查情况	成绩
1.咨询				
(1)学生能正确理解任务的要求和目标吗		1		
(2)学生努力获得信息了吗		1		
(3)学生已具备目前应有的知识和能力了吗		1		
(4)学生新的知识和能力的准备达到要求了吗		1		
2.计划和决策				
(1)学生做了行动计划了吗		1		
(2)确定了部分问题并找到解决的方法了吗		1		
(3)学生所确定的问题完整了吗		1		
(4)学生所确定的问题正确吗		1		
(5)学生所采取的步骤明智吗		2		
实施				
搜集资料	齐全、迅速	5		
旅行社选址	便捷、可进入性好	10		
	效益好	10		
旅行社起名	反映旅行社业务和宗旨	5		
	朗朗上口,有个性	5		
徽志设计	醒目形象	10		
	富有美感	10		
填写设立申请表	齐全	10		
	规范正确	10		
检查与评价				
学生准确实施了行动过程了吗		5		
学生报告的缺陷和改进措施		10		
学生怎样评价自己的成果		10		
总分			100	
分数				

- 学生信息页

一、旅行社设立的条件

（一）固定的营业场所

（二）必要的营业设施

（三）不少于 30 万的注册资本

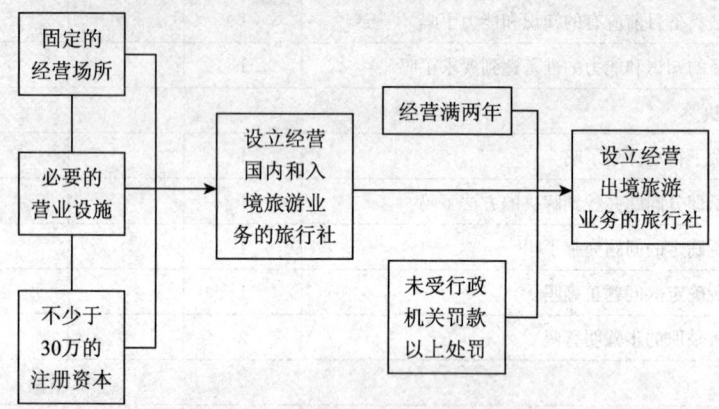

图 1-2　旅行社设立的条件

二、旅行社设立的程序

（一）酝酿阶段

做好市场调研，以便作出正确决策。

（二）准备阶段

1. 筹集资金

资金的组成有创办资金和营业资金。

资金的来源分三种：自有资金、合股集资和银行贷款。

2. 旅行社选址

旅行社选址需考虑影响旅行社选址的因素、旅行社主导业务、成本和投资者的个人偏好。旅行社选址原则有符合企业业务经营要求、便利原则、效益性原则。

3. 设计社名和社徽

社名要反映旅行社的业务和宗旨,要有个性,切忌雷同。

标志设计的方法:文字型、图案型、图文结合型。

中国国际旅行社总社
（图文结合型）

环境国际旅行社有限公司
（图文结合型）

图1-3 中国国际旅行社总社的标志　　图1-4 环境国际旅行社有限公司的标志

中国康辉旅行社集团有限责任公司的标志

康辉寓意"健康、辉煌、快乐、光明、向上",词义富有民族特色,欢乐吉祥。
其蕴含三层含义:
一是预示着企业发展前途光明;二是通过企业发展,造福国家、社会和大众;三是给忙碌的您愉悦身心、放松心情,畅游世界提供服务。

图1-5 中国康辉旅行社集团有限责任公司的标志

4. 申办阶段

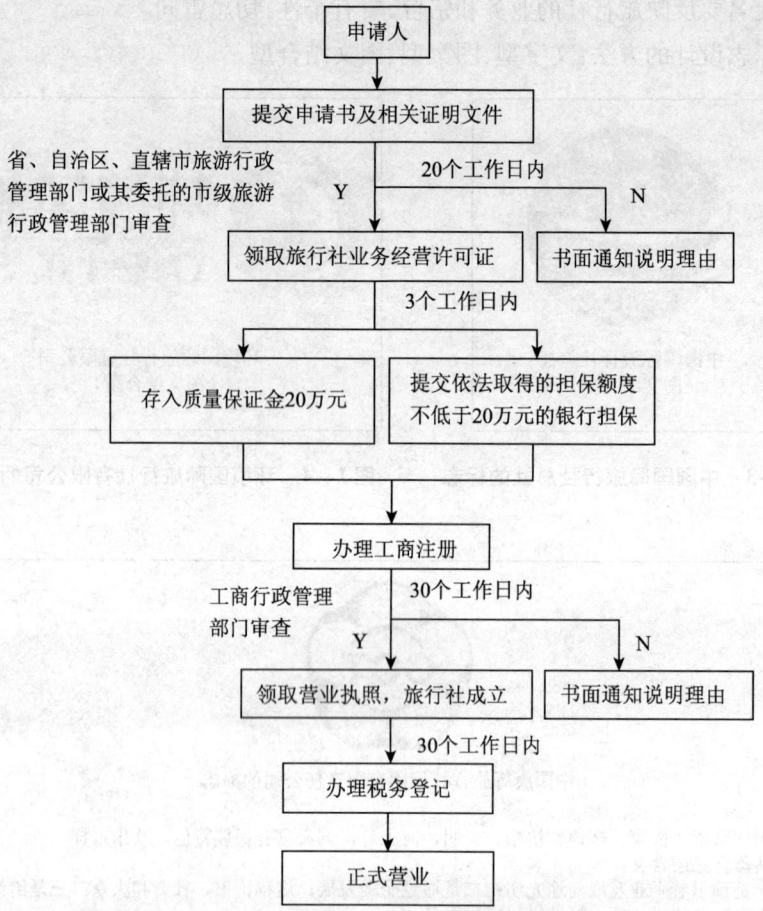

图1-6 申请设立经营国内和入境旅游业务旅行社的流程

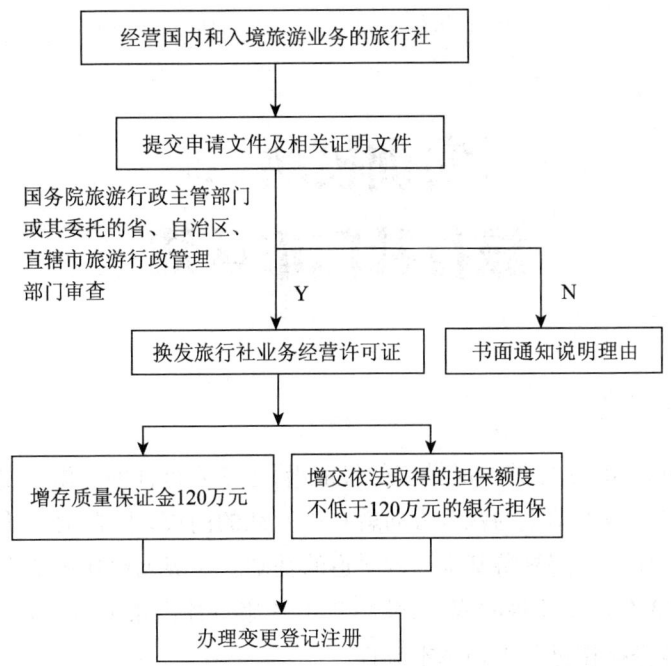

图 1-7 申请设立经营出境旅游业务旅行社的流程

实训模块二
旅行社门市认知

▶本模块导读

旅行社门市,是旅游产品销售的最前沿,也是旅行社面对游客最直接的宣传渠道。未来很多学生的就业方向就是旅行社的门市,因此对于旅行社门市的认知是让学生了解旅游基本运营渠道的基础。本实训模块由3个实训项目构成,通过3个具体项目的实训,使学生了解旅行社门市的基本情况,基本管理方法和业务操作过程中的基本流程。

▶实训目标

- 了解旅行社门市的基本情况;
- 了解如何为一家门市选址和门市的基本装潢装饰情况;
- 了解门市的基本的工作状况。

▶实训模块推荐课时 16课时

▶具体实训项目

表2-1 具体实训项目任务表

实训项目一 认识旅行社门市	实训项目二 旅行社门市选址与设计	实训项目三 旅行社门市运营与管理
任务1 旅行社门市基本情况调查	任务1 旅行社门市选址和设计	任务1 模拟门市接待
任务2 撰写旅游门市状况调研报告	任务2 电脑绘制旅行社门市内部装修及外部装潢图	任务2 门市接待工作点评

续表

实训项目一 认识旅行社门市	实训项目二 旅行社门市选址与设计	实训项目三 旅行社门市运营与管理
任务3　成果汇报与考核评价	任务3　成果汇报与考核评价	任务3　制定旅行社门市员工管理规范
		任务4　撰写旅行社门市营销方案

实训项目一　认识旅行社门市

- **实训目标**

(一)了解旅行社门市的基本类型;

(二)掌握旅行社门市的基本环境布置;

(三)了解旅行社门市基本办公设备的使用。

- **实训推荐课时**:4 课时
- **实训环境**:给每位学生配一台能上网的电脑的实训室。
- **实训项目介绍**

通过学生对当地某区域的旅行社门市基本情况的调研与调研报告的撰写,了解旅行社门市的基本情况与主要业务范围。通过分组区域调研,可以更大程度上涵盖本地区的主要旅行社门市的基本情况,了解其分布的主要地区,为以后在旅行社门市的工作打好基础。

- **项目实训工作程序**

(一)教师讲解

由教师布置总体实训安排,针对本实训提出总体要求,进行必要的关于门市的类型、基本情况的介绍。把学生分为若干小组,提出本次调研的重点区域。每个小组负责一个区域。做好分工与分区,是项目完成好坏的关键。

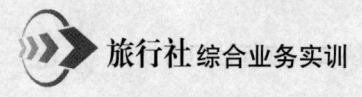

(二)学生分组

在实训过程中把学员根据实际人数分成若干小组,每个小组选出一名组长组织整个调查工作过程。分工明确,可以按照区域分工,将本小组负责的区域再次进行细分。

(三)分组讨论

教师组织学员进行分组讨论,确定各小组的具体调查内容,提出意见要求。各个小组组长之间通过讨论选定各自小组调研的主要区域,要求每个调查区域都要有小组进行调查,各小组之间可以有重叠的区域,但不能有区域空缺,最好不要出现无人调查的重点区域。

(四)资料的收集

组长分配任务,收集当地主要旅行社门市的相关信息。小组成员在组长的带领下进行具体内容的分工,通过不同的渠道去获取信息,如去图书馆查找资料,上互联网查找相关的信息,可通过电话访问旅行社门市获得更加详细的资料,电话咨询旅游相关主管部门等方法了解最新信息。

(五)实际调查阶段

分组进行,每个小组根据自己确定的区域和调查内容,对本地的旅行社门市进行实地的调查,由于时间限制最好将本地的门市进行细致分区,每个小组负责一个区域的主要旅行社的门市调查,并对所调查区域内的门市运营状况进行评价。

(六)小组资料汇总

整理旅游资源信息,将小组内部成员所收集和实地调查到的旅行社门市信息按不同类型汇总,分析选取出最为有用的信息,并编制有针对性的具体调研区域的旅行社门市调查报告,打印成文本。

(七)成果展示

各个小组最后进行自己所选调查区域旅行社门市资料汇报,选取一名同学进行主要调研成果的课堂讲解展示,也可以多人展示。

(八)集体评议

集体评议打分,由老师和全体学员一起进行各个小组最后成果的评议和打分。

(九)教师点评

指导教师进行整个实训过程的总结和点评,提出学员们在实训中的不足之处和可取之处。

（十）集体成果汇编

最后将各个小组成果汇总,形成一份比较完整的当地旅行社门市的调查报告,为下一个实训项目的实训内容提供重要的基础资料。

- **具体任务分解**

任务1　旅行社门市基本情况调查

➢ **工作目标**

1. 了解旅行社门市的基本概况;
2. 进行旅行社门市的调查。

➢ **推荐课时**:2课时

➢ **工作内容**

1. 调查(　)区主要的旅游门市。

分小组实地调查某区的旅游门市,每3~5人为一组,以游客的身份去各个旅游门市进行调查。主要调查内容包括:

(1)门市的名称;

(2)门市的地理位置;

(3)门市的面积;

(4)门市的内部结构和基本布局;

(5)门市的工作人员构成;

(6)门市的业务范围(现场咨询)。

2. 搜集各个门市的图片。

3. 填写调查表格。

4. 分工协作,各司其职。

5. 以小组为单位完成各自的调研汇总。

6. 工作研讨交流。以组为单位交流汇报调查成果,组与组之间提出问题,互相交流,师生互动,教师汇总各组成果形成最终成果。

表2-2　(　)区旅游门市调查表

名称	位置	面积	工作人员数量	联系电话	内部布局结构	主要业务范围

调查小组成员：　　　　　　　　　　　　　　　　　记录人：

汇总人：　　　　　　　　　　　　　　　　　　　　审核人：

任务2　撰写旅游门市状况调研报告

➢ **工作目标**

1. 根据实地调研结果和查询的相关资料撰写旅游门市状况调研报告；
2. 解读旅游门市的主要职能，主要的特点。

➢ **推荐课时**：1课时

➢ **工作内容**

1. 撰写旅行社状况调研报告。

(1) 查阅资料库，并上网搜集旅行社门市的相关知识与论文；

(2) 汇总各个小组实地调查的结果，分析调查各个旅行社的个性与共性。

(3) 撰写1000字左右的门市调研报告。

2. 要求。

(1) 分小组讨论，每人负责一部分调研报告的撰写。每个小组最后汇总成一个比较全面的调研报告。分析一下各个旅游门市现在存在的一些主要问题。

(2) 在规定的时间内完成调研报告的撰写，不能拖延。

3. 解读旅游门市的主要职能，主要的特点。

(1) 以小组为单位解读旅行社门市的主要职能，特色和布局特点。

(2) 在班级内部，以小组为单位汇报各个小组的调研结果和调研报告的成果。每个小组派出一个成员负责主要的汇报，其他成员补充。

任务3　成果汇报与考核评价

➢ **工作目标**

1. 根据旅行社门市调研结果和撰写的调研报告进行项目的课题展示;
2. 解读当地旅行社门市的主要特点和类型,分析存在问题。

➢ **推荐课时**:1课时

➢ **工作内容**

1. 工作研讨交流。以组为单位交流汇报调研成果,组与组之间提出问题,交流,师生互动,要求用PPT展示,每组限定时间。
2. 学生自评,互评,小组组长点评各个组员的工作成效。
3. 指导教师给各组评分,并进行有针对性的点评。
4. 教师汇总各组成果形成最终全班的调研成果汇总。

➢ **工作要求与注意事项**

1. 分小组讨论,PPT展示,汇报要求系统流程,符合调研汇报的要求。每人负责一部分调研报告的撰写。每个小组最后汇总成一个比较全面的调研报告。
2. 在规定的时间内完成调研报告的撰写,不能拖延。

表2-3　特别提示:考核要领

内容	考核要领	常见错误
01 资料的收集	学员必须在规定时间内完成所选区域旅行社门市调查,并以书面形式呈报成果	由于小组成员分工不合理等问题,不能在规定时间内按时完成最后的文本
02 小组资料汇总	各个小组都要求提供准确的资料来源,以便在此后的实训项目中其他学员可以更便捷地找到相关的资料	在最后的文本中只有相关的信息,没有信息来源
03 教师点评	学生在调查过程中注意总结遇到的问题,最后共同提出问题,大家一起进行讨论	
04 填写实训报告	按报告要求认真填写	填写不够认真

表2-4 学生自评表

考核项目:旅游资源调查		班级	学生姓名	
小组组长		指导教师		教师评定
小组成员				
学生自评				
项目		分值	得分	
工作中对规范和标准的遵守		10		
查阅资料准备		10		
调研计划制订		10		
调研分工是否合理		20		
调研报告撰写是否能够反映实际情况		20		
调研报告撰写中是否能够检索参考足够的最新资料		20		
团队合作情况		10		
自我评价		时间的利用情况		
我的工作时间		1	提前	
		2	准时	
		3	超时	
我做得很好				
我做得不是很好				
下次换一种做法(改进)				
与老师的交流				
记录:				

表 2-5　教师评价表

题目			班级		
教师					
	项目		权数	检查情况	成绩
1. 咨询					
(1)学生能正确理解任务的要求和目标吗			1		
(2)学生努力获得信息了吗			1		
(3)学生已具备目前应有的知识和能力了吗			1		
(4)学生新的知识和能力的准备达到要求了吗			1		
2. 计划和决策					
(1)学生做了行动计划了吗			1		
(2)确定了部分问题并找到解决的方法了吗			1		
(3)学生所确定的问题完整了吗			1		
(4)学生所确定的问题正确吗			1		
(5)学生所采取的步骤明智吗			2		
实施					
搜集资料	齐全、迅速		5		
资源检索渠道的寻求	选择资源检索渠道		10		
	高效完成任务		10		
有效信息收集	能够很好地进行调研		5		
	能够全面获取信息		5		
调研报告撰写	资料翔实		10		
	问题,改进措施,撰写全面		10		
调研汇报	汇报全面		10		
	制作精美的PPT		10		
检查与评价					
学生准确实施了行动过程了吗			5		
学生报告的缺陷和改进措施			10		
学生怎样评价自己的成果			10		
总分				100	
分数					

表 2-6 小组汇报展示评分表

组别：_____ 姓名：_____ 时间：_____

	项 目	应得分	扣分
调研成果展示	是否全面地进行了信息的收集	20 分	
	是否在规定时间内完成了所要求的全部内容的调研	20 分	
	调研成果课堂展示是否清晰顺畅	10 分	
	调研报告文本	30 分	
实训报告	实训心得	10 分	
	回答问题	10 分	

考核时间： 年 月 日 考评师（签名）：_____

- 学生信息页

一、门市的作用

门市是工作人员最先和旅游者接触的场所，处于旅行社服务的最前沿。门市工作人员把产品的信息详细地传递给旅游者，并取得旅游者的信任，最终把产品销售给旅游者。没有门市工作人员，旅行社的产品销售就会受到影响，从而最终影响到旅行社的进一步发展。门市的作用有以下几点：

①门市是旅行社的形象。
②门市是旅行社的窗口。
③门市是旅行社的广告。
④门市服务可以促进旅行社产品的销售。
⑤优质的门市服务能为旅行社产品增值。
⑥优质的门市服务能提升旅行社核心竞争力。

二、门市业务人员的素质和职责

门市接待人员的岗位职责主要包括介绍旅行社旅游产品、提供各种旅游咨询、办理各种旅游产品销售业务和处理各种文件。因此，旅行社在选择门市接待人员的时候，除了要求具备职业道德水准和身体健康条件外，还应该要求他们的素质和职责达到以下要求：

（一）业务素质

1. 精通旅游产品知识

门市接待人员首先应具备的业务素质是：精通旅游产品知识，熟悉产品的内容及在什么时间,以什么价格能够获得这些旅游产品。另外,门市接待人员还应该能够准确地判断各种旅游产品的质量,并能清晰地了解产品的各种特色,从而满足旅游者的多种需求。

2. 了解旅游者的需求

门市接待人员必须能够深入了解旅游者的需求,为了满足这一需求,门市接待人员必须具备旅游心理学方面的知识以及良好的交流能力,能够从旅游者的回答中抓住问题的实质,发现旅游者的真正需求。

3. 善于推销旅游产品

门市接待人员必须具备较强的产品推销能力。在旅游者咨询过程中,门市接待人员要积极主动向旅游者介绍本旅行社的旅游产品,并善于抓住任何机会引导旅游者购物。

4. 具有较高的文字水平

在旅行社门市接待过程中,接待人员除了回答旅游者提出的各种问题并提供咨询意见和建议外,还要填写各种表格和起草各种业务文件。因此,门市接待人员应具有较高的文字水平。此外,随着旅行社电子商务平台的建设,还要求从业人员具有较高的计算机操作水平。

(二)岗位职责

1. 介绍旅游产品

门市接待人员的岗位职责是向访客介绍旅行社的各种旅游产品。为了做好这项工作,门市接待人员必须能够做到以下两个方面:①熟悉主要旅游目的地的有关情况;②掌握本旅行社业务范围内的旅游产品情况。

2. 提供旅游咨询服务

3. 销售旅游产品

4. 处理各种文件

实训项目二 旅行社门市选址与设计

• 实训目标

(一)了解旅行社门市选址的一般方法;

(二)了解旅行社门市内部的基本布局;

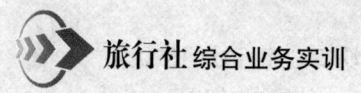

（三）能设计一个旅行社的简单装潢与布置。
- **实训推荐课时**：4课时
- **实训环境**：给每个学生配备一台能上网的电脑的实训室。
- **实训项目介绍**

旅行社门市是旅游销售的最前端，也是未来学生工作的一个主要环境。对于旅行社门市选址与设计的实训，能够让学生更加充分了解一个旅游门市的功能和作用，未来也为学生成为一个旅行社门市的店长打下坚实的基础。

重要训练点：1. 旅游门市选址的方法原则；
2. 简单的门店内外装潢与设计的方法。

- **项目实训工作程序**

（一）教师讲解

教师布置总体实训安排，针对实训提出实训总体要求，提供门市选址的方法和原则，讲解一些简单的制图方法和软件。

（二）学生任务分配

在实训过程中可以把学生根据实际人数分成若干小组，但根据多年实践教学的经验，最好是让每个学生都能负责一部分工作，才能调动学生的积极性。

（三）分组讨论

教师组织学员进行分组讨论（最好是课程之初，就确定好分组，不再每次重新组合，以节约时间）。

（四）选址与设计方案的确定

学生根据讨论的结果确定本组的选址方案与内部布局设计方案。

（五）形成展示的文本与设计图

利用各种软件，或者手绘的形式展示各个组自己的门市选址与内部装潢设计方案。

（六）教师点评

指导教师进行整个实训过程的总结和点评，提出学员们在实训中的不足之处和可取之处。

（七）集体成果汇编

最后将各个小组成果汇总，形成一份比较完整的门市选址与装潢案例库。

- **具体任务分解**

任务1　旅行社门店选址和设计

➢ **工作目标**：完成旅行社门店的选址和设计。

➢ **推荐课时**：1课时

➢ **工作内容**

1. 指导教师展示旅行社门市的主要类型和一些典型的旅行社门市的主要装潢样式；

2. 指导学生在上一节课程中对门市区域进行调查，并进行旅行社门市的选址和内外装潢设计；

3. 小组成员内部研讨交流；

4. 初步确定门市的选址范围；

5. 绘制门市的内部装修和布局图，以及简单的外部设计思路示意图。

任务2　电脑绘制旅行社门店内部装修及外部装潢图

➢ **工作目标**：电脑完成设计示意图样。

➢ **推荐课时**：2课时

➢ **工作内容**

1. 利用制图软件将自己设计的旅行社门市图样在电脑上展示；

2. 小组内部讲解自己设计的思路和想法；

3. 小组内部交流点评；

4. 教师点评学生成果。

任务3　成果汇报与考核评价

➢ **工作目标**

1. 完成成果的汇报与交流；

2. 工作绩效考核。

➢ **推荐课时**：1课时

➢ **工作内容**

1. 各个小组内部进行研讨交流，汇报自己组项目完成情况；

2. 小组内部学生自评，互评；

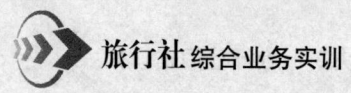

3. 小组组长点评各个组员的工作成效;

4. 小组汇总本小组的成果,进行班级内的汇报;

5. 指导教师对该组的工作情况进行针对性点评和评价;

6. 汇总全班的调研情况,上传至课程网站或公共学习邮箱。

表2-7 学生自评表

考核项目:门店选址与设计		班级		学生姓名		
小组组长			指导教师			教师评定
小组成员						
学生自评						
项目			最高分		得分	
工作中对规范和标准的遵守			10			
查阅资料准备			10			
门店选址依据调查			10			
小组分工协调是否合理			20			
手工布置的门店图样是否符合要求			20			
电脑图样设计是否美观、有特色,又有可操作性			20			
团队合作情况			10			
自我评价			时间的利用情况			
我的工作时间			1	提前		
			2	准时		
			3	超时		
我做得很好						
我做得不是很好						
下次换一种做法(改进)						
与老师的交流						
记录:						

表2-8 教师评价表

题目		门店选址与设计	班级		
教师					
		项目	权数	检查情况	成绩
1.咨询					
(1)学生能正确理解任务的要求和目标吗			1		
(2)学生努力获得信息了吗			1		
(3)学生已具备目前应有的知识和能力了吗			1		
(4)学生新的知识和能力的准备达到要求了吗			1		
2.计划和决策					
(1)学生做了行动计划了吗			1		
(2)确定了部分问题并找到解决的方法了吗			1		
(3)学生所确定的问题完整了吗			1		
(4)学生所确定的问题正确吗			1		
(5)学生所采取的步骤明智吗			2		
实施					
	搜集资料	齐全、迅速	5		
	门店选址	合理	10		
		大小合适	10		
	门店设计	符合门店的要求	5		
		有特色、有创意	5		
	手工图样制作	图样能说明问题	10		
		图样美观大方	10		
	电脑图样制作	利用合适软件	10		
		图样美观,有吸引力	10		
检查与评价					
学生准确实施行动过程了吗			5		
学生门店选址设计的缺陷和改进措施			10		
学生怎样评价自己的成果			10		
总分				100	
分数					

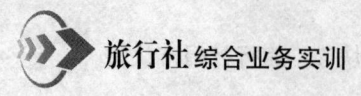

● 学生信息页

一、门市选址的原则

门市选址需符合的"四大"原则:(1)旅行社或门市的经营战略;(2)旅行社或门市的市场定位;(3)旅行社或门市业务经营的要求;(4)旅行社或门市的经营性原则。

二、门市选址的依据

(一)目标市场

旅行社产品的目标市场是选取营业场所的地点时需要首先考虑的因素。营业场所应尽量设在其目标客源群体最集中的地方或其附近的地点。

(二)方便顾客

方便顾客是旅行社门市地点选取应该考虑的第二因素。一般来说,顾客很少愿意到距离自己所住或者工作单位较远的旅行社门市部进行旅游信息的咨询。同时,顾客也不愿为咨询而耗神费力地去找门市。因此,旅行社应该设立在商业区、居民区、机关企业等较为集中的地方。而且,一般都设在临街的门面房或楼房的一层。旅行社很少将门市柜台设在闹市区或商店里面,因为这里的人群流动性大,移动速度快,不利于顾客寻找。

(三)位置醒目

旅行社在选择门市的地点时,还要考虑所选择的地点是否容易被顾客找到。通常旅行社把门市设立在主要交通干线,而不会设立在偏僻的巷子。

(四)旅行社门市部门相对集中

有些人主张旅行社门市部不应该设立在旅行社聚集的地区,那样会造成旅行社之间过度竞争,新门市业务难以开展。事实上,在旅行社相对集中的地区设立门市,虽然在经营上有较大的压力,但是这种压力却有利于它的发展。由于地处同行相对集中的地区,旅行社门市可以借鉴同行们的经营管理经验,变压力为动力。同时,处于相对集中的地区本身就是吸引旅游者前来咨询和购买旅游产品的一个有利条件。

实训项目三　旅行社门市运营与管理

- **实训目标**

（一）了解旅行社门市对客服务的基本流程；

（二）了解旅行社门市基本运营模式；

（三）了解旅行社门市人员管理的基本方法。

- **实训推荐课时**：4课时
- **实训环境**：给每个学生配备一台能上网的电脑的实训室。
- **实训项目介绍**

旅行社门市是旅游销售的最前端，也是未来学生工作的一个主要环境，对于旅行社门市的基本工作流程和工作内容的实训可以让学生简单地了解旅行社门市工作的基本情况，是学生未来进行职业选择的一个前期铺垫与准备。

- **项目实训工作程序**

（一）教师讲解

由教师布置总体实训安排，针对本实训提出实训总体要求，提供门市运营管理的基本方法和主要工作内容的介绍。

（二）学生任务分配

在实训过程中可以把学生根据实际人数分成若干小组，以小组为单位完成实训任务。分组考核。在完成任务的过程中，锻炼学生的团队合作能力。

（三）分组讨论

教师组织学员进行分组（最好是课程之初，就确定好了组，不再每次重新组合，以节约时间。）讨论。头脑风暴的形式讨论，确定本组完成任务的方案和步骤以及实施的方法和注意事项。

（四）分组完成各个小组的任务和展示工作

（五）教师点评

指导教师进行整个实训过程的总结和点评，提出学员们在实训中的不足之处和可取之处。

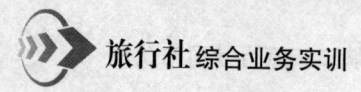

- **具体任务分解**

任务1　模拟门市接待

➢ **工作目标**：模拟进行旅行社门市接待。

➢ **推荐课时**：0.5课时

➢ **工作内容**

1. 全班分成6个小组，每个组选出组长一人；
2. 两个组之间互相扮演旅行社门市的接待人员和顾客，模拟进行旅行社门市接待工作的演练；
3. 在接待工作中要注意接待的程序。

任务2　门市接待工作点评

➢ **工作目标**：点评门市接待任务的完成情况。

➢ **推荐课时**：0.5课时

➢ **工作内容**

1. 通过模拟接待工作，各个小组的成员之间互相提出存在的问题，错误的地方和改进措施；
2. 小组互相交流，组长点评；
3. 教师点评；
4. 每个同学撰写一个门市接待工作的心得体会。

任务3　制定旅行社门市员工管理规范

➢ **工作目标**

1. 制定旅行社门市员工管理规范；
2. 培训学生作为基层领班人——旅行社基础管理者的能力。

➢ **推荐课时**：1课时

➢ **工作内容**

1. 全班分成五六个小组，每个组选出旅行社店长一人，其他同学分别充当旅行社门市的其他工作人员；
2. 店长主持与员工一起讨论制定本旅行社门市的员工管理规范；
3. 要求规范中至少涉及的内容包括：门市形象管理制度、考勤制度、门市运营管理制度、员工激励制度、员工考核制度等。

任务4 撰写旅行社门市营销方案

➢ **工作目标**:模拟制定旅行社门市营销方案。

➢ **推荐课时**:2课时

➢ **工作内容**

1. 以小组为单位模拟经营一家旅行社门市;
2. 制定旅行社门市运营的营销方案;
3. 创新思维,提出具体的方法,如何让自己的旅行社门市能够取得好的经营业绩;
4. 撰写一个旅行社门市营销项目企划书。

表2-9 学生自评表

考核项目		班级		学生姓名		
小组组长			指导教师			教师评定
小组成员						
学生自评						
项目				最高分	得分	
工作中对规范和标准的遵守				10		
查阅资料准备				10		
接待工作的程序				10		
小组分工协调是否合理				20		
是否能够按照工作任务很好地完成相关规范、企划的制定				20		
工作的完成是否具有创新性				20		
团队合作情况				10		
自我评价				时间的利用情况		
我的工作时间				1	提前	
				2	准时	
				3	超时	

续表

我做得很好		
我做得不是很好		
下次换一种做法（改进）		
与老师的交流 记录：		

表 2-10　教师评价表

题目	旅行社门店运营管理		班级	
教师				
项目		分值	检查情况	成绩
1. 咨询				
（1）学生能正确理解任务的要求和目标吗		10		
（2）学生努力获得信息了吗		10		
（3）学生已具备目前应有的知识和能力了吗		10		
（4）学生新的知识和能力的准备达到要求了吗		10		
2. 计划和决策				
（1）学生做了行动计划了吗		10		
（2）确定了部分问题并找到解决的方法了吗		10		
（3）学生所确定的问题完整了吗		10		
（4）学生所确定的问题正确吗		10		
（5）学生所采取的步骤明智吗		20		
总分			100	
分数				

● 学生信息页

一、门市服务基本规范

标准化、规范化的对客服务是门市成熟的标志,只有做好标准化、规范化的对客服务工作,才能进一步追求门市的个性化服务。一般来说,门市对客服务主要包括以下环节:

(一)进门问候

(二)接触搭话

1. 搭话的机会

①旅游咨询者较长时间凝视某条宣传路线时;

②旅游咨询者把头从青睐的线路上抬起来时;

③旅游咨询者临近资料架停步用眼睛看某条线路的图片时;

④旅游咨询者拿起某条线路的资料时;

⑤旅游咨询者在资料架旁边寻找某条线路时;

⑥旅游咨询者把脸转向门市接待人员时。

2. 接触搭话的方法

(1)打招呼法

(2)介绍旅游产品法

(3)服务性接近法

(三)出示旅游产品

(1)示范法

(2)感知法

(3)多种类出示法

(四)参谋推荐

①列举旅游产品的一些卖点或者亮点等特色;

②确定能满足旅游咨询者的需要;

③向旅游咨询者说明购买此项旅游产品所能获得的利益。

(五)促进信任的机会

①旅游咨询者关于旅游产品的问题提完时;

②旅游咨询者默默无言、独立思考时;

③旅游咨询者反复询问某个问题时;

④旅游咨询者的谈话涉及旅游产品售后服务时。

(六)提供建议的方法

(1)直接建议法

(2)选择旅游产品法

(3)化短为长法

(4)机不可失法

(5)印证法

(6)奖励法

(七)签订合同

(八)收取费用

(九)收尾工作

二、店面形象管理规范

①门店招牌、店外标识每月清洗一至两次。如有脱落、破损应立即重新粘贴或更换。

②门店各类证照、公告应整齐悬挂在醒目位置,框架大小要一致。

③门店雨天需在入口处放置塑料桶,方便顾客放雨伞,确保地面干爽。地面湿滑时应摆放防滑标识牌。

④门店卖场通道要保持通畅,不允许堆积任何物品。对于废弃的纸箱、条码纸、标价签等必须随时清理放于指定的地点,保持整洁的购物环境。

⑤门店要灯光柔和,亮度适中。

⑥到期促销海报和告示牌要及时拆除,拆除后应彻底清理干净。

⑦门店使用的各类设备,工具(包括清洁工具,如桶、抹布、清洁剂、拖把、扫把等)使用完后应立即放回指定位置。

⑧门店入口的玻璃橱窗应保持清洁明亮,每周应清洗一次。

三、门店服务管理规范

(一)着装仪容

①门店员工上班时间应按照规范着公司统一定做的制服,夏、冬装需全店统一。制服要求:干净、平整、扣齐所有纽扣、衣领无汗迹,衣袖及裤脚不得翻卷、挽起。不得穿拖鞋。

②上班时间必须佩戴工作牌,工作牌应端正佩戴在胸部左侧适当位置。

③头发应修剪、梳理整齐、保持干净。

④女员工须化淡妆,忌浓妆艳抹。男员工不能留胡须,面部清洁无油腻。

(二)行为举止

①站立姿势:应精神饱满站立服务。不能驼背、耸肩、插兜等,不能叉腰、交抱胸前,或放在背后。

②不能在营业场所里搭肩、挽手、挽腰。

③上班时间不得闲聊,不得哼歌曲、吹口哨。

④不在营业场所议论顾客及其他同事是非。

⑤注意自我控制,在任何情况下不得与顾客或同事发生争吵。

⑥上班时间不能吃食物,不得看与工作无关的书报杂志,不得无故脱岗。

⑦不得在营业场所内大声喧哗、打闹、嬉戏以及有朝顾客打哈欠等不雅动作。

(三)接待顾客

①亲情服务标准接待用语:您好!/需要我帮忙吗?/对不起,请稍等!/麻烦您,请让一下! 随时留意顾客的购物状态,当顾客表现出对旅游商品感兴趣时,应及时上前询问顾客需要什么帮助。

②当顾客需要什么帮助时,应面带微笑向顾客打招呼,应使用标准用语"先生/小姐:您好,请问有什么可以帮忙吗?"绝对不能置之不理。

③如果正忙于接待顾客,另有顾客需要服务时,应用和缓的语气请其稍等,应说"请稍等,我马上就来",并尽快完成对前一位顾客的服务。

④遇到不会讲普通话的顾客,而又听不懂顾客的语言时,应微笑示意顾客稍等,并尽快请能听懂该语言的人员协助。

实训模块三
旅行社计调业务

▶ 本模块导读

本实训模块由3个实训项目构成,通过3个具体项目的实训,使学生了解旅行社计调部门的机构设置,熟悉计调岗位的主要业务内容,掌握组团计调业务操作流程和地接计调业务操作流程。本实训模块的3个项目是概说与分论的紧密关系。

实训项目一主要介绍了旅行社计调的含义、计调的岗位职责、人员的素质要求,通过对该项目的学习,使学生对旅行社计调工作有了一个基本的认识和了解。围绕知识点,设计了实训任务,以进一步增强学生对所学知识的理解与运用,为后面的学习打好基础。

实训项目二重点介绍国内组团计调业务的操作流程与方法。组团计调是旅行社计调业务中最常见的一种。通过本项目的学习,学生掌握了如何选择接团社、与合作社洽谈、确认计划、编写计划书、向地接社预报旅游计划、监督控制发团过程。

实训项目三主要介绍国内接待计调的业务操作流程与方法。通过本项目的学习,学生将掌握如何根据组团社要求设计行程内容,如何对内计价与对外报价,如何进行详细的接团准备、制定相关的一系列工作表单,以及如何按照工作流程操作接团业务。

▶ 实训目标

- 了解旅行社计调部的机构设置、计调岗位的工作内容和工作要求;
- 了解组团计调的定义、接团社的选择标准;

实训模块三 旅行社计调业务

- 熟悉旅游团队档案的建立方法;
- 掌握国内旅游组团业务操作流程和团队计划的制订;
- 掌握地接行程设计的具体操作步骤、计调接待计划的制订和变更的方法;
- 能够运用所学到的知识独立完成组团计调和地接计调的工作流程。

▶ **实训模块推荐课时** 18课时

▶ **具体实训项目**

表3-1 具体实训项目任务表

实训项目一 计调工作认知	实训项目二 国内组团计调业务操作流程	实训项目三 国内接待计调业务操作流程
任务1 认识旅行社计调岗位	任务1 设计产品和制定行程	任务1 地接线路设计
任务2 计调工作内容分析	任务2 定价与报价	任务2 产品计价与报价
任务3 成果汇报与考核评价	任务3 发团管理	任务3 组织接团
	任务4 成果汇报与考核评价	任务4 成果汇报与考核评价

实训项目一 计调工作认知

- **实训目标**

(一)了解什么是计调工作及旅行社计调部的机构设置;
(二)熟悉旅行社计调岗位的工作内容和工作要求;
(三)熟悉旅行社计调的岗位职责和计调人员应具备的素质要求;
(四)掌握旅行社计调的工作流程;
(五)能撰写出旅行社计调岗位工作职责和计调人员招聘启事。

- **实训推荐课时**:4课时
- **实训环境**:给每位学生配一台能上网的电脑的实训室。

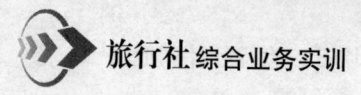

- **实训项目介绍**

通过本项目的学习,让学生掌握什么是计调工作,了解计调部的机构设置,熟悉计调岗位职责、计调工作的要求,了解计调人员应具备的素质,并能为合作旅行社撰写出计调岗位工作职责和计调工作人员招聘启事。

本实训项目采取实地调查和室内资料收集的方式进行。在实训条件上要求教师为学生提供可连接互联网的电脑或其他上网的条件,以便于学生能够利用网络获取所需的各种信息和资源。在实训开始前要求教师为学生的调查提供大体的建议和方向,避免学生在操作的过程中因没有找好方向而浪费人力和时间。

- **项目实训工作程序**

(一)教师讲解

由专业教师或聘请企业兼职教师进行计调工作认知讲解,内容包括旅行社计调的含义、计调部机构设置、计调的岗位职责、业务范围、计调人员的素质要求、工作方法等。

(二)学生分组

在实训过程中把学生分成若干小组,共同完成小组讨论、资料搜集、方案设计等工作。

(三)案例认知

引入案例,组织学生进行分组讨论,加深对旅行社计调岗位的认知。

(四)引入真实的工作任务

1. 为合作旅行社拟一份计调工作人员的招聘启事
2. 设计一份旅行社计调岗位工作职责说明书

(五)学生调研,完成任务

学生分小组调研合作旅行社,了解计调工作基本情况,完成计调岗位工作职责和计调工作人员招聘启事的撰写,依托任务,完成对知识的建构。

(六)研讨交流

以组为单位交流汇报调查成果,组与组之间提出问题,互相交流。

(七)教师点评

指导教师进行整个实训过程的总结和点评,提出学员们在实训中的不足之处和可取之处,并做相关资料补充。

● **具体任务分解**

任务1　认识旅行社计调岗位

➤ **工作目标**

1. 了解旅行社计调部的机构设置；
2. 了解企业对计调人员的职业要求和岗位要求；
3. 熟悉旅行社计调的岗位职责和计调人员应具备的素质要求。

➤ **推荐课时**：2课时

➤ **引导案例**

2009年7月26日，一个14人的旅游团队即将从青岛返京。行程上写的是乘坐T26次火车20:15从青岛发，次日早5:38抵北京站。青岛××旅行社的导游提前1小时把团队送到了青岛火车站，就等票务送票来。但是直到19:45票也没送来。大家都很焦急，一直在追问导游到底是怎么回事。导游也急得不断给社里计调打电话。

开车前20分钟得到确切消息，硬卧票只买到了2张。客人顿时炸了锅。早知如此，可以坐中午的动车组返回，本来下午也是自由活动的。旅行社为何不早和客人沟通？但是事已至此，抱怨什么也无济于事。何况青岛暑期尤其是周末的火车票紧张是全国闻名的。

最后社里计调把到手的2张票分给了团里带学生的大人和孩子，委托车站的人找到了列车长把另外4人送上车去补卧铺票。其余8个人被免费安排住进了宾馆，并买了第二天早上的机票送客人飞回北京。

仅此一项，这家旅行社就损失了4 000多元。

针对本案例，结合所学的知识思考下列问题：

(1) 本案例中造成旅行社损失的原因在哪里？
(2) 要想成为一名优秀的计调，在平时工作中需要注意哪些事情？

➤ **工作内容**

1. 调研当地一家旅行社，弄清其内部机构设置和计调岗位职责。

工作要求：通过网上查阅资料和实地调研的形式对某区的旅行社进行调

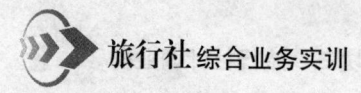

查,填写调查表。实地调研分小组,3~5人为1组,调查之后填写旅行社调查表格。

主要调查内容包括:

(1)旅行社的名称

(2)旅行社的地理位置

(3)旅行社的组织结构(现场咨询)

(4)计调部的岗位职责及业务范围

表3-2 某区旅行社调查表

名称	地址	注册资本	业务范围	组织结构	计调部职责

2.为合作旅行社拟一份计调工作人员的招聘启事。

3.设计一份旅行社计调岗位工作职责说明书。

任务2 计调工作内容分析

➢ 工作目标

1.熟悉旅行社计调岗位的工作内容;

2.掌握计调工作在旅行社产品生产过程中所处的地位。

➢ 推荐课时:1课时

➢ 工作内容

根据所提供的北京四晚五天的旅游接待计划,完成以下任务:

1.通过分析,指出接待计划中安排不合理的地方;

2.通过网络、书籍等途径查找资料信息;

3.编制新的接待行程;

4.以小组为单位,每组派一名同学对本组编制的接待计划行程进行汇报,其他小组及教师对其进行评议。

➢ 工作要求与注意事项

1.将学生每5~8人分为一组;

2. 学生分组时要适当考虑生源组成,做到郊区与市区学生的搭配;

3. 需要学生对北京地区的道路交通状况有一定的了解;

4. 需要学生对北京地区的旅游资源分布情况进行调查,要熟悉主要旅游资源的分布;

5. 旅游接待计划的编制要做到经济、合理。

表 3-3 旅游行程表

旅行社名称	中国青年旅行社	团号	ZQL—DL20120408	国籍(地区)	大连	人数	28
地陪	李冰 138××××××		司机	王建平 139××××××	全陪	戴芳 135××××××	
宾馆	华都饭店	餐标		正餐25元/人,10菜1汤,10人1桌,不含酒水;早餐15元/人/餐		文娱	杂技表演
抵京时间		CZ6125/09:10		离京时间		CZ6132/20:20	
行程安排	日期	旅游行程			住宿	餐饮	
	04/06	接机,午餐后参观天安门广场			华都饭店	中、晚	
	04/07	毛主席纪念堂、故宫、景山、北海、恭王府(自理)、王府井小吃夜市			华都饭店	早、中、晚	
	04/08	颐和园、奥运村外景、十三陵长陵			华都饭店	早、中、晚	
	04/09	天坛、大观园、八达岭长城、天地剧场杂技(自理)			华都饭店	早、中、晚	
	04/10	自由活动,送团				早、中	
服务标准	报价包含:三星级酒店、旅游空调车、景点首道门票、中文导游服务。儿童不含床、景点门票,只含车、半价餐。全陪门票自理。						

任务3 成果汇报与考核评价

> **工作目标**

1. 让学生们掌握成果汇报的方法;
2. 选取代表展示实训成果,并进行考核评价。

> **推荐课时**:1 课时

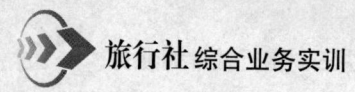

> **工作内容**

1. 进行实训项目的汇报与交流；
2. 学生自评、互评，小组组长点评，实训教师总评；
3. 实训教师对学生进行全面考核与成绩评定；
4. 教师汇总各组成果并完成集体成果汇编。

工作重点：成果汇报展示的方法。

● 学生信息页

一、旅行社计调的概念

计调，顾名思义，就是计划、调度的意思。旅行社的计调业务有广义与狭义之分。广义的旅行社计调是指为旅行社决策而进行的市场调研、提供信息、编制计划等参谋类工作，以及为实现旅游计划目标而进行的统筹安排、协调联络、组织落实、协议签订、监察监督等业务类工作。狭义的旅行社计调是指在旅行社的接待业务中为旅游团队或散客安排各项旅游活动的工作人员，他们的工作包括吃、住、行、游、购、娱事宜的安排，旅游合作伙伴的选择，导游人员的委派，旅游接待计划的制订，并协同处理有关计划变更事项和突发事件，以及编制旅游预算等业务。

简言之，旅行社计调业务对外就是代表旅行社同旅游服务供应商建立广泛的协作网络，签订采购协议，保证提供游客所需的房、餐、大交通和当地用车、景区讲解等各种服务，并协同处理有关计划变更事项和突发事件；对内就是做好联络和统计工作，为旅行社高层进行业务决策和计划管理提供信息服务。

在旅行社行业有时也称从事该工作的人员为计调员、线控、团控等，在从事国际旅游业务的旅行社通常又称为 OP（operator），意为"操作者"。日语里把计调称为"担当"。

二、旅行社计调的分类

从业务范畴划分，计调人员可分为组团类计调、接待类计调、批发类计调、专项类计调四种，而这四种计调又可细分为若干个类别。

(一)组团类计调

组团类计调按游客出行目的地又可划分为中国公民国内游计调、中国公民出境游计调。

1. 中国公民国内游计调

(1)中长线计调

国内中长线,是指从客源地通过各种手段招徕本地旅游团体或零散客,向游客提供游程通常在3天以上,需要通过飞机、火车等交通方式运达旅游目的地,委托当地接待社完成所约定的接待项目,并在旅游目的地使用区间交通工具的旅游线路。负责这类线路操作的专职人员通常被称为中长线计调。

(2)短线计调

这里所说的短线,通常是指旅游目的地在客源地周边,以使用旅游汽车作为主要交通工具,通常由组团社自己接洽或委托接待社安排用车、用餐、景点游览、酒店住宿、派发导游等事宜的旅游线路。负责操作这类线路的专职人员通常被称为短线计调。

2. 中国公民出境游计调

中国公民出境游计调根据出境地区及语系可划分为:①欧美澳加地区计调;②德法西葡地区计调;③非洲地区计调;④东南亚地区计调;⑤日韩地区计调;⑥俄罗斯北欧地区计调;⑦伊斯兰中东地区计调;⑧港澳台地区计调;⑨印巴南亚地区计调;⑩拉美地区计调。

(二)接待类计调

接待类计调是指在接待社中负责按照组团社计划和要求安排旅游用车、用餐、住宿、游览、派导游等事宜的专职人员。

1. 国内旅游接待计调

(1)单一地方旅游接待计调

(2)学生夏令营、冬令营活动计调

2. 国际入境旅游接待计调

国际入境旅游接待计调根据入境地区及语系可划分为:①欧美澳加地区计调;②德法西葡地区计调;③非洲地区计调;④东南亚地区计调;⑤日韩地区计调;⑥俄罗斯北欧地区计调;⑦伊斯兰中东地区计调;⑧港澳台地区计调;⑨印巴南亚地区计调;⑩拉美地区计调。

(三)批发类计调

1. 国内游专线同业批发计调

国内游专线同业批发计调是指集合本地区旅游同行客源,将其发往国内指定的旅游目的地,交由接待社完成对旅游同行承诺的接待内容和标准的专职人员。

2. 出境游专线同业批发计调

出境游专线同业批发计调是指集合本地区旅游同行客源,将其发往中国以外的国家和地区(含港澳台)指定的旅游目的地,交由接待社完成对旅游同行承诺的接待内容和标准的专职人员。

(四)专项类计调

1. 商务会展计调

2. 学生游计调

3. 老年游计调

4. 特种游计调(修学游、摄影游、探险游等)

5. 机酒类计调

6. 签证类计调

三、旅行社计调部的机构和设置

旅行社计调部的工作包括采购业务、客流调度平衡和统计等。一般中小旅行社设有 1~3 个计调人员,大的旅行社则根据业务量设置计调人员。

(一)中小旅行社计调部的岗位分工

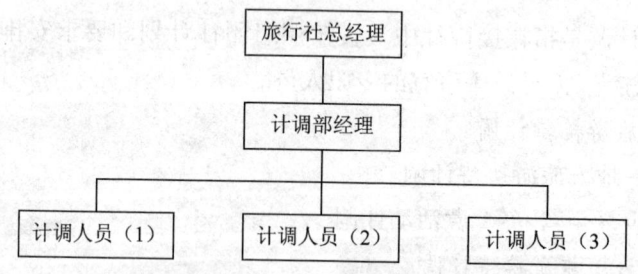

图 3-1 中小旅行社计调部的岗位分工

(二)大型国际社计调部的岗位分工

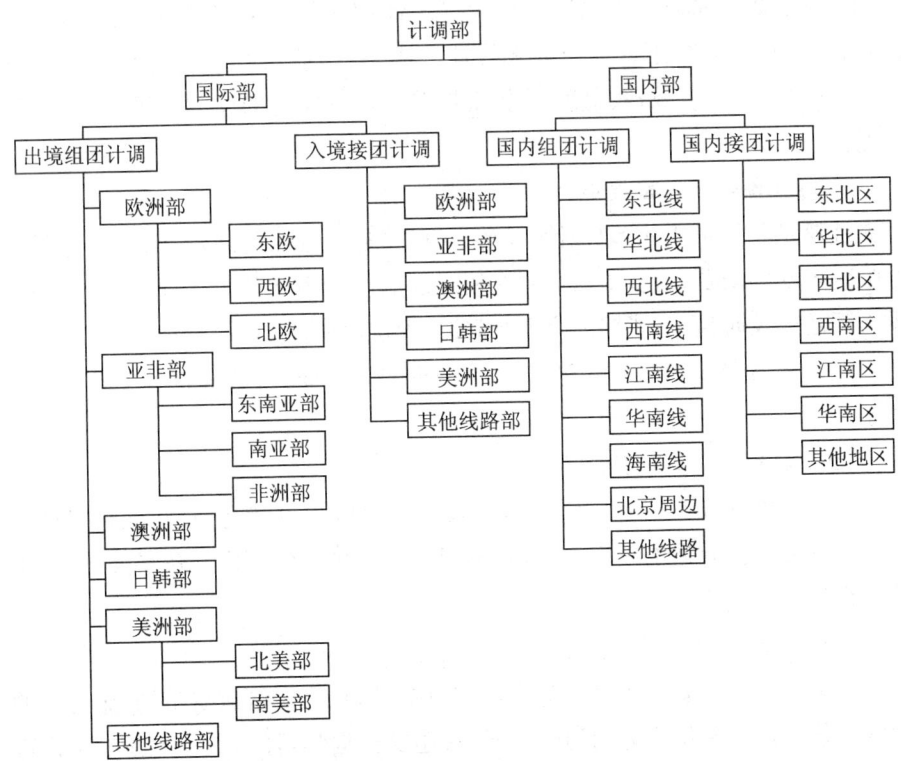

图3-2 大型国际社计调部的岗位分工

四、旅行社计调人员应具备的职业素质

(一)爱岗敬业,工作细致

必须热爱旅游事业,计调工作是由无数琐碎的工作环节组成的,没有敬业乐业的精神,是无法把这份工作做好的。旅游是个一环紧扣一环的活动,而负责将这些环节紧扣在一起的工作便由计调人员去完成。如果没有认真负责的工作态度,票务、用车、接送团队等其中一环没扣好或没扣上,就会出现一招不慎、满盘皆乱的失控局面。

(二)具备良好的交际沟通能力,掌握与合作企业的谈判技巧

计调的社交能力非常关键。计调需要和票务、酒店、车队及同行之间进行合作,在这种情况下良好的交际能力非常重要。比如说,计调与票务的关系直

接影响到团队是否有机票或者火车票出行,计调与酒店销售部的关系直接关系到旺季房源紧张时能否给团队留房等。计调在与有关部门单位的协作中,既要合作愉快,又要注意维护本旅行社的声誉,为旅行社取得优惠的协议价格,争取最大的经济效益,这就要求计调需要具有较高的谈判水平,善于人际沟通。

（三）具备较强的应变能力

计调是联系组团社、地接社、导游、司机、票务、客人的纽带,随时会遇到一些临时出现的问题,这就要求计调有较强的应变能力和及时处理问题的能力,重大问题要及时请示,能够解决团队问题,保证团队质量。

（四）具备较强的法律意识、风险意识和市场意识,对旅游相关法规要了如指掌

（五）具备精确的预算能力

必须要做到成本控制与团队运作效果相兼顾。也就是说,必须在保证团队有良好的运作效果的前提下,能在不同行程安排中编制出一条最经济、成本控制得最好的线路。

（六）具备不断学习、创新的能力

计调人员必须要认识到不断学习的重要性,认真了解旅游市场、旅游目的地的变化及地接单位实力的消长情况等;还要根据学习的收获,不断对工作进行改进,跟上时代潮流的发展。

（七）具备较深厚的综合知识功底

计调方方面面的工作需要计调员具备较深厚的综合知识功底。首先,接听客人电话、回复客人关于旅游的问询,就要涉及旅游目的地的景区景点和当地的风土人情知识。其次,写行程时恰当的词语修饰会让枯燥的线路充满生机,引起客人向往。再次,和客人见面谈判时,计调谈吐中露出的专业知识和深厚内涵会增强客人的信心。

五、旅行社计调人员岗位职责

①负责接待、安排旅游团队和发报计划、公关协调等。对有关交通、导游服务及食、住、游、购等,尽量考虑周到,在确保团队质量的前提下,力争低成本、高效益。

②广泛收集和了解不断变化的旅游市场信息及同行相关信息,对其他旅

行社推出的常规、特色旅游线路逐一分析、修改、制定和完善本社各常规线路的行程及具体安排,及时提出符合客人要求的旅游线路及报价建议。

③接收各类传真件和电子邮件,收到计划后应认真阅读,以书面形式回执确认。及时将计划输入电脑。

④在每个带团导游出发前,应对带团的详细资料、注意事项,以及在此线路中可能出现的问题和解决建议作出全方位的考虑,并告知导游人员,尽可能做到防患于未然。

⑤在每个旅游团行程结束后,有关导游、司机报账时,要严格把关,并与财务部门仔细核对每一项账目,确保准确无误。

⑥及时整理团队资料,做好归档工作,以便查找,包括:日常业务中的传真件、本社及合作社的宣传资料及业务合作相关资料等。

六、旅行社计调承担的主要业务

(一)收集信息

计调每天要收集大量关于旅游方面的信息,包括旅游者的、旅游服务供应商的、合作伙伴的,计调人员要将这些信息进行分类、加工、整理,以备业务之需。同时要将自己旅行社的产品信息通过发布渠道让旅游者知晓。

(二)编制计划

客人招来后,计调部门就是旅游团接待工作的第一站。计调收到旅游团的要求后,应立即根据客人的要求,结合本社的实际情况和目的地的接待条件,科学而合理地编制旅游接待计划,为旅游接待工作提供依据。

(三)组织联络,对外采购

旅行社组织一个旅游团的旅行过程本身就是一个比较复杂的过程。它的涉及面很广,碰到的问题很多,而在第一线的导游人员却没有足够的时间和充分的条件来处理旅途中遇到的棘手问题。这就需要旅行社在经营管理中有24小时不间断的值班联络中心,来及时、准确、无误地处理旅游团的问题。如团队在旅途中发生车祸,在饭店财物被盗,游客在旅途中生病、死亡等,就需要向有关部门及保险公司通报,采取相应措施。发生航班或车、船班次的变更、取消,则需要马上与饭店、餐厅、车队联系并作出相应的安排。采购的旅游服务要保证供应,不至于各站之间发生脱节,维护旅游者的合法权益,保证团队的旅游质量。

旅行社作为旅游行业的中介组织,向旅游者提供的食、住、行、游、购、娱等产品大部分不是自己生产的,而是由其他旅游企业供应的,或者说是旅行社向其他旅游服务企业采购的,然后加上自己的导游及其他综合服务再销售出去。目前,我国旅行社除导游服务外,其余服务几乎都是从其他旅游供应商那里采购来的。这个采购的职能即是由计调承担的。

旅行社通过与许多旅游企业建立采购关系,向游客提供服务,如酒店、餐厅、航空公司、铁路公司、车船公司、游览景点、娱乐场所及各地的接待社等。在采购旅游服务过程中,作为一家旅行社不可能去干涉饭店的经营管理,不可能去调度航空公司飞机的飞行时间和线路,但旅行社计调却可以在采购业务过程中发挥选择职能,在众多的采购对象中选择最理想的合作伙伴,进行优化组合,构成一个最佳服务系统,以保证旅行社的最优服务质量。

(四)安排落实

安排落实接待计划,是旅行社计调人员的核心工作,旅游团队能否按质按量地享受在合同中约定的各项服务,在很大程度上取决于计调人员安排落实接待计划的好坏。接待计划确认后,计调人员就应安排导游人员,调配车辆,向合作单位确认团队计划,将团队行程涉及的项目都落实到位,有效保证团队接待的质量。

(五)质量跟踪

质量跟踪主要是对旅游团队运行质量、导游服务质量、接待社服务质量、各个旅游服务提供商的服务质量进行跟踪掌握,评估考核。一旦发现质量问题,就要立即指出并责令改正,或采取措施予以补救。

(六)参谋咨询

计调部门是旅行社决策层搞好计划管理的参谋部门。旅行社决策层要编制计划,就要掌握全面而科学的统计资料,而这些资料大部分来自计调部门。计调部门不仅有旅行社接待旅游者的全部资料,而且有与其他旅游企业的交往资料。这些经过分析和统计的资料,就是旅行社决策层进行计划管理的依据。

(七)费用结算

旅行社和饭店、餐厅、交通部门等接待单位的经济结算,是通过接待计划和合同来完成的。而这些接待计划往往会因为导游或其他人为的疏忽而产生差错,或由于交通、气候等因素的影响而发生变化,这就给财务结算带来了麻烦。

在这种情况下,计调部门旅游团的原始资料,就成了团队财务结算的凭证。

七、计调在旅行社运行中的重要性

计调在旅行社的整体运作中发挥着极其重要的作用,在旅游行业中,一直就有"外联买菜,计调做菜,导游带游客品尝大餐"的说法,可见,外联、导游、计调各司其职,都是旅行社业务中十分重要的角色。计调人员素质与水平的高低,直接决定着旅游行程的服务质量,所以有人把"计调"比喻为"旅游行程中的命脉"。在旅行社的所有岗位中,计调是完成地接、落实发团计划的总调度、总指挥、总设计,负责行程计划的编排、核价报价和监督落实行程中的各项安排,事无巨细,大权在握。

 小贴士

旅行社计调工作八大禁

口头确认或不明确确认。计调在与相关合作单位确定吃、住、行、游、购、娱等方面的接待事宜时,必须以接收到对方盖有公章或者业务专用章的确认函或者对方盖有公章或者业务专用章的传真确认件为准,并加以核实,不能接受对方的口头确认或者网络聊天确认,即使对方是很熟的合作对象也不可以。

工作无条理。计调需要处理各种各样的日常或者突发事件,也需要与各种各样的人打交道,这就要求计调人员做事要有条理、有计划,要分清轻重缓急,更要准备好各种情况下的处理预案。计调要对每一个运行团队的基本情况烂熟于心,并适时进行双向的信息沟通。

延误回复。计调人员对每一项需要回复的要求都应予以重视,绝对不能拖延或者应付。否则,就会误事,或是失去客户。比如,对方要求你提供一个产品的报价,或者一条旅游线路设计,你必须尽快从自己的资料库中提取相关信息,进行加工润色之后,在3~5分钟之内回复。

滥用通信设备。计调人员对打出或打入的电话都应该言简意赅,快捷明了,不能闲扯过多的无关话题。同时,计调必须24小时开机,保证联系畅通。目前旅游从业者的年轻化越发明显,年轻人间有比较多的话题,有些人经常以工作名义互相聊天、套近乎,从而达到笼络客户的目的。但是,这种既浪费时间又浪费资源的方法是不可取的,把你与对方互相恭维的时间用在如何把团

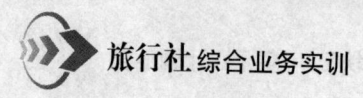

队做好上,你会得到更多的客户。充分利用好通信设备,也是作为一个合格计调的必要素质。

作业不精心。计调人员要缜密严谨,心细如发,目光如电,能够发现接待计划中的细微变动,要对特殊要求仔细研究,要有重复检查及细节检查的意识。把每一项需要向接待人员交代的注意事项落实到书面上,不能只是在脑子里过一下或者临时现想。

行程安排不合理。计调要对本接待区域的吃、住、行、游、购、娱等事项全面了解并实地查看,还要掌握这些事项的最新变化,要以最优化的组合,妥善安排旅游接待计划。对于诸如看日出、观潮汐、进场馆看比赛等活动,要严格掌握时间、地点、规则、禁忌、路线等。要适时与有关接待人员进行信息沟通,虚心听取他们的意见、建议。

与外联人员缺乏沟通。计调在安排团队接待计划及接待人员时一定要联系本团的外联人员,向他详细了解团队的有关信息及特殊要求,并据此作出有针对性的接待计划。只有加强沟通,增进了解,才能给游客提供更舒心的服务。

对合作社缺乏了解。计调在联系合作旅行社时要对其进行深入了解,诸如规模、行业信用度、团量等信息都是必须要掌握的,是否是"黑社"更要从严核实。

实训项目二　国内组团计调业务操作流程

- 实训目标

(一)了解组团计调的定义和接团社的选择标准;
(二)熟悉旅游团队档案的建立方法;
(三)掌握国内旅游组团业务操作流程和团队计划的制订;
(四)学会发传真、拟定旅游团队确认书、制订旅游行程安排计划书。

- 实训推荐课时:8课时
- 实训环境:给每位学生配一台能上网的电脑的实训室。
- 实训项目介绍

现代旅行社的计调类型非常多,比如按照组团类可以分为中国公民国内游计调和中国公民出境游计调,按照接待类可以分为国内接待计调和国际入境接待计调,按照批发类可以分为国内旅游专线同业批发计调和出境旅游专线同业批发计调,按照专项类可以分为商务会展计调、学生游计调、老年游计调、特种游计调、签证类计调等。其中,组团计调和接团计调是旅行社计调业务中最常见的两种。

本项目重点介绍计调部国内组团计调业务的操作流程与方法。通过本项目的学习,学生将了解到旅行社组团业务是旅游产品销售过程中的一个重要环节,是旅行社销售产品、实现利润的有效途径。选择接团社、与合作社洽谈、确认计划、编写计划书、向地接社预报旅游计划、监督控制发团过程都是计调必须掌握的重要工作技术。

● **项目实训工作程序**

(一)教师讲解

由专业教师或聘请企业兼职教师先进行简要介绍,介绍内容包括组团计调的定义、业务操作流程,接着分任务详细讲解流程中几项重要内容——旅游产品设计和发团管理。

(二)学生分组

在实训过程中把学生分成若干小组,共同完成小组讨论、资料搜集、市场调查、方案设计、发团管理等一系列工作。

(三)引入真实的工作任务

1. 根据某地的旅游资源,设计一项能突出本地文化底蕴、人文习俗的旅游产品;

2. 根据地接社所提供的接待计划,作出产品的报价;

3. 根据地接社所提供的接待计划,完成整个发团工作流程。

(四)学生调研,完成任务

学生分小组进行资料收集、整理、选择,完成产品设计及发团业务流程。

(五)研讨交流

以组为单位交流汇报调查成果,组与组之间提出问题,互相交流。

(六)教师点评

指导教师进行整个实训过程的总结和点评,提出学员们在实训中的不足之处和可取之处,并做相关资料补充。

- **具体任务分解**

任务1　设计产品和制定行程

➢ **工作目标**

1. 了解组团计调的业务操作流程；
2. 熟悉产品设计的流程和原则；
3. 掌握行程制定的内容、流程与原则；
4. 能根据相关要求为旅行社设计产品和制定行程。

➢ **推荐课时**：2课时

➢ **工作内容**

1. 请设计一条针对北京游客的承德二日游线路(火车团)；
2. 根据本地旅游资源实际，设计一项能突出本地文化底蕴、人文习俗的旅游产品。

➢ **工作要求与注意事项**

1. 通过网络收集、实地调研等途径，对本地旅游资源进行调查；
2. 根据特定人群设计调研问卷，调查游客的旅游需求；
3. 在分析游客旅游需求的基础上设计旅游产品；
4. 以组为单位展示、交流设计的旅游产品。

任务2　定价与报价

➢ **工作目标**

1. 熟悉组团社的计价方式；
2. 掌握旅行社产品的定价工作流程；
3. 掌握旅行社产品的定价目标和策略；
4. 能为产品制定合理的价格并能快速、准确地报价。

➢ **推荐课时**：2课时

➢ **工作内容**

假设你是北京青年旅行社的一名计调，将组织一个20人旅游团去承德旅游，请根据地接社(鑫发旅行社)所提供的承德二日游的接待计划，做出产品的报价。

表3-4 承德避暑山庄、普宁寺、小布达拉宫二日精华游

第一天

交通：北京—承德(行程约230公里,行车时间约4.5小时)			
上午	下午	用餐	住宿
08:05由北京站乘坐K7711次赴塞外明珠——承德(行程约230公里,行车时间约4.5小时)。	午餐后游览仿照西藏布达拉宫建造的规模宏大的小布达拉宫(80元套票费用自理,游览时间约为90分钟),欣赏藏传佛教建筑的金碧辉煌。后赴须弥福寿之庙参观(套票,游览时间约为60分钟),此庙又称班禅行宫,参照西藏扎什伦布寺而建。继而前往中国北方最大的佛教活动场所——普宁寺(50元费用自理,游览时间为90分钟),瞻仰世界上最大的金漆木雕佛千手千眼观世音菩萨。(晚餐自理)晚餐后入住酒店休息。	午餐	承德

第二天

交通：承德—北京			
早餐后退房,赴世界文化遗产、中国现存最大的古典皇家园林——避暑山庄游览(120元,游览时间180分钟)。参观皇宫博物馆、赏野鹿,游览电视剧《还珠格格》的拍摄地漱芳斋——烟雨楼、仿江苏镇江金山寺而建的金山上帝阁、仿杭州西湖苏堤而建的芝径云堤、世界上最短的河流——热河及中国古代的主题公园——万树园。	午餐后(午餐自理)由承德乘K7712次列车返回北京,结束难忘的承德之旅!	早餐	

报价:261元/人

报价所含:

1. 住宿:二星或按二星级建造的酒店,30元/人天
2. 用餐:1早1正餐,早餐10元/人,正餐20元/人

3. 用车:当地空调旅游车,20 元/人。

4. 门票:避暑山庄首道门票 120 元/人。

5. 导服:10 元/人。

6. 返程火车票及订票费:41 元/人 + 10 元/人 = 51 元/人。

报价未含服务:

1. 推荐项目及客人的个人消费。

2. 所含费用中未提到及未包括的其他费用。

3. 因不可抗拒的客观原因和非我公司原因(如天灾、战争、罢工等),我社保留变更行程的权利;如政策性调价或人力不可抗拒因素所产生费用,由客人承担。

4. 自费项目推荐:避暑山庄环山车,50 元。

承德鑫发旅行社

×××

年 月 日

组团社定价数据

火车票	北京—承德,K7711,08:05,硬座 41 元
订票费	10 元/人
全陪补助	100 元/天
全陪房	50 元/天
全陪餐	10 元/人餐
保险	3 元/人
利润	50 元/人

任务 3 发团管理

> **工作目标**

1. 了解团队档案的建立;

2. 熟悉接团社的选择标准;

3. 掌握发团工作流程及团队计划的制订。

> **推荐课时**:3 课时

> **工作内容**

请根据任务 2 中地接社(鑫发旅行社)所提供的承德二日游的接待计划,完成整个发团工作流程。具体要求如下:

1. 为该团建立团号;

2. 向地接社预报计划;

3. 收到地接社回执后,向地接社发正式计划(发团确认书、具体行程安排);

4. 拟定游客出团通知书;

5. 设计一份游客服务质量反馈意见表。

任务4　成果汇报与考核评价

➢ **工作目标**

1. 选取代表汇报与展示本项目实训成果;

2. 评价各组的工作情况。

➢ **推荐课时:** 1 课时

➢ **工作内容**

1. 成果准备与汇报;

2. 进行讨论与评议;

3. 学生与教师打分;

4. 确定考核成绩;

5. 进行成果汇总。

● 学生信息页

一、组团计调的概念

组团,是指客源地的旅行社通过各种招揽手段形成本地旅游团体或零散客,将其送往指定的旅游目的地游览,委托当地接待社负责完成所约定的旅行游览活动的过程。组团计调就是在组团社内负责操作组团流程的专职人员。组团计调按游客出行目的地又可划分为中国公民国内游计调、中国公民出境游计调。

二、组团计调业务操作流程

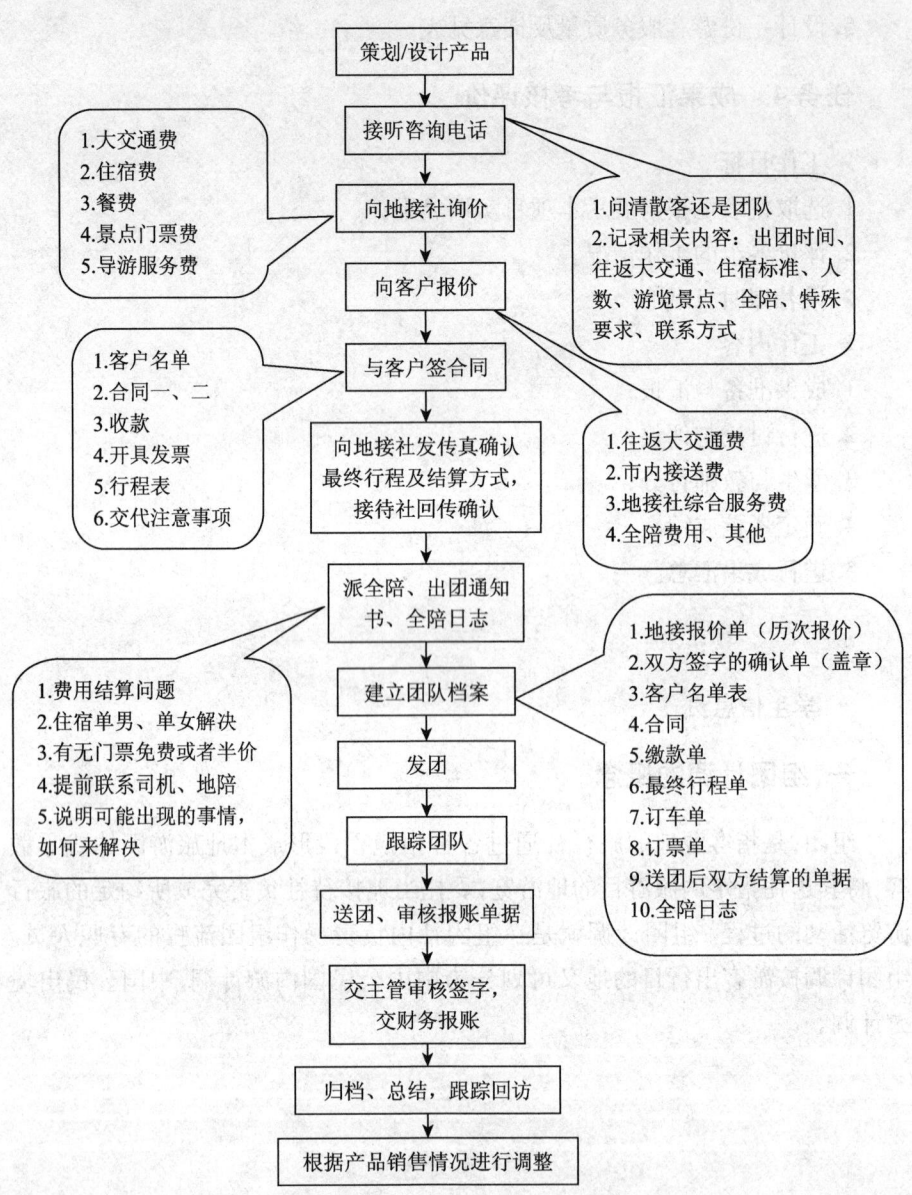

图3-3 组团计调业务操作流程

三、旅行社产品设计的概念

旅行社产品设计,是指按照一定的规则配置旅游资源和餐饮、住宿等服务,把旅游服务加入其中,并以一定的主体、内容、形式和价格表示出来的过程。这里的旅游服务,是指为了旅游活动顺利进行所提供的旅游专业的有偿帮助。

四、旅游产品设计流程

(一)市场调查

市场调查是旅游产品设计的前提。通过对旅游资源、市场环境和旅游者需求的调查,旅行社可获得旅游者和旅游中间商的需求、竞争对手的产品等相关信息,再对大交通资源、政策资源等资源进行可行性分析,在此基础上激发有关新产品的灵感和创意。

(二)制定新产品开发方案

方案是产品的雏形,方案的形成源于构思。市场调查中获得的信息将帮助形成众多的产品构思。这些构思经过专业技术人员的筛选和可行性论证,与各合作商洽谈、分析报价资料、选取适宜的交通工具、组合旅游点、增加特色服务、核算成本,最终制定出新的旅游产品。要确定设计出来的产品是全新型产品,还是换代型产品、仿制型产品、改良型产品?还要考虑新产品有什么特点?是否比市场上同类产品好?目标市场在哪里?购买潜力如何?准备投入资金多少?是否是核心开发产品?新产品的成本如何?预期利润如何?最终形成产品的设计方案。

(三)产品定价

在确定产品价格的时候,影响因素很多。企业战略的改变以及机票价格、饭店价格的升降等都会对产品定价产生影响。旅行社应该结合企业的整个营销战略、竞争对手的同类产品定价标准及市场需求来制定旅游产品的价格。

(四)新产品的试产试销

在产品设计方案确定后,旅行社即可选择合作伙伴或销售渠道,将产品设计方案付诸实施,进行试验性销售。产品试产试销的目的主要有三个:了解产品的销路;检验市场经营组合策略的优劣;发现问题、解决问题。

在试产试销阶段,旅行社应该注意保持产品规模适中,保证产品质量,充

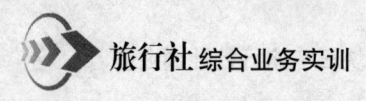

分估计各种可能的情况,争取做到有备无患。经过试销证明确无销路的产品,切忌勉强投入市场。

(五)投放市场(产品商业化阶段)

通过产品的试销,效果良好的产品应该批量投放旅游市场,以便获得预期的经营利润。在产品正式投入市场时,旅行社应依据确定的产品定价目标,采取多种定价策略和促销策略,及时打开销路,占领市场并取得满意的效益。

(六)检查完善

设计出来的旅游产品投入市场后,旅行社还应对其进行定期的检查、改进,使产品不断完善,为进一步开发产品提供依据。检查内容应包括发展趋势、销售市场、竞争态势、销售收入、成本支出等方面。

五、旅游产品设计的原则

(一)市场原则

市场导向原则是指旅行社在产品的开发与设计中,必须了解旅游者现在和将来的需求,始终坚持以旅游者需求为出发点,着眼于市场的潜在需要。随着国际、国内的政治、经济、科技、社会等外部环境的变化,旅游客源市场也会相应地发生变化。旅行社产品开发设计人员要及时掌握这方面的信息,按照旅游者的需求开发旅游产品,使目标市场的所有旅游者均感到满意。

(二)经济原则

经济,指的是节约,即以相对低的消耗,获得相对较高的效益。旅行社产品同其他产品一样,也有各种成本支出,如交通费、住宿费和餐饮费等。这就要求旅行社在产品设计过程中加强成本控制,降低各种消耗。例如,通过充分发挥协作网络的作用,降低采购价格。这样,既可以降低旅行社产品的直观价格,便于产品销售,又能保证旅行社的最大利润。

(三)旅游点结构合理的原则

第一,特色各异,应尽量避免重复经过同一旅游点。一般来说,除特殊的专业考察旅游外,不应将性质相同、景色相近的旅游点安排在同一产品中,否则旅游者会产生厌烦心理,影响旅行社产品的吸引力。

第二,点间距离适中。同一旅游线路各旅游点之间的距离不宜太远,以免造成大量时间和金钱耗费在旅途之中。一般说来,城市间交通耗费的时间不应该超过全部旅程时间的1/3。

第三,择点适量。目前,短期(一周至两周之间)廉价旅游线路是大部分旅游者追求的目标。在时间一定的情况下,过多地安排旅游点,容易使旅游者紧张疲劳,达不到休息和娱乐的目的,也不利于旅游者深入细致地了解旅游目的地。同时,择点过多,对旅行社的销售也会产生不利影响,会使回头客减少。

第四,在交通安排合理的前提下,同一线路旅游点的游览顺序应由一般的旅游点过渡到吸引力较大的旅游点。

(四)交通安排合理的原则

交通工具的选择应以迅速、舒适、安全、方便为基本标准。在具体安排上,依据距离由近及远,一般应选择汽车—火车—飞机。另外交通工具的选择应与旅程主题相结合,在保证交通安排衔接的前提下,减少候车(机、船)的时间。在设计线路时,交通条件要满足进得去、散得开、出得来。

(五)服务设施有保障的原则

服务设施有保障,是指除了交通设施之外,还要充分考虑住宿、餐饮、娱乐、邮局等配套服务设施安排的合理性,以确保旅游活动的顺利进行。

(六)产品内容丰富多彩的原则

一项旅游产品一般应突出某个主题,如"佛教文化旅游""草原风光旅游"等。同时,旅行社应围绕主题,安排丰富多彩的旅游项目,让旅游者通过各种活动,从不同的侧面了解旅游目的地的文化和生活,欣赏美好的景色,满足旅游者放松、娱乐和求知的欲望。

(七)可持续发展的原则

旅行社产品的开发,必须以生态环境保护为前提,科学地利用资源,保护水源、能源和其他环境资源。一旦生态资源受到破坏,产品开发也就失去了依托。此外,旅行社产品开发还要考虑其在社会、文化、经济、技术等方面具有的可持续性。

六、旅游产品价格的基本概念

(一)旅游产品价格的基本概念

旅游产品价格,是指旅游企业向消费者提供的产品及服务的价值的货币表现。由于旅游产品是一个整体概念,有单项的旅游产品(如交通、住宿、餐饮等),也就有单项产品的价格(如交通费、住宿费、餐饮费等)。而相对于单项旅游产品单价而言,综合旅游产品,也就是消费者一次性购买的旅游产品的价

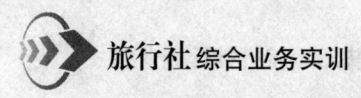

格,就是包价。旅游包价,是一次旅游消费中所有产品和服务价格的总和,但又不完全是每一单项价格的简单加总。从根本上讲,旅游产品的价格还是由旅游市场的供求关系决定的。

(二)旅游产品的价格构成

大交通费、车费、房费、餐费、景点门票费、导游费、附加费、不可预见费、保险费等。

七、影响旅游产品价格的因素

(一)旅游产品的成本

旅游产品的成本决定最低价格。

(二)竞争对手同类产品的定价标准

竞争对手同类产品的定价标准决定市场价格。当市场竞争激烈时,产品的价格很难有较大的提高;而在市场竞争缓和时,产品价格的上涨空间就较大。

(三)市场需求

当旅游市场上对于旅行社的某种产品的需求量呈增加的趋势时,旅行社可以适当地提高该产品的销售价格;当旅游市场上对某种产品的需求量下降时,旅行社往往采取降低产品销售价格的措施。

此外,旅游者购买能力、消费观念、淡旺季都会影响旅游产品定价。

八、旅游产品的定价策略

(一)新产品定价策略

新产品在开发之后,旅行社应制定恰当的定价策略,以便及时打开销路,占领市场并取得满意的效益。旅行社在将新产品投放市场时,一般采用撇脂定价策略或渗透定价策略。

1. 撇脂定价策略

主张对产品采取高价投放市场的政策,这样可以使旅行社在短期内获得高额利润,适用于经营具有垄断性和需求缺乏弹性的产品。

2. 渗透价格策略

与撇脂定价策略相反,主张采取低价投放市场,以便增加销量,广泛地占领市场,并借此排斥竞争者的加入,从而达到长期占有市场的目的。

表3－5　渗透定价策略和撇脂定价策略的选择标准

渗透定价策略	选择标准	撇脂定价策略
低	市场需求	高
不大	与竞争产品的差异性	大
大	价格需求弹性	小
大	生产能力扩大的可能性	小
低	旅游者购买力水平	高
易	仿制难易程度	难
大	市场潜力	不大
逐渐	投资回收方式	迅速

3. 满意价格策略

满意价格策略也叫适宜定价，是指在上述两种极端定价之间采取适宜的价格。这种策略确定的价格对旅行社和游客都比较公平合理。

（二）心理价格策略

1. 整数定价策略

整数定价策略适用于价格较高的旅行社产品如豪华旅游、团体全包价旅游等。整数定价策略容易使购买这类产品的旅游者产生"货真价实""一分钱一分货"的感觉，有利于提高产品的形象。

2. 尾数定价策略

尾数定价策略又称奇数定价策略，是利用旅游者喜欢带尾数价格的心理而采取的产品定价策略。不少旅行社认为，旅游者在购买旅行社产品，尤其是单项服务产品时，从习惯上乐于接受尾数价格而不喜欢整数价格。因此，旅行社经常在定价时给其产品规定带尾数的价格，使旅游者获得一种享受折扣优惠的印象。尾数定价策略多适用于散客旅游服务产品和单项旅游服务产品的定价。

3. 分级定价策略

分级定价策略，是指将旅行社所有的产品分为"豪华""标准""经济"或更细的几等，再对各个等级分别定价，形成一系列价格档次，游客可以根据自己的需求来购买不同档次的产品。

4. 声望定价策略

声望定价策略多见于在旅游市场上享有较高声望的旅行社及其产品。采

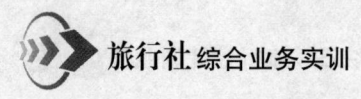

取声望定价策略的旅行社一般将其产品的价格定得高于多数旅行社。然而,由于旅行社及其产品的声望,旅游者能够接受这种高价格,而且还会产生一种购买到优质产品的感觉。

(三)招徕定价策略

招徕定价策略,是指旅行社用低价、减价等方法来吸引游客购买旅游产品。这种策略主要是为迎合多数游客求廉价的心理,提供"特价旅游线路"以吸引游客。游客购买时可以推荐其他的产品,扩大连带销售。

(四)折扣定价策略

1. 数量折扣

是指旅行社为鼓励中间商大量购买,根据购买的数量或金额而给予一定的折扣。数量折扣又可分为累计数量折扣和非累计数量折扣。运用数量折扣时,要注意确定好基点量和各数量档次的折扣率。

2. 现金折扣

是指旅行社在赊销的情况下,对那些提前付款的客户,给予一定比例的价格优惠。这种折扣可以改善旅行社的现金流通,降低收回欠款的费用,减少坏账损失。

3. 功能折扣

是指旅行社对提供某些宣传、推销等营销功能的中间商给予一定的价格折扣。采取此种策略,旅行社可以减少营销费用,从而省下成本费用,以折扣的形式转让给客户。

4. 季节折扣

是指旅行社为吸引、鼓励游客或客户在淡季购买本社产品而给予的价格优惠。此策略可使旅行社产品生产与销售保持相对稳定,减少淡季时设施与人员的闲置。

九、组团计调的内部计价与对外报价

(一)组团社的计价方式

组团社的计价,是旅行社计调部根据市场需求或者外联人员的需要而制定的计价方式。

组团社的计价方式,可以根据地接社的地接价加上组团社的往返交通费用、接送费用、全陪费用、游客的保险费来进行计价,也可以根据目的地的食、住、行、游分项进行计价。

例:某旅游团20人想去青岛崂山旅游,需要一份报价。旅行社计调人员根据要求,做了以下两种形式的价格:

形式一:

交通:火车票:北京—青岛,D331,硬座250元/人

订票费:10元/人

火车站送接:20元/人

全陪费用:45元/人

保险:5元/人

帽、包:10元/人

青岛地接:650元/人

合计:990元/人

形式二:

住宿:50元/人×2天

门票:崂山80元+信号山15元+太清宫15元=110元/人

交通:旅游车,2500元/辆(37座,约125元/人)

往返火车票及订票费:动车硬座250元+订票费10元=260元×2=520元/人

火车站接送:20元/人

小计:875元/人

餐费:35元/人(1早×5元+2正×15元)

导游服务:20元/人

全陪费用:45元/人

保险:5元/人

帽、包:10元/人

合计:990元/人

(二)组团社的对外报价

组团社的对外报价,就是把上述计价加上旅行社的税金,报知外联人员,外联人员报知客户。

青岛崂山三日游报价演示如下:

990×10%(利税)+990=1 089元/人(约)

这个团队的报价,可在1 070~1 100元之间。

行程：

第一天：北京南站乘动车组 D331 次（7：10—12：22）/D333 次（8：53—14：08）赴青岛，抵达后入住酒店休息，自由活动。住青岛。

第二天：游崂山太清宫、龙潭瀑、八水河，远观石老人、青蛙石，参观贝雕厂。

第三天：游览栈桥、八大关、五四广场、东海路雕塑一条街、奥运会帆船比赛主办场地——浮山湾，参观信号山。下午乘坐 D342 次动车返回北京南站，结束愉快旅程。

动车二等座、城市间空调旅游车、住宿二星级或同级饭店标间、包餐（1 早 2 正）、优秀导游服务、景点大门票、旅游责任保险。

报价：1 080 元/人。

(三)组团社的利润核算

青岛崂山三日游的利润核算如下：

1 080 元/人(计价) − 990 元/人(人均成本) = 90 元/人 × 20 人 = 1 800 元/团(毛利)

备注：团队在进行竞争时，往往达不到这样高的利润，常常只有5%的利润空间。

十、发团管理的概念

发团，是指组团社将通过各种招徕手段形成的旅游团，委托给指定的旅游目的地接待社，并由其负责完成合同中所规定的旅行游览活动的过程。旅行社发团管理，是指组团旅行社对这一过程的管理，包括旅游计划的制订、与接待社的洽谈、对旅游团旅行游览全程的质量监督和旅游结束后的总结控制等。

十一、接团旅行社的选择

(一)接团社的定义

接团社，是指直接为旅游者提供有关旅游目的地的路线、交通工具、饮食、观光以及其他旅游服务事项等信息和相关服务的旅行社，也称为地接社。接团社只是旅行社在接团时的一种临时角色，是相对于组团旅行社或者发团旅行社而言的。

(二)接团旅行社的选择标准

1. 考察旅行社的合法性

发团社在选择接团社时，要考察接团社有无旅游行政主管部门颁发的旅行社业务经营许可证、是否通过了企业年审、是否足额缴纳了旅行社质量保证金、业务范围和许可证期限与组团社业务是否吻合、导游人员是否为持证导游员等。

2. 考察旅行社的规模

一般说来,规模较大的旅行社在资金、人才、管理等方面比规模小的旅行社更有优势,在旅游供给力方面有更大、更成熟的网络,在业务操作方面更先进、熟练,效率更高。选择规模较大的旅行社,可以更好地保障游客利益。

3. 考察旅行社的声誉

声誉不好的旅行社会给合作带来很大的负面影响。一个声誉好的旅行社往往管理有序、操作规范,在业界有良好的口碑,很少发生恶性投诉或债务纠纷。发团社在选择接团社时,应通过多种途径了解旅行社的声誉,这是非常关键的。

4. 考察旅行社的接团记录

发团社可以查看接团社的接团记录,从这些记录中可以了解接团社的接团经验、对各线路的熟悉程度、服务质量、游客评价、奖惩情况、是否有良好的信誉等。通过对这些情况的了解,发团社可以从中挑选出接团经验丰富、熟悉接待线路、服务质量优、游客评价高的旅行社作为接团社。

5. 其他因素

发团社在选择接团社时,还要考虑接团社的报价是否合理、接团社的发展潜力等因素。

十二、旅行社发团工作流程

(一)建立团队档案

1. 建立团号

旅游团的建档,首先应建立团号。团号应通俗易记、一目了然。

例1:承德北方旅行社有一团2012年5月1日赴云南旅游,游览线路是昆明、大理、丽江,双飞双卧6天,标准团,人数是38大2小1婴儿1全陪。团号可以拟定为:

BF120501 - GNYN - 2F2W6 - 38 + 2E + 1Y + 1

(1)BF:是北方旅行社的首字母。

(2)120501:代表该团预定出发日期为2012年5月1日。

(3)GNYN:是国内云南的首字母。

(4)2F2W6:代表交通方式是双飞双卧,游程为6天。

(5)38＋2E＋1Y＋1:代表38个成人2个小孩1个婴儿1个全陪,也可表示为38.2.1＋1。

例2:CEF120915－TSMH12－VIPA

(1)CEF:三个英文字母代表这个团的英文缩写,代表中国家庭旅游团。

(2)120915:代表该团预定出发日期为2012年9月15日。

(3)TSMH:英文字母代表前往目的地国家或地区的缩写。TSMH分别代表泰国、新加坡、马来西亚和中国香港。

(4)12:代表该旅游团出游的天数为12天。

(5)VIP:代表贵宾团。

(6)A:如果第一至第五项不变,而在第六项后出现A或B时,即表示该旅行社有两个以上的旅游团。

2.编制出公司每月的各类团体明细出团表

(二)向地接社预报计划

旅游者签订旅游合同并交付团费后,组团社首先要向接团社以传真或电传形式预报计划。预报的目的,是为了使接团社将此团纳入该社的接待计划,及早订房、订车、订票、订餐。预报一般应尽可能在团队到达前30天发出。

预报的具体内容应包括:团号、团队人数、团员构成情况(性别、年龄、民族、有无特殊客人)、抵离时间、食宿要求、具体行程安排、交通工具要求(抵离的交通工具、车次、航班),要求接团社在3~5天内予以答复。

附:预报传真

成都××旅行社:

我社组织的SSS－C－120910一行30＋2人(中宾)于2012.09.10乘X次火车于12日上午8:00抵达成都火车北站,请按常规行程安排去九寨、黄龙游览,并请即预订9.15上午Y次硬卧32张去重庆。另,此团9.12、9.13宿九寨山庄,9.14宿成都大酒店,请代订标准房15间和全陪房一间。正式计划及游客名单后发。谢谢合作!

祝贵公司昌盛!

上海××旅行社

业务部×××

2012.08.15

（三）接团社书面确认

发团社在发出预报计划后，一般要求接团社在3～5天内给予书面答复，接团社应在最短的时间给予书面答复，主要是对预报的各项内容逐一加以确认，最重要的是机（车）票、酒店房间的落实情况。由于预报时间较早，中途往往会发生变化，因此需要根据变化情况不断发出传真修改，并以最后的那份传真为准。

附：接团社确认传真

上海××旅行社业务部×××先生：

贵社发来 SSS-C-120910 团 30+2 人（中宾）预报收悉，我社将按贵社计划接待此团。已按计划订妥去渝 T83 次 32 张硬卧票和指定饭店。请早发名单。谢谢关照！

此致

敬礼！

成都××旅行社
2012 年 8 月 18 日

（四）正式计划的发出

1. 发团确认书

团队预报计划之后，经过双方多次更改确认后，应该在团队到达第 1 站前 10～15 天内将正式计划邮寄或传真至接待社。正式计划一般包括发团确认书、团队行程和各项服务标准及特殊要求、团队游客资料、各接团社名称、联系人及联系电话、委托接待协议书等方面的内容。正式计划以正式文件打印、盖公章，每地寄出两份以上。它既是接团计划，也是对方的结算收款依据。发计划应附上回执，以便对方寄回，确认收到无误。

另外，正式计划也应发至本社有关各部门，如接待、财务、档案等部门。

国内旅游团的发团确认书书写形式如下：

成都××旅行社、重庆××旅行社国内部、武汉××旅行社及本社接待、财务各部：

现将我社组织的 SSS-C-120910 内宾团 30+2 人计划发给贵社，请贵社接发团确认书按约以内宾标准团接待。订妥车（船）票，按计划内容安排游览，并做好上、下站联络。如有更改请即通知我社和下站接团社。团款已按约预汇80%,差额部分由全陪结清。此团系重点团,请各社予以关照。谢谢!

祝合作成功!

上海××旅行社
2012.09.02

2. 团队行程和各项服务标准及特殊要求

表3-6 旅游行程安排表

1. 日程
第一天 9.10(一)上海—成都 X 次,宿火车上。
第二天 9.11(二)途中,宿火车上。
第三天 9.12(三)上午7:00抵达成都,成都—九寨,宿九寨山庄。
第四天 9.13(四)九寨沟一日游:五花海、诺日朗瀑布等,宿九寨山庄。
第五天 9.14(五)游览黄龙仙境,乘 BUS 返成都,宿成都大酒店。
第六天 9.15(六)上午游览杜甫草堂,下午成都—重庆 Y 次,宿火车上。
第七天 9.16(日)上午×时×分抵达重庆,市内景点:白公馆、渣滓洞。
第八天 9.17(一)上午10:00乘坐"扬子江"号游轮游三峡,宿"扬子江"号。
第九天 9.18(二)观光瞿塘峡、奉节白帝城,宿"扬子江"号。
第十天 9.19(三)观光巫峡、小三峡、西陵峡,宿"扬子江"号。
第十一天 9.20(四)约19:00抵达武汉,宿江汉饭店。
第十二天 9.21(五)市内观光:东湖、黄鹤楼,晚乘飞机返沪,结束愉快旅程。
2. 注意事项
请成都××一定订妥9.15(六)Y 次硬卧 30+2 张;
请重庆××国内部订妥9.17(一)"扬子江"号游轮票 30+2 张;
请武汉××确保9.21 机票 30+2 张;
请成都××安排9.14 晚餐加标准每人30元作为欢迎;
请武汉××安排9.20 午餐加标准每人30元作为欢送;
各地一律派空调车观光。
3. 联系人
成都××旅行社联系人×××
电话:028-×××××××   传真:028-×××××××
重庆××旅行社联系人×××
电话:023-×××××××   传真:023-×××××××
武汉××旅行社联系人×××
电话:027-×××××××   传真:027-×××××××
本社联系人×××
电话:021-×××××××   传真:021-×××××××
4. 旅游团成员名单(略)
名单要写明姓名、性别、年龄和身份证号码。
5. 旅行社委托协议书(略)

表3-7 旅游团交接事项

出发日期		备注	
参团行程			
集合时间		客人姓名	
集合地点		当地接站导游	
集合标志		接站标志	
北京送站人		当地紧急联络人	
北京紧急联络人			
去程火车参考			
备注			
行程安排			
标准			
友情提示(旅游注意事项)			

3. 拟定游客出团通知书

游客出团通知书

尊敬的游客：

欢迎您报名参加我社的旅游活动,为了您和家人能够愉快地完成本次旅游,请您在出发前务必认真阅读此通知,并配合接待人员的工作。祝您旅途愉快,谢谢！

在完成以上一系列工作之后,旅游团就可以按照合同按时出行了。发团工作暂告一段落,但是对整个团队的管理工作还未完全真正地结束,还需要对团队进行监督控制。

实训项目三　国内接待计调业务操作流程

- **实训目标**

（一）了解旅行社接团人员的构成；

（二）熟悉团队接待和散客接待的基本流程；

（三）掌握地接行程设计的具体操作步骤；

（四）掌握计调接待计划的制订和变更的方法。

- **实训推荐课时**：6 课时
- **实训环境**：给每位学生配一台能上网的电脑的实训室。
- **实训项目介绍**

本项目主要介绍国内接待计调的业务操作流程与方法，包括地接计调的行程设计、对内计价与对外报价、接团管理等内容。通过本项目的学习，学生将了解到接团是为旅游者提供产品，为旅行社创造利润、树立声誉、争取回头客的重要途径，接团与发团共同构成了旅行社日常业务的两个基本方面，是对旅游销售强有力的支撑。旅行社接团管理是旅行社经营管理的重要工作之一，主要包括对接团过程、接团人员等方面的管理。现在，散客旅游已成为一种发展趋势，旅行社对散客的接待也是接团管理的重要内容。同时，处理好旅行社售后服务也可以提高接团的质量。

- **项目实训工作程序**

（一）教师讲解

由专业教师或聘请企业兼职教师先进行简要介绍，介绍内容包括地接计调的主要业务内容、业务操作流程。接着分任务详细讲解流程中几项重要内容——地接旅游产品设计、内部计价与对外报价、发团管理。

（二）学生分组

在实训过程中把学生分成若干小组，共同完成小组讨论、资料搜集、市场调查、方案设计、发团管理等一系列工作。

（三）引入真实的工作任务

1. 根据组团社的要求，编制一条特色旅游线路；

2. 根据组团社的询价,拟定一份行程单并向组团社报价;

3. 作为云南地接社的计调人员,完成整个接团工作流程。

(四)学生调研,完成任务

学生分小组进行资料收集、整理、选择,完成产品设计、报价及接团业务流程。

(五)研讨交流

以组为单位交流汇报调查成果,组与组之间提出问题,互相交流。

(六)教师点评

指导教师进行整个实训过程的总结和点评,提出学员们在实训中的不足之处和可取之处,并做相关资料补充。

- 具体任务分解

任务1 地接线路设计

➢ 工作目标

1. 掌握地接行程设计的具体操作步骤;
2. 掌握行程制定的内容、流程与原则;
3. 能根据相关要求为旅行社设计产品和制定行程。

➢ 推荐课时:2课时

➢ 工作内容

根据以下要求,编制一条北京三日游的特色旅游线路

1. 行程时间为3整天;
2. 行程中要有具体的参观景点,并标注景点门票价格;
3. 参观景点每天以3~5个为宜,选取有特色、有代表性的景点;
4. 用餐为3早6正,正餐中要选择一个北京特色餐饮;
5. 线路编排要合理,尽量不走冤枉路和回头路;
6. 住宿酒店为昆仑饭店。

表 3-8 地接行程

日期	早餐	上午活动	中餐	下午活动	晚餐	晚间活动
第一天						
第二天						
第三天						

任务2 产品计价与报价

➢ **工作目标**

1. 熟悉计价的构成要素;
2. 掌握地接社报价的方式;
3. 掌握地接社报价应注意事项;
4. 能根据计价的构成要素快速计价。

➢ **推荐课时**:1 课时

➢ **工作内容**

小张是北京康辉旅行社国内部的一名计调,主要负责北京一地的旅游接待。某天,他接到组团社的询价,请你为地接计调小张就北京二日游拟定一份行程单并向组团社报价。

TO:北京康辉旅行社 电话 010-64418318

From:陕西天马旅行社 电话 029-87567135

××经理:

感谢您的信任与支持,现我社有一团赴贵处游览,请按以下具体要求尽快报价,谢谢!

1. 人数:32+1(成人 27 人,6 岁儿童 2 人,70 岁以上老人 3 人)
2. 抵京日期:11 月 23 日 08:12 抵达北京西站;
3. 离京日期:11 月 24 日乘坐 21:10 的航班离京;
4. 住宿:挂牌三星级标准间(三环内);
5. 用餐:全餐;
6. 其他说明:本团安排一次购物,无风味餐

请根据以上要求为此团安排行程并分项报价,多谢!

1. 每人的费用：

2. 单间差：

3. 用餐标准：

4. 导服：

5. 多少座车及车的费用：

6. 景点门票费用：

顺祝商祺！

陕西天马旅行社

×××

2011 年 11 月 2 日

任务 3 组织接团

➢ **工作目标**

1. 了解旅行社接团服务要求；

2. 熟悉接团业务管理；

3. 掌握接团服务流程；

4. 能按照工作流程操作接团业务。

➢ **推荐课时：** 2 课时

➢ **工作内容**

某旅行社组织了 20 人的旅游团队，于近期来云南旅游，你作为云南地接社的计调人员，请完成整个接团工作流程。具体要求如下：

1. 制订接待计划；

2. 设计并下达订票、订车、订房通知单；

3. 给导游下发出团通知单；

4. 填写"团款结算单"；

5. 建立团队档案。

任务 4 成果汇报与考核评价

➢ **工作目标**

1. 选取代表汇报与展示本项目实训成果；

2. 评价各组的工作情况。

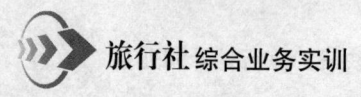

➢ **推荐课时**：1 课时
➢ **工作内容**
1. 成果准备与汇报；
2. 进行讨论与评议；
3. 学生与教师打分；
4. 确定考核成绩；
5. 进行成果汇总。

● 学生信息页

一、地接行程设计的具体操作步骤

（一）确定行程名称

行程名称，是行程的性质、大致内容和设计思路等方面的高度概括。确定行程名称应力求简约、突出主题、时代感强、富有吸引力。如"烹饪王国游""草原风光游"。

（二）确定游览时间段

根据游客抵达和离开的时间，确定游客在当地的游览时间段，为选择景点和确定游览时长奠定基础。

（三）选择景点

景点选择技巧：

①首选含金量高、知名度高的景点。

②考虑景点的距离（例如，同是长城，要选段，最近的是居庸关长城），安排要合理。

（四）设计行程格式

目前，我国旅行社业内没有对行程的格式作出统一的规定，都是依据自己旅行社的特点和计调人员的想象自行设计格式，或者在网络上拷贝其他旅行社的行程，有的略作修改，有的则完全照搬。要想在众多的竞争者中给组团社以深刻的印象，精心设计行程格式是非常必要的。一份好的行程单，在格式方面要具备：抬头格式一定要醒目、规范、讲究，要有公司标志、公司名称；正文字体、字号选择恰当；文本必须清晰，有利阅读，在清楚、准确、全面的基础上力求简洁;页脚应该标注公司地址、电话号码、邮编、传真号等。

（五）安排行程并进行美化描述

（六）安排食、住、行、购、娱等活动

食、住是旅游活动得以顺利进行的保证,应遵循经济实惠、环境幽雅、卫生健康、交通便利、有特色等原则进行合理安排,并注意安排体现地方或民族特色的风味餐。

行的交通方式的选择,要体现"安全、舒适、经济、快捷、高效"的原则。

购物,通常在游客总花费中占据30%左右。需要遵循时间合理、能满足大部分游客的需求,不重复、不单调、不紧张、不疲惫的原则适当安排。

安排娱乐活动要丰富多彩、雅俗共赏、健康文明、互动性强,体现民族文化的主旋律和文化交流的目的。

二、地接社的内部计价与对外报价

（一）地接社的内部计价

地接社的内部计价,是指本旅行社作为地接社为向组团社报价所采取的计价方式。例如,组团社在向地接社询价时发送一份预报传真。

北京××旅行社:

　　我社组织的 C-120412-3 团队一行33+2人内宾,于2012年4月12日乘坐CA1024航班于12日下午1点抵达首都国际机场。需要贵社安排接待工作如下:(1)安排导游接站;(2)安排去天安门、故宫、颐和园、长城、十三陵游览;(3)预订4月15日下午返回上海的机票35张;(4)13、14日两天住北京三环内挂牌三星级酒店,代订双人标间16.1+1间(16间,一间加床,一间全陪房)。请贵社分项报价。正式计划及游客名单后发。

　　祝颂

　　商祺!

上海××旅行社国内部刘军
2012年3月28日

地接社的计价方法为:

门票:故宫60元/人,颐和园30元/人,长城45元/人,十三陵60元/人

住宿:90 元/天

用餐:40 元/人天(4 正 2 早)

交通:50 元/天

导服:10 元/人

小计:60 + 30 + 45 + 60 + 90×2 + 40×2 + 50×2 + 10 = 565 元/人

总计:565×33 = 18 645 元

(二)地接社的利润核算

地接社计调人员核算利润时,比较通用的方法是成本加成法。但是,计算时一定要将每一项费用分别加成进行计算。在实际操作中,往往组团社会要求接待社分项报价,这样就增加了报价难度。但是还是有方法可循的。例如:

①门票:故宫 60 元/人,颐和园 30 元/人,长城 45 元/人,十三陵 60 元/人,旅行社采购景点时会与这些单位有协议价格,例如,长城可以五免一,定陵 42 元/人。这样计算出来的结果应该是:

标准对外报价:长城门票 = 45×33 = 1 485 元

实际成本价格:长城门票 = 45×(33 - 6) = 1 215 元

　　　　　　实际利差 = 1 485 - 1 215 = 270 元

标准对外报价:定陵门票 = 60×33 = 1 980 元

实际成本价格:定陵门票 = 42×33 = 1 386 元

　　　　　　实际利差 = 1 980 - 1 386 = 594 元

②住宿:90 元/天,这是标准成本价格。在实际操作中,如果旅行社的客人在该酒店的入住人数达到一定数量时,酒店还会给旅行社一定的优惠政策。

③用餐:40 元/人天(4 正 2 早)

④交通:50 元/天。计算交通费用时,一般不采用每人每天多少费用的计算方法。在实际工作中,是按照包车的形式向旅游车司机付费。计调人员计算时,如果团队人数少,则相对的人均成本就要高;如果人数多,人均成本就会相应降低。如:

标准对外报价:50×2×33 = 3 300 元

实际成本价格:每天用车 = 1 500 元,1 500×2 = 3 000 元

实际利差:3 300 - 3 000 = 300 元

⑤导服:10 元/人,10×33 = 330 元。在实际工作中,导游员是拿不到这笔服务费的,它可能成为接待社的利润,也可能成为组团社砍价的对象。

总利差:270+594+300+330=1 494元

即使接待社按照成本价向组团社报价,也不会导致亏损(排除间接成本的因素)。

(三)地接社的对外报价

地接社的对外报价,就是把上述计价加上旅行社的税金,传真或报知组团社,组团社接到传真后,将对几家地接社的报价进行比较,最后定下某一旅行社进行接待。

按照上述地接社的计价结果进行报价,作如下演示:

565元/人×10%(利税)+565元/人=56.5+565=621.5元/人

其中,56.5元是旅行社的利税。一般情况下,价格低的团队可以达到10%的利税,如双休游;而价格高的团队则很难达到10%的利税。

三、旅行社接团人员的构成

旅行社接团工作是旅游服务工作的重要一环,旅游接团服务人员主要由直接从事旅游接待服务的导游人员以及为旅游活动提供间接服务的后勤人员构成。

四、旅行社接团服务的要求

(一)维护旅游者的合法权益

(二)接团服务标准化

标准化服务,又称规范化服务,是由国家或行业主管部门制定并发布的某项服务应达到的统一标准,要求从事该项服务的人员,必须在规定的时间内按标准进行服务。旅行社接待服务标准化的依据是国家旅游局颁布的《旅行社国内旅游服务质量要求》(LB/T004-1997)、《旅行社出境旅游服务质量要求》(LB/T005-2002)、《中华人民共和国旅游业务标准》(LB/T004-1997)和国家技术监督局颁布的《导游服务质量》(GB/T15971-1995)等标准。另外,国际标准化组织的ISO9000系列针对制造业与服务业所制定的质量管理及质量保证标准,也可供接团服务标准化参考。

(三)接团服务程序化

接团服务程序化,是指旅行社根据接团服务的特点,对接团过程的每一环节和每道程序都作出详细规定,并以此为根据向旅游者提供服务。不同的旅

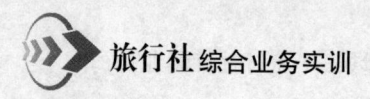

行社可参照国家的规定,并根据自身的特点,在保证游客合法利益、为游客提供标准化与程序化服务的同时,制定本团的接团服务标准与服务程序,以满足不同旅游者的需求。

五、地接社接团的服务流程

(一)报价

根据对方询价编排线路,以"报价单"提供相应价格信息(报价)。

(二)计划登录

接到组团社书面预报计划,将团号、人数、国籍、抵/离机(车)、时间等相关信息登录在当月团队动态表中。如遇对方口头预报,必须请求对方以书面形式补发计划,或在我方确认书上加盖对方业务专用章并由经手人签名,回传作为确认件。

(三)编制团队动态表

编制接待计划,将人数、陪同数、抵/离航班(车)、时间、住宿酒店、餐厅、参观景点、地接旅行社、接团时间及地点、其他特殊要求等逐一登记在"团队动态表"中。

(四)计划发送

向各有关单位发送计划书,逐一落实。

1. 用房

根据团队人数、要求,以传真方式向协议酒店或指定酒店发送"订房计划书"并要求对方书面确认。如遇人数变更,及时做出"更改件",以传真方式向协议酒店或指定酒店发送,并要求对方书面确认;如遇酒店无法接待,应及时通知组团社,经同意后调整至同级酒店。

2. 用车

根据人数、要求安排用车,以传真方式向协议车队发送"订车计划书"并要求对方书面确认。如遇变更,及时做出"更改件",以传真方式向协议车队发送,并要求对方书面确认。

3. 用餐

根据团队人数、要求,以传真或电话通知向协议餐厅发送"订餐计划书"。如遇变更,及时做出"更改件",以传真方式向协议餐厅发送,并要求对方书面确认。

4. 返程交通

仔细落实并核对计划,向票务人员下达"订票通知单",注明团号、人数、航班(车次)、用票时间、票别、票量,并由经手人签字。如遇变更,及时通知票务人员。

(五)计划确认

逐一落实完毕后(或同时),编制接待"确认书",加盖确认章,以传真方式发送至组团社并确认组团社收到。

(六)编制概算

编制团队"概算单",注明现付费用、用途。送财务部经理审核,填写"借款单",与"概算单"一并交部门经理审核签字。报总经理签字后,凭"概算单""接待计划""借款单"向财务部领取借款。

(七)下达计划

编制"接待计划"及附件,由计调人员签字并加盖团队计划专用章。通知导游人员领取"接待计划"及附件。附件包括:名单表、向协议单位提供的加盖作业章的公司结算单、导游人员填写的"陪同报告书"、游客(全陪)填写的"质量反馈单"、需要现付的现金等,票款当面点清并由导游人员签收。

(八)编制结算

填制公司"团队结算单",经审核后加盖公司财务专用章。于团队抵达前将结算单传真至组团社,催收。

(九)报账

团队行程结束,通知导游员凭"接待计划""陪同报告书""质量反馈单"、原始票据等及时向部门计调人员报账。计调人员详细审核导游填写的"陪同报告书",以此为据填制"团费用小结单"及"决算单",交部门经理审核签字后,交财务部并由财务部经理审核签字,总经理签字,向财务部报账。

(十)登账

部门将涉及该团的协议单位的相关款项及时登录到"团队费用往来明细表"中,以便核对。

(十一)归档

整理该团的原始资料,每月底将该月团队资料登记存档,以备查询。

附：表3-9　旅行社团队运行计划书

团号			人数			组团社		全陪	
抵离时间	抵达时间	年　月　日　时　分由　　乘				航班/车次抵		地陪	
	离开时间	年　月　日　时　分由　　乘				航班/车次赴		司机	
行程安排	早餐地点	游览景点及时间	午餐地点	游览景点及时间		晚餐地点	购物点	车型车号	
月　日									
月　日									
月　日									
月　日									
月　日									
备注	游客自主决定是否参加自费项目								
旅行社投诉电话					各级旅游执法(质监)机构投诉电话				

实训模块四
旅行社产品设计

▶ 本模块导读

本实训模块由3个实训项目构成,通过3个具体项目的实训,使学生了解旅游资源调查的基础方法、游客旅游需求的调研方法、问卷调查的方法和操作、进行旅游产品设计的一般流程。3个实训项目完成后的成果是一份完整的针对当地旅游资源和特定客源的旅行社产品设计的项目书。本实训模块的3个项目是紧密联系、环环相扣的。教师在指导学生进行本模块内容的实训时应该先整体介绍本项目的具体内容,然后分项目、分任务进行具体实训内容的实施。在实训任务情景选取的过程中,主要针对学生所在区域进行资源调查,在客源调查阶段主要是针对大学生群体进行客源分析,这样做主要是为了降低具体操作的难度,让学生从自己熟悉的区域、熟悉的人群着手进行相关调研,能够更容易掌握整个旅游产品设计的工作流程,而不至于因为对于基础情况的不熟悉而无从下手。如部分学生对整个流程比较熟悉,综合能力较强,指导教师也可以根据具体情况选取其他的区域进行资源调查,或者是针对其他细分客源市场进行客源分析的产品调研,并据此进行旅行社的产品设计。

旅游产品设计的一般工作流程:

图 4-1 旅游产品设计的一般工作流程

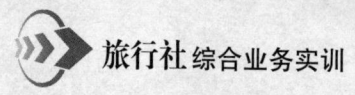

▶ 实训目标

- 认知旅行社产品的基本知识;
- 掌握旅游资源调查的基本方法;
- 熟悉游客旅游需求的调查方法,能够运用相关调研工具完成具体目标的游客调研,并撰写游客旅游需求调研分析报告;
- 掌握旅行社产品设计的基本知识、步骤、方法与基本业务流程;
- 能够运用所学到的知识独立完成一个完整的旅游产品设计过程。

▶ 实训模块推荐课时　20课时

▶ 具体实训项目

表4-1　具体实训项目任务表

实训项目一 旅游资源调查	实训项目二 特定游客群体旅游需求调查	实训项目三 针对特定游客群体设计旅行社产品
任务1　本地旅游资源调查	任务1　针对学生群体设计游客旅游需求调查问卷	任务1　针对学生群体设计周末两日游旅游产品
任务2　周边旅游资源调查	任务2　学生群体旅游需求调查	任务2　针对特定群体设计主题创意旅游产品
任务3　撰写(　)区域旅游资源调研报告	任务3　调查问卷结果分析	任务3　设计成果展示旅游产品
任务4　成果汇报与考核评价	任务4　成果汇报与考核评价	任务4　考核评价

实训项目一　旅游资源调查

- **实训目标**

（一）熟悉本地旅游资源的基本情况；

（二）了解周边主要的旅游资源类型与级别；

（三）掌握旅游资源调查的基本方法；

（四）实践操作旅游资源调研报告的撰写方法。

- **实训推荐课时**：8 课时
- **实训环境**：给每位学生配一台能上网的电脑的实训室。
- **实训项目介绍**

当地的旅游资源是进行旅游产品设计的最基本的旅游吸引因素。只有在很好地掌握了当地旅游吸引物的基础上才能够对旅游产品的策划、包装、营销各个环节进行有效的操作。本项实训内容要求学生通过各种媒介手段对当地的旅游资源有一个比较全面的掌握和了解，使学生能够在了解当地旅游资源的基础上顺利完成随后几个相关工作项目的实训。

本实训项目采取实地调查和室内资料收集相结合的方式进行。在实训条件上要求教师为学生提供可连接互联网的电脑，或其他上网的条件，以便于学生能够利用网络获取所需的各种信息和资源。在实训开始前要求教师为学生的调查提供大体的建议和方向，避免学生在操作的过程中因没有找好方向而浪费人力和时间。

- **项目实训工作程序**

（一）教师讲解

由教师布置总体实训安排，针对本实训提出总体要求，进行必要的关于旅游资源类型、获取资料可能渠道、旅游资源实地调查的方法和注意事项，以及主要的调查方向和调查的主要内容的讲解。

（二）学生分组

在实训过程中把学员分成若干小组，每个小组选出一名组长组织整个相关旅游资源调查工作，寻找可能提供当地旅游资源信息的各种途径，着手进行相关资料的收集。

（三）分组讨论

教师组织学员进行分组讨论，确定各小组的具体的调查内容，提出要求。各个小组组长通过讨论选定各自小组调研的主要侧重方面，要求每个具体的调查内容都要有小组进行调查，各小组之间可以有重叠的内容，但不能有内容空缺。

（四）资料的收集

组长分配任务，开始收集当地旅游资源相关信息。小组成员在组长的带领下进行具体调查内容的分工，通过不同的渠道去获取信息，如去图书馆查找资料、上互联网查找相关旅游景点旅游资源的信息、通过电话访问旅游景点、去旅游相关主管部门了解最新旅游资源信息等。

（五）实际调查阶段

每个小组根据自己确定的调查内容，对本地的旅游资源进行实地的调查。由于时间限制最好将本地的旅游资源分区，每个小组负责一个区域的主要旅游资源的调查，并对所调查区域内的旅游资源进行评价。

（六）小组资料汇总

整理旅游资源信息，将小组内部成员所收集和实地调查到的旅游信息按不同类别汇总，分析选取出最为有用的信息，并编制有针对性的旅游资源调查报告，打印成文本。

（七）成果展示

各个小组最后进行自己所选调查内容的汇报，选取一名学员进行主要调研成果的课堂讲解展示。

（八）集体评议

集体评议打分，由教师和全体学员一起进行各个小组最后成果的评议和打分。

（九）教师点评

指导教师进行整个实训过程的总结和点评，提出学员们在实训中的不足之处和可取之处。

（十）集体成果汇编

最后将各个小组成果汇总，形成一份比较完整的当地旅游资源调查报告，为后续实训项目的实训内容提供重要的基础资料。

实训模块四　旅行社产品设计

- 具体任务分解

任务1　本地旅游资源调查

➢ **工作目标**

1. 掌握各种获取信息的渠道。

2. 让学生对当地的旅游资源能够有比较充分的了解。能够对旅游资源进行基本的分类,对当地旅游资源的旅游景观等级评价有一定的了解。

3. 让学生能够了解与当地相邻区域的主要的旅游资源状况,并能够进行简单的比较和分析,充分了解当地旅游资源的优势和劣势。

➢ **推荐课时:2课时**

➢ **工作内容**

1. 本地旅游资源的调查,其中包括如下具体分项内容(根据学生和当地旅游资源的具体情况,以下项目可作具体调整):

(1) 本地旅游资源的数量;

(2) 本地旅游资源的类型;

(3) 本地旅游资源的地理分布;

(4) 本地旅游资源的吸引力水平(旅游资源评价等级);

(5) 本地旅游资源的开发状况;

(6) 本地旅游资源的基础设施配备情况;

(7) 本地旅游资源的交通条件、可达性;

(8) 与当地相邻区域旅游资源的基本状况,主要调查相邻区域旅游资源是否与当地旅游资源类型相似,构成对同一潜在游客市场的有力竞争。

2. 搜集旅游资源的图片。

3. 填写调查表格。

4. 分工协作,各司其职。

5. 以小组为单位完成各自的调研汇总,按时完成任务。

➢ **工作要求与注意事项**

1. 本工作过程采取以教师指导为辅、以学员自主组织为主的方法,将学员分成5~6个小组来进行,在各个小组之间形成互相竞争比较的局面。

2. 教师为学员提供主要的调查内容的题目和主要的查找信息资源的手段

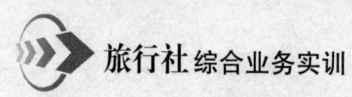

的介绍,然后由学生自己通过各种可能的渠道进行所需资料的收集整理。

3. 学生根据所收集到的当地旅游资源的信息,到景区进行实地调查。调查的内容主要依据实训要求中的各个分项。在实地调查的区域选择上尽量选择半开放和已开放区域,这样比较有安全保障。

4. 学生根据调查的情况对景区进行资源评价。

5. 根据实际的调查资料和其他渠道收集到的资料撰写出本地旅游资源的调查报告。

6. 在整个过程中教师针对学员存在的问题进行随时的指导,解答学员的各种问题。

表4-2 (　)区域旅游资源调查表

名称	位置	面积	工作人员数量	联系电话	资源级别	游客数量和区域

调查小组成员: 　　　　　　　　　　　　　　　记录人:

汇总人: 　　　　　　　　　　　　　　　　　　审核人:

任务2　周边旅游资源调查

➢ **工作目标**

1. 掌握各种室内调研获取信息的渠道;

2. 让学生能够了解与当地相邻区域的主要的旅游资源类型、级别和开发现状,并能够进行简单的比较和分析,充分了解当地旅游资源的优势和劣势。

➢ **推荐课时:** 2课时

➢ **工作内容**

1. 调查与当地相邻区域旅游资源的基本状况,主要调查相邻区域旅游资源是否与当地旅游资源类型相似,构成对同一潜在游客市场的有力竞争;

2. 搜集旅游资源的图片;

3. 填写调查表格;

4. 分工协作,各司其职;

5. 以小组为单位完成各自的调研汇总,按时完成任务。

➢ **工作要求与注意事项**

1. 以室内调查为主，主要通过网络、图书馆、电话咨询等方式进行调研；

2. 本工作过程采取以学员自主组织为主、以教师指导为辅的方法，将学员分成5~6个小组来进行，在各个小组之间形成互相竞争比较的局面；

3. 教师为学员提供主要的调查内容的题目和主要的查找信息资源的手段的介绍，然后由学员自己通过各种可能的渠道进行所需资料的收集整理；

4. 学员根据调查的情况对当地和周边区域旅游资源进行比较性的评价；

5. 在整个过程中教师针对学员存在的问题进行随时的指导，并解答学员的各种问题。

表4-3　(　)区域周边旅游资源调查表

名称	位置	面积	工作人员数量	联系电话	资源级别	游客数量和区域

调查小组成员：　　　　　　　　　　　　　　　记录人：

汇总人：　　　　　　　　　　　　　　　　　　审核人：

任务3　撰写(　)区域旅游资源调研报告

➢ **工作目标**

1. 根据调研结果和查询的相关资料撰写当地旅游资源调研报告；

2. 解读当地旅游资源的主要类型，分析存在的问题和未来发展方向。

➢ **推荐课时**：2课时

➢ **工作内容**

1. 查阅资料库，并上网搜集当地旅游资源的相关知识与论文；

2. 汇总各个小组当地旅游资源调查和周边旅游资源调查的结果，分析当地的旅游资源的特点与目前的发展状况；

3. 撰写2 000字以上当地旅游资源调研报告。

➢ **工作要求与注意事项**

1. 分小组讨论，每人负责调研报告一部分的撰写。每个小组最后汇总成一个比较全面的调研报告，分析一下北京旅游资源发展中存在的一些主要问题。

2. 在规定的时间内完成调研报告的撰写,不能拖延。

任务4　成果汇报与考核评价

> **工作目标**

1. 进行成果汇报,掌握成果汇报展示的方法并进行训练;
2. 评价各小组的工作情况。

> **推荐课时:** 2课时

> **工作内容**

1. 工作研讨交流,以组为单位交流汇报调研成果,组与组之间提出问题,相互交流、师生互动,要求PPT展示,每组限定时间;

2. 学生自评、互评,小组组长点评各个组员的工作成效;

3. 指导教师给各组评分,并进行有针对性的点评;

4. 教师汇总各组成果形成最终全班的调研成果。

表4-4　特别提示:考核要领

内容	考核要领	常见错误
01 资料的收集	学员必须在规定时间内完成所选调查的内容,并以书面形式呈报成果	由于小组成员分工不合理等问题,不能在规定时间内按时完成最后的文本
02 小组资料汇总	各个小组都要求提供准确的资料来源,以便在此后的实训项目中其他学员可以更便捷地寻找到相关的资料	在最后的文本中只有相关的信息,没有信息来源
03 教师点评	学员在调查过程中注意总结遇到的问题,最后共同提出问题,大家一起进行讨论	
04 填写实训报告	按报告要求认真填写	填写不够认真

表4-5 学生自评表

考核项目:旅游资源调查		班级	学生姓名	
小组组长		指导教师		教师评定
小组成员				
学生自评				
项目		分值	得分	
工作中对规范和标准的遵守		10		
查阅资料准备		10		
调研计划制订		10		
调研分工是否合理		20		
调研报告撰写是否能够反映实际情况		20		
调研报告撰写中是否能够检索参考足够的最新资料		20		
团队合作情况		10		
自我评价		时间的利用情况		
我的工作时间		1	提前	
		2	准时	
		3	超时	
我做得很好				
我做得不是很好				
下次换一种做法(改进)				
与老师的交流				
记录:				

表4-6 教师评价表

题目			班级	
教师				
	项目	权数	检查情况	成绩
1.咨询				
(1)学生能正确理解任务的要求和目标吗		1		
(2)学生努力获得信息了吗		1		
(3)学生已具备目前应有的知识和能力了吗		1		
(4)学生新的知识和能力的准备达到要求了吗		1		
2.计划和决策				
(1)学生做了行动计划了吗		1		
(2)确定了部分问题并找到解决的方法了吗		1		
(3)学生所确定的问题完整了吗		1		
(4)学生所确定的问题正确吗		1		
(5)学生所采取的步骤明智吗		2		
实施				
搜集资料	齐全、迅速	5		
资源检索渠道的寻求	争取选择资源检索渠道	10		
	高效完成任务	10		
有效信息收集	能够很好地进行调研	5		
	能够全面获取信息、图片等	5		
调研报告撰写	资料翔实	10		
	问题,改进措施,撰写全面	10		
调研汇报	汇报全面	10		
	制作精美的PPT	10		
检查与评价				
学生准确实施了行动过程了吗		5		
学生报告的缺陷和改进措施		10		
学生怎样评价自己的成果		10		
总分			100	
分数				

表 4-7 小组汇报展示评分表

组别：_____ 姓名：_____ 时间：_____

	项　　目	应得分	扣分
调研成果展示	是否全面地进行了信息的收集	20 分	
	是否在规定时间内完成了所要求的全部内容的调研	20 分	
	调研成果课堂展示是否清晰顺畅	10 分	
	调研报告文本	30 分	
实训报告	实训心得	10 分	
	回答问题	10 分	

考核时间：　　年　　月　　日　　考评师（签名）：_____

• 学生信息页

旅游资源的分类方法

表 4-8　旅游资源的分类方法

主类	亚类	基本类型
A 地文景观	AA 综合自然旅游地	AAA 山丘型旅游地 AAB 谷地型旅游地 AAC 沙砾石地型地 AAD 滩地型旅游地 AAE 奇异自然现象 AAF 自然标志地 AAG 垂直自然地带
	AB 沉积与构造	ABA 断层景观 ABB 褶曲景观 ABC 节理景观 ABD 地层剖面 ABE 钙华与泉华 ABF 矿点矿脉与矿石积聚地 ABG 生物化石点
	AC 地质地貌过程形迹	ACA 凸峰 ACB 独峰 ACC 峰丛 ACD 石（土）林 ACE 奇特与象形山石 ACF 岩壁与岩缝 ACG 峡谷段落 ACH 沟壑地 ACI 丹霞 ACJ 雅丹 ACK 堆石洞 ACL 岩石洞与岩穴 ACM 沙丘地貌 ACN 岸滩
	AD 自然变动遗迹	ADA 重力堆积体 ADB 泥石流堆积 ADC 地震遗迹 ADD 陷落地 ADE 火山与熔岩 ADF 冰川堆积体 ADG 冰川侵蚀遗迹
	AE 岛礁	AEA 岛区 AEB 岩礁

续表

主类	亚类	基本类型
B 水域风光	BA 河段	BAA 观光游憩河段 BAB 暗河河段 BAC 古河道段落
	BB 天然湖泊与池沼	BBA 观光游憩湖区 BBB 沼泽与湿地 BBC 潭池
	BC 瀑布	BCA 悬瀑 BCB 跌水
	BD 泉	BDA 冷泉 BDB 地热与温泉
	BE 河口与海面	BEA 观光游憩海域 BEB 涌潮现象 BEC 击浪现象
	BF 冰雪地	BFA 冰川观光地 BFB 常年积雪地
C 生物景观	CA 树木	CAA 林地 CAB 丛树 CAC 独树
	CB 草原与草地	CBA 草地 CBB 疏林草地
	CC 花卉地	CCA 草场花卉地 CCB 林间花卉地
	CD 野生动物栖息地	CDA 水生动物栖息地 CDB 陆地动物栖息地 CDC 鸟类栖息地 CDD 蝶类栖息地
D 天象与气候景观	DA 光现象	DAA 日月星辰观察地 DAB 光环现象观察地 DAC 海市蜃楼现象多发地
	DB 天气与气候现象	DBA 云雾多发区 DBB 避暑气候地 DBC 避寒气候地 DBD 极端与特殊气候显示地 DBE 物候景观
E 遗址遗迹	EA 史前人类活动场所	EAA 人类活动遗址 EAB 文化层 EAC 文物散落地 EAD 原始聚落
	EB 社会经济文化活动遗址遗迹	EBA 历史事件发生地 EBB 军事遗址与古战场 EBC 废弃寺庙 EBD 废弃生产地 EBE 交通遗迹 EBF 废城与聚落遗迹 EBG 长城遗迹 EBH 烽燧

续表

主类	亚类	基本类型
F 建筑与设施	FA 综合人文旅游地	FAA 教学科研实验场所 FAB 康体游乐休闲度假地 FAC 宗教与祭祀活动场所 FAD 园林游憩区域 FAE 文化活动场所 FAF 建设工程与生产地 FAG 社会与商贸活动场所 FAH 动物与植物展示地 FAI 军事观光地 FAJ 边境口岸 FAK 景物观赏点
	FB 单体活动场馆	FBA 聚会接待厅堂(室) FBB 祭拜场馆 FBC 展示演示场馆 FBD 体育健身场馆 FBE 歌舞游乐场馆
	FC 景观建筑与附属型建筑设施	FCA 佛塔 FCB 塔形建筑物 FCC 楼阁 FCD 石窟 FCE 长城段落 FCF 城(堡) FCG 摩崖字画 FCH 碑(碣)林 FCI 广场 FCJ 人工洞穴 FCK 建筑小品
	FD 居住地与社区	FDA 传统与乡土建筑 FDB 特色街巷 FDC 特色社区 FDD 名人故居与历史纪念建筑 FDE 书院 FDF 会馆 FDG 特色店铺 FDH 特色市场
	FE 归葬地	FEA 陵区陵园 FEB 墓(群) FEC 悬棺
	FF 交通建筑	FFA 桥 FFB 车站 FFC 港口渡口与码头 FFD 航空港 FFE 栈道
	FG 水工建筑	FGA 水库观光游憩区段 FGB 水井 FGC 运河与渠道段落 FGD 堤坝段落 FGE 灌区 FGF 提水设施
G 旅游商品	GA 地方旅游商品	GAA 菜品饮食 GAB 农林畜产品与制品 GAC 水产品与制品 GAD 中草药材及制品 GAE 传统手工产品与工艺品 GAF 日用工业品 GAG 其他物品
H 人文活动	HA 人事记录	HAA 人物 HAB 事件
	HB 艺术	HBA 文艺团体 HBB 文学艺术作品
	HC 民间习俗	HCA 地方风俗与民间礼仪 HCB 民间节庆 HCC 民间演艺 HCD 民间健身活动与赛事 HCE 宗教活动 HCF 庙会与民间集会 HCG 饮食习俗 HCH 特色服饰
	HD 现代节庆	HDA 旅游节 HDB 文化节 HDC 商贸农事节 HDD 体育节

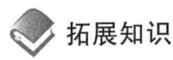 拓展知识

旅游资源

一、自然资源

自然资源是指自然风光,包括高山、峡谷、森林、火山、江河、湖泊、海滩、矿泉、珍禽、异兽、奇花、异草以及气温、日照、雨星等。

1. 中国五岳名山:东岳泰山、中岳嵩山、西岳华山、南岳衡山、北岳恒山

2. 风景名山:黄山、庐山、武夷山、雁荡山、阿里山、天柱山

3. 四大自然保护区:长白山自然保护区、鼎湖山自然保护区、梵净山自然保护区、卧龙自然保护区

4. 四大名河:长江、黄河、黑龙江、珠江

5. 七大名湖:太湖、洞庭湖、巢湖、鄱阳湖、洪泽湖、杭州西湖、台湾日月潭

6. 四大瀑布:黄果树瀑布、黄河壶口瀑布、黄山风景区瀑布、庐山瀑布

7. 著名泉水:北京玉泉、镇江中冷泉、无锡泉水、杭州虎跑泉

8. 著名海滨:大连海滨、北戴河海滨、青岛海滨、厦门海滨、天涯海角海滨

二、人文资源

1. 四大佛山:五台山、峨眉山、九华山、普陀山

2. 四大道山:青城山、武当山、崂山、龙虎山

3. 四大名窟:敦煌莫高窟、山西大同云冈石窟、河南洛阳龙门石窟、甘肃天水麦积山石窟

4. 四大园林

(1)苏州园林:沧浪亭、狮子林、拙政园、留园

(2)扬州园林:何园、个园

(3)岭南园林:清晖园、可园

(4)北方园林:颐和园、北海、避暑山庄

5. 四大宫殿:北京故宫、沈阳故宫、布达拉宫、孔庙

6. 六大古都:北京、西安、南京、杭州、开封、洛阳

7. 三大古建筑群:北京故宫、承德避暑山庄、山东曲阜孔庙

三、宗教旅游资源

1. 佛教:起源于公元前6世纪至前5世纪之间,创始人乔达摩·悉达多,代表经典是《金刚经》,世界上约有2.5亿人信奉佛教。a. 世界佛陀日:公历5月间的月圆日;b. 佛诞节(泼水节)阴历四月初八;c. 成道节:阴历十二月初八(腊八)。

2. 基督教:在公元前1世纪形成并发展起来,信仰基督耶稣,以《圣经》为经典,目前有10亿人信奉基督教。a. 圣诞节:公历每年12月25日;b. 复活节:每年春分月圆后的第一个星期日(3月21日至4月25日之间);c. 情人节:每年2月14日;d. 狂欢节:有的始于元旦,有的始于圣诞节,各国不一。

3.伊斯兰教:产生于公元 7 世纪初,创始人穆罕默德,经典是《古兰经》。a.开斋节:伊斯兰教历 10 月 1 日;b.古尔邦节:伊斯兰教历 12 月 1 日;c.圣纪节(圣忌日):希古拉历 3 月 12 日。

实训项目二　特定游客群体旅游需求调查

- 实训目标

(一)了解旅游市场调查的基本方法;
(二)根据特定人群设计调研问卷,调查游客的旅游需求。

- 实训推荐课时:8 课时
- 实训环境:给每个学生配备一台能上网的电脑的实训室。
- 实训项目介绍

游客需求调查是旅游产品设计过程中的前期必需步骤,只有更好地确定游客的需求特征才能有的放矢地设计出适应市场需求的产品。否则,产品设计只能是无源之水、无本之木。本实训项目主要是训练学生掌握市场调查的基本方法,能够通过游客需求市场调查和市场信息的分析,获得有价值的旅游产品设计思路。本实训项目关注的主要能力点为:1.旅游市场调查的基本方法;2.调查问卷的设计方法;3.问卷调查样本的获取方法;4.网络调查问卷的具体操作方法;5.数据分析方法;6.调查报告的撰写。

- 项目实训工作程序

(一)教师讲解

由教师布置总体实训安排,针对本实训项目提出实训总体要求,进行必要的关于市场调查的方法、问卷调查的方法、问卷的设计方法、问卷的发放方式等的讲解,展示网络问卷的具体形式和操作方法。讲解获取调查样本的方法,并给学生规定最低的样本数量。讲解调查数据的分析方法和调查报告的撰写方法。

(二)学生任务分配

在实训过程中可以把学生分成若干小组,让每个学生都针对一个具体的特定调查目标单独完成一个数据调查的全过程。这样有利于学生对于整个流程的把握,也有利于更好地对学生的实训效果进行评价。

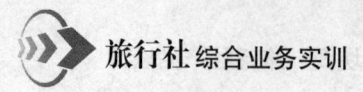

(三) 分组讨论

教师组织学生进行分组（最好是课程之初就确定好了组，不再每次重新分组，以节约时间）头脑风暴形式的讨论，内容包括：调查主题的确定、同组间调查主题的互补性、如何更好地设计问卷、大家分享网络调查的一些经验。讨论结果，确定自己调查的主题。

(四) 调查问卷的设计

在调查问卷设计阶段，老师要随时发现问题，随时指导，可以让同学们就一个简单的问题试着做个小调查，掌握一般调查问卷的设计方法。例如：利用20分钟时间，让学生设计一个针对本班同学的小调查问卷，并在本班内展开调查。通过学生问卷设计的实训，指导学生如何设计一个更加合理的问卷，如何进行调查数据的分析等。

在真正的游客调查问卷设计完之后，一定要经过前期的试调查，并进行修改之后形成最终的调查问卷。采取的方法可以是设计完后，老师帮助审阅，或者本组同学互相讨论。

(五) 实际调查阶段

针对拟定的调查目标，进行实际的调查和信息的收集。根据实际情况，教师和学生共同确定具体的调查方法：①网络问卷形式；②实地纸质问卷形式；③两种问卷形式都运用。并针对实际情况确定调查样本的最低数量，一般应该最少规定30份。根据实际的经验，通过网络问卷学生获取的数据量较大，给予1周的时间大约100份问卷的数量是可以达到的，而纸质问卷30~50份的数据量也是没有问题的。课上时间不能完成的部分，作为课下的作业，利用课余时间完成。本调查在特定目标人群的选取上应该有所侧重，通常在该项目实训中，一般都是以大学生作为特定的人群，对于调查样本的获取更加容易。

(六) 数据分析

在数据分析中，让学生熟悉调查网站能够给他们提供的具体数据帮助，并指导学生通过相关软件绘制数据分析图表。

(七) 市场调查报告的撰写

每个同学撰写一份针对特定群体的市场调研报告。要求有数据分析，并配合图表分析得出具体的结论。

小组内部同学之间互相演示评议，选出本小组认为的最好的市场调研报告。小组成果汇总，形成一份本小组的调研结论（要求简短、准确）并向全班汇报。

(八)教师点评

指导教师进行整个实训过程的总结和点评,提出学生们在实训中的不足之处和可取之处。

(九)集体成果汇编

最后将各个小组成果汇总,形成一份比较完整的针对特定群体的旅游需求调研报告,为下一步的实训内容提供重要的基础资料。

- **具体任务分解**

任务1　针对学生群体设计游客旅游需求调查问卷

> **工作目标**

1. 熟悉问卷的一般设计方法;
2. 设计针对特定群体(学生)的游客需求调查问卷。

> **推荐课时:** 2 课时

> **工作内容**

1. 确定特定目标群体;
2. 确定调研的主题;
3. 完成调查问卷设计;
4. 调查问卷小组内试用;
5. 进行调查问卷的修改与完善。

> **工作要求与注意事项**

1. 首先应该熟悉设计调查问卷的基本要求;
2. 一定要有明确的调研目的;
3. 教师应该在学生进行相关工作的过程中随时进行指导;
4. 要求每个学生设计一份调查问卷;
5. 设计完成后,小组内部互相试调查,给出修改意见,完善最终的调查问卷的设计。

任务2　学生群体旅游需求调查

> **工作目标:** 调查学生的旅游需求。

> **推荐课时:** 4 课时

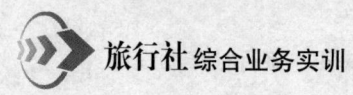

➢ **工作内容**

1. 利用上一任务中编制完成的调查问卷来进行学生群体旅游需求的调查;

2. 选取20~30个同学作为自己的调查抽样样本;

3. 将问卷放到一个免费的调查问卷网站上(可考虑本实训项目的学生信息页推荐网站),利用课余时间,完成相关网络问卷的调研过程(教师可以根据实际情况规定学生完成的最低网络调查问卷填写数量);

4. 完成调查问卷的数据汇总工作。

任务3 调查问卷结果分析

➢ **工作目标**

1. 了解数据分析的一般方法;

2. 掌握调研报告撰写的基本方法;

3. 实践操作撰写一份问卷调查分析报告。

➢ **推荐课时**:2课时

➢ **工作内容**

1. 利用图表的形式对上一任务中获取的相关游客需求的调研数据进行数据分析;

2. 针对调研结果,撰写游客需求分析报告。

➢ **工作要求与注意事项**

1. 前期应该指导学生先了解相关的数据分析、图表分析,以免因为对这些不了解而耽误实训时间;

2. 教师在学生进行相关调研报告撰写前应该为学生提供一些范例,以免学生因为不熟悉调研报告的撰写方法而浪费时间。

任务4 成果汇报与考核评价

➢ **工作目标**

1. 成果的汇报与交流;

2. 工作绩效考核。

➢ **推荐课时**:2课时

➢ **工作内容**

1. 各个小组内部进行研讨交流,汇报自己整个问卷调查的情况(完成了多

少份纸质问卷、多少份电子问卷,数据汇总情况,得到的调研结果情况,是否完成了自己的调研目标);

2. 小组内部学生自评、互评;

3. 小组组长、点评各个组员的工作成效;

4. 小组汇总本小组的调研结果,进行班级内的汇报;

5. 指导教师对组的工作情况进行针对性点评;

6. 汇总全班的调研情况,上传至课程网站或公共学习邮箱。

表4-9 学生自评表

项目:游客需求问卷调查		班级		学生姓名	
小组组长		指导教师			教师评定
小组成员					
学生自评					
项目			分值	得分	
工作中对规范和标准的遵守			10		
查阅资料准备			10		
问卷设计是否合理			10		
调查结果是否具有研究价值			20		
调查样本选取是否合理			20		
数据分析是否合理 调研结果是否合理			20		
团队合作情况			10		
自我评价			时间的利用情况		
我的工作时间			1	提前	
			2	准时	
			3	超时	
我做得很好					
我做得不是很好					
下次换一种做法(改进)					
与老师的交流					
记录:					

表4-10 教师评价表

题目		游客需求市场调研	班级		
教师					
		项目	权数	检查情况	成绩
1. 咨询					
(1)学生能正确理解任务的要求和目标吗			1		
(2)学生努力获得信息了吗			1		
(3)学生已具备目前应有的知识和能力了吗			1		
(4)学生新的知识和能力的准备达到要求了吗			1		
2. 计划和决策					
(1)学生做了行动计划了吗			1		
(2)确定了部分问题并找到解决的方法了吗			1		
(3)学生所确定的问题完整了吗			1		
(4)学生所确定的问题正确吗			1		
(5)学生所采取的步骤明智吗			2		
实施					
搜集资料		齐全、迅速	5		
问卷设计		合理	10		
		大小合适	10		
实际调研		样本选取	5		
		数据真实可信	5		
数据分析		数据分析合理	10		
		数据表格分析合理	10		
调研报告		内容充实	10		
		为后一步产品设计提供有价值依据	10		
检查与评价					
学生准确实施了行动过程了吗			5		
学生问卷调查中的缺陷和改进措施			10		
学生怎样评价自己的成果			10		
总分				100	
分数					

- 学生信息页

一、旅游市场调研的原则

（一）客观性原则

（二）及时性原则

（三）经济性原则

（四）针对性原则

二、旅游市场营销调研的意义

喜来登饭店公司创始人欧内斯特（Ernest He Nderson）先生说过："在旅游经营方面，客人永远比经理更高明，只有更好地了解旅游者的需求，才能更好地为旅游者提供服务和改进服务。"

旅游企业的市场预测从根本上说是估计旅游者在一定的条件下会购买什么产品和服务，因此旅游者才是对旅游企业最有用的信息来源。在欧美旅游行业发达的国家和地区旅游企业通常通过访问、座谈、电话、信函以及现场投票的方式对本企业现实的或潜在的旅游消费者进行调研，以了解被调查者的购买心理、购买特点和购买意图。

①旅游市场营销调研有利于旅游企业的营销决策者了解旅游市场的现状和发展态势，在复杂的市场环境中发现市场机会。

②旅游市场营销调研可以充实和完善旅游市场营销信息系统。

③旅游市场营销调研有助于旅游企业进行科学决策从而改善旅游企业的经营和管理，提高旅游企业经济效益、社会效益和环境效益。

三、旅游市场营销调研的类型

（一）探测性调研

（二）描述性调研

（三）因果性调研

（四）预测性调研

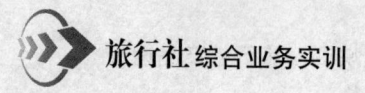

四、旅游市场营销调研的内容

通常在旅游市场营销调研中包括的主题主要有如下几种,其中旅游市场需求信息调研是我们本实训项目所归属的类型。

(一)旅游宏观环境信息调研

(二)旅游市场需求信息调研(本实训项目重点关注内容)

1. 旅游者规模及构成调研(旅游者的自由支配收入、余暇时间,旅游者数量和消费构成,旅游者对于旅游目的地旅游产品的总体评价等)

2. 旅游动机调研(健康娱乐、好奇探索、审美教育、社交交友、宗教、商务)

3. 旅游者消费行为调研(消费偏好、消费行为、消费特点和购买行为)

(三)旅游市场产品供给调研

(四)旅游企业市场营销组合调研

(五)旅游企业经营效益调研

五、旅游市场营销调研的方法

(一)文案调查法

文案调查法是通过收集各种旅游二手资料,从中提取与旅游企业营销活动有关的信息并对这些信息进行统计分析的一种调查方法,又称为简介调研法、资料分析法或室内研究法。

(二)访问调研法

访问调研法是指旅游企业市场营销调研人员以口头或书面的形式询问被调查者以收集与营销调研计划有关的信息的一种方法,包括:①面谈式访问(Personal Interviewing);②电话式访问(Telephone Interviewing);③邮寄式访问(Mail Interviewing);④留置式问卷调查。

(三)观察调研法

观察调研法最大的特点是被调查者是处在自然状态下接受调查的,即当被调查者被调查时,并不感觉到自己正在被调查。这是因为,观察调研法不像访问调研法那样调查者与被调查者直接见面谈话或通过问卷向被调查者提出问题要求回答。

(四)实验调研法

是指在特定控制的环境下进行实验,这种方法常用于传播媒体的选择和广告效果的研究。包括:①实验室实验;②现场实验。

六、旅游市场调研技术

(一)调查问卷的设计

1. 调查问卷的功能

①正确反映调查目的,体现为具体问题,突出重点,能使被调查者乐意合作,协助达到调查目的。

②能正确记录和反映被调查者回答的事实,提供正确的信息。

③统一的问卷还便于资料的统计和整理。

小贴士

要设计一份完美的问卷,不能闭门造车,而应事先做一些访问,拟订一个初稿,经过事前实验性调查,再修改成正式问卷。

2. 调查问卷提问的方式

(1)封闭式提问

也就是在每个问题后面给出若干个选择答案,被调查者只能在这些被选答案中选择自己的答案。

(2)开放式提问

就是允许被调查者用自己的话来回答问题。由于采取这种方式提问会得到各种不同的答案,不利于资料统计分析,因此在调查问卷中不宜过多采用。

3. 问卷设计的原则

(1)相关原则

调查问卷中除了少数几个提供背景的题目外,其余题目必须与研究主题直接相关。

(2)简洁原则

调查问卷中每个问题都应力求简洁而不繁杂、具体而不含糊,尽量使用简短的句子,每个题目只涉及一个问题,不能兼问。违反这一原则的例子如:"你是否赞成加强高中的学术性课程和教师的竞争上岗制度?"

(3)礼貌原则

调查问卷中尽量避免涉及个人隐私的问题,如收入来源;避免那些会给答卷人带来社会或职业压力的问题，使人感到不满。问题的措辞礼貌、诚恳，人们才能愿意合作。

(4) 方便原则

调查问卷中题目应该尽量方便调查对象回答，不必浪费过多笔墨，也不要让调查对象觉得无从下手，花费很多时间思考。

(5) 定量准确原则

调查问卷中如果要收集数量信息，则应注意要求调查对象答出准确的数量而不是平均数。例如，"在您的班级中六岁入学的有几人"和"在您的班级里学生平均几岁入学"，前者能够获得班级六岁入学儿童的准确数字，而后者则无法得到这样的信息。

(6) 选项穷尽原则

调查问卷中题目提供的选择答案应在逻辑上是排他的，在可能性上又是穷尽的。例如，"您的最后学历是什么"的备选答案有 A. 中专；B. 本科；C. 硕士研究生三个答案，显然没有穷尽学历类型。有的题目应提供中立或中庸的答案，例如"不知道""没有明确态度"等，这样可以避免被调查者在不愿意表态或因不了解情况而无法表态的情况下被迫回答。

(7) 拒绝术语原则

调查问卷中避免大量使用技术性较强的、模糊的术语及行话，以便使被调查对象都能读懂题目。违反这一原则的例子如"您认为您的孩子社会智力如何？"

(8) 适合身份原则

调查问卷中题目的语言风格与用语应该与调查对象的身份相称。因此在题目编拟之前，研究者要考察调查对象群体的情况，如果对象身份多样，则在语言上尽量大众化；如果调查对象是儿童、少年，用语要活泼、简洁、明快；如果调查对象是专家、学者，用语应该科学、准确，并可适当运用专业语言。

(9) 非导向性原则

调查问卷中所提出的问题应该避免隐含某种假设或期望的结果，避免题目中体现出某种思维定式的导向。例如："作为教师，您认为素质教育能够更好地促进学生的健康成长吗？"

4. 调查问卷的格式

一份调查问卷通常由题目、导语、正文、结束语四部分构成。

(二) 市场调查可用调查网站范例

目前网络上能够提供网络调查的网站相当多,很多都有免费应用的功能,这里简单举几个例子,不一定是目前最流行、最好的网站,抛砖引玉,希望同学们能够更好地应用网络调查这一工具。

1. 问道网(http://www.askform.cn/)

表4-11 问道网大众版与企业版提供功能对比

类型		大众版(http://www.askform.cn) 免费注册	企业版(http://e.askform.cn) 免费注册
费用		永久免费	免费一年,到期可转免费版继续使用
特点		整个过程无须付费,使用简单,适用范围广	专业的解决方案、个性化的企业形象、复杂的应用
用户类型		适合学生、个人用户、小企业	适合大中型企业、咨询公司、政府机关、高校教师及科研机构
应用范围		可用于在线调查、投票、评选、信息收集等	可用于市场调查、问卷调查、满意度调查、360度评估、人才测评
设计问卷	可创建问卷数量	500份	500份
	单份问卷题目数	300题	300题
	可回收答卷数	免费2 000份答卷,超出部分每2 000份/10元	1万份
	基本题型:单选、多选、单行、多行、下拉框、日期、数字、网址、E-mail、排序题、量表题、矩阵题	支持	支持
	高级题型:上传文件题、填空题、级联题、滑动条、增强矩阵题、增强量表题	不支持	支持

续表

类型		大众版（http://www.askform.cn）免费注册	企业版（http://e.askform.cn）免费注册
设计问卷	支持插入图片、Flash	支持	支持，并且可上传和管理图片、Flash等
	题目分类设置	不支持	支持
	页面逻辑跳转	支持	支持
	自定义问卷外观	不支持	支持
	自定义页面逻辑	不支持	支持
	矩阵题项与多选题项保持同步	不支持	支持
	断点续答，在回答过程中同步保存回答记录，在重新打开问卷时可以恢复前次答卷记录，并继续回答	不支持	支持
	完成率显示	不支持	支持
	统计指标和权重、设置问卷题目的统计指标和权重，并可归类统计	不支持	支持
	打印问卷	支持	支持
	从文本生成问卷	支持	支持
	从模板复制题目	支持	支持
统计分析	结果整体分析	支持	支持
	分地区、分时段统计	支持	支持
	浏览问卷详情	支持	支持
	导出全部答卷	支持	支持
	分题目统计	支持	支持
	交叉分析	支持	支持
	查找过滤后统计分析，并导出结果	支持	支持
	统计报表	支持	支持，更多的专业报表模板

2. 问卷星(http://www.sojump.com/)

3. 数字100调查网(http://www.data100.com.cn/)

4. 我们做(http://www.wezuo.com/)

5. 知己知彼网(http://www.zhijizhibi.com/)

6. 两个国外问卷调查网站：(http://questionform.com/；http://www.wufoo.com)

七、旅游市场调研的步骤

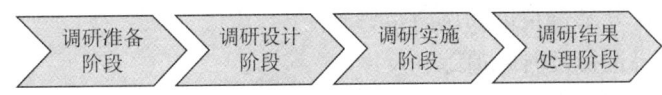

图 4-2 旅游市场调研的步骤

(一)调研准备阶段

1. 确立调研目的

2. 确定收集资料的范围和方式

3. 抽样设计

(二)调研设计阶段

1. 制定调研方法

2. 划分调研步骤

3. 安排调研人员和进行调研费用预算等

4. 旅游企业市场调研计划内容

表 4-12 旅游企业市场调研计划内容

市场调研计划的内容	详细解释
确定调研机构	旅游企业独立进行调研还是利用外部专门营销机构
选择资料来源	第一手资料，还是第二手资料
选择资料收集方法	文案调研法、询问调研法、观察调研法、实验调研法
选择资料收集工具	问卷、电话、信函、网络
编制调研预算和进度	调研的整体预算、各个阶段的预算及所需要的具体时间

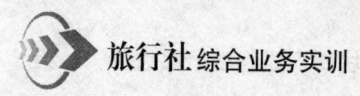

(三)调研实施阶段

1. 收集市场营销信息(耗时最长、花费最多、最容易出现错误的阶段)

(1)进行实地调查获得一手资料(primary data)

(2)收集现有的二手资料(secondary data)

2. 整理和分析市场信息

利用适当的统计分析方法对收集到的信息进行整理和分析,得到全面的合乎逻辑的结论。

(四)调研结果处理阶段

1. 主要任务是撰写市场调研报告

2. 对结果进行及时的追踪和反馈

3. 旅游企业市场营销人员应该将分析的结果以书面的形式详细地写成调研报告,并对调查报告是否引起决策者重视、是否被采纳及时追踪反馈

4. 调研报告的组成

(1)导言部分

主要介绍市场调研的项目,对调查目的进行简单的说明。

(2)正文部分

这是调研报告的主体部分,主要内容包括市场调研的必要性、调研的内容、运用到的方法以及对调研过程和分析结果的详细说明。

(3)调研结论

从本次市场调研中得到什么样的结论,对旅游企业的营销决策提出参考性的建议。

(4)附件部分

主要包括用来证明和说明正文的相关情况的资料,如资料汇总统计表、原始资料来源及调研结果局限性的说明等。

参考网址:调查问卷:http://baike.baidu.com/view/1319790.htm

实训项目三 针对特定游客群体设计旅行社产品

- 实训目标

(一)了解旅行社产品设计的一般程序;

(二)掌握旅行社产品设计的基本方法;

(三)能够根据特定顾客群的需求设计旅行社产品。

- **实训推荐课时**:4 课时
- **实训环境**:至少每个小组配备 3~5 台电脑的实训室。
- **实训项目介绍**

本实训项目是在完成本实训模块实训项目一、项目二之后才能进行的,在顺序上是不能颠倒的。只有在了解当地旅游资源的基础上、调研了当地潜在游客的旅游需求的前提下,才能够设计出符合游客需求特征的合理的旅游产品。因此,本实训项目完成的好坏,和前两个实训项目所获取的结果有直接的关系。没有坚实的调研的基础,任何产品设计都将是空中楼阁。

- **项目实训工作程序**

(一)教师讲解导入实训项目

教师介绍一般的旅游产品设计的程序,讲解旅游产品设计经典案例或者商品设计经典案例作为导入的方法(案例见信息页)。

(二)学生分组讨论

(三)任务分配

(四)学生小组汇报自己的设计思路,完善思路

(五)独立设计阶段(产品设计的主题、具体线路展示、产品报价包括成本核算、具体旅游产品的定价)

(六)形成设计文本

(七)小组汇报

(八)班级汇报

(九)成果评价

- **具体任务分解**

任务 1 针对学生群体设计周末两日游旅游产品

➢ **工作目标**

1. 完成特定旅游人群的产品设计;
2. 熟悉周末短线旅游产品的基本设计方法;

3. 实操旅游产品设计的方法。

➢ **推荐课时**：1 课时

➢ **工作内容**

1. 根据资源调查结果和游客需求调查结果,寻找产品设计的依据;
2. 每个同学完成一个产品设计的方案;
3. 制作一个 PPT,展示设计成果。

任务 2　针对特定群体设计主题创意旅游产品

➢ **工作目标**：完成特定主题的旅游产品设计。

➢ **推荐课时**：1 课时

➢ **工作内容**

1. 根据北京郊区适合植树的地点的调查结果和游客需求调查结果,寻找产品设计的依据;
2. 每个同学完成一个产品设计的方案;
3. 制作一个 PPT,展示设计成果。

任务 3　设计成果展示

➢ **工作目标**：展示学生设计的旅游产品成果。

➢ **推荐课时**：1 课时

➢ **工作内容**

1. 以小组为单位,在小组内完成各自设计成果的展示工作;
2. 小组内部互相交流,组长点评;
3. 教师点评;
4. 评出每个组的最优设计,然后在班级内进行设计优秀成果评选。

任务 4　考核评价

➢ **工作目标**：工作绩效考核。

➢ **推荐课时**：1 课时

➢ **工作内容**

1. 各个小组内部研讨交流;
2. 学生自评、互评;

3. 小组组长点评各个组员的工作成效；

4. 指导教师评价。

表 4-13　学生自评表

项目:旅游产品设计		班级		学生姓名		教师评定
小组组长			指导教师			
小组成员						
学生自评						
项目			分值		得分	
工作中对规范和标准的遵守			10			
查阅资料准备			10			
设计的合理性			10			
设计的创新性			20			
设计是否吸引了其他同学			20			
是否能够设计一个完整的旅游产品			20			
小组内互评情况			10			
自我评价			时间的利用情况			
我的工作时间			1	提前		
			2	准时		
			3	超时		
我做得很好						
我做得不是很好						
下次换一种做法(改进)						
与老师的交流						
记录:						

表4-14 教师评价表

题目	旅游产品设计		班级	
教师				
	项目	权数	检查情况	成绩
1.咨询				
(1)学生能正确理解任务的要求和目标吗		1		
(2)学生努力获得信息了吗		1		
(3)学生已具备目前应有的知识和能力了吗		1		
(4)学生新的知识和能力的准备达到要求了吗		1		
2.计划和决策				
(1)学生做了行动计划了吗		1		
(2)确定了部分问题并找到解决的方法了吗		1		
(3)学生所确定的问题完整了吗		1		
(4)学生所确定的问题正确吗		1		
(5)学生所采取的步骤明智吗		2		
实施				
搜集资料	齐全、迅速	5		
价格设计	成本核算正确	10		
	符合特定人群的承受能力	10		
产品是否有创新性	产品不雷同,具有新颖的创意,能够吸引潜在游客群	30		
产品设计文本,PPT制作	文本规范	10		
	PPT精美	10		
检查与评价				
学生准确实施了行动过程了吗		5		
旅游产品设计的缺陷和改进措施		10		
学生怎样评价自己的成果		10		
总分			100	
分数				

- 学生信息页

一、旅游产品概念

(一)从旅游目的地角度来看

旅游经营者凭借旅游吸引物、交通和旅游设施,向旅游者提供的满足其旅游活动需求的全部服务。

(二)从旅游者角度来看

花费一定时间、费用和精力所换取的一次旅游经历。旅游者进行一次旅游活动所购买的服务产品。或者说:旅游者进行一次旅游活动所需要的产品与服务的总和。

二、整体旅游产品与单项旅游产品

①整体旅游产品是指旅游者进行一次旅游活动所需要的全部服务产品。

②单项旅游产品是指旅游活动当中满足旅游者某一方面需求的单项服务,如交通服务、住宿服务、餐饮服务、游览服务。

三、旅游产品的特性

(一)旅游产品作为服务产品的共性

1. 无形性
2. 生产与消费的同时性(不可分性)
3. 不可转移性,所有权不转移,只有使用权暂时转移
4. 不可贮存性

(二)旅游产品的独有特性

1. 综合性
2. 季节性
3. 易波动性
4. 消费的异地性
5. 替代性
6. 趋同性

四、旅游产品设计的概念

旅游产品设计,是指按照一定的规则,配置旅游资源和餐饮、住宿等服务,

把旅游服务加入其中,并以一定的主题、内容、形式和价格表示出来的过程。一个完整的旅游产品设计应该由4部分组成,即①产品名称(概念);②内容;③形式;④价格。

五、旅游产品的设计方法

(一)创新设计的方法

主题创新、内容创新、形式创新。

(二)借鉴设计的方法

广大中小旅游企业广泛采用;新产品的二次开发过程。

具体方法请参见以下案例。

创新设计法经典案例——农夫山泉的水溶C100饮料产品设计的成功借鉴

在21世纪科技日新月异、市场瞬息万变的情况下,产品的生命周期日趋

缩短,新产品层出不穷。对于企业而言,开发新产品则是应对各种挑战与变局、维护企业生存与实现可持续发展的重要保证。但21世纪福来传播机构调查的数据表明,新产品的失败率高达95%,尤其在不成熟的市场,其失败的比例可能更高,因而制定严谨、科学、高效的新产品营销策略,已成为企业的当务之急。

在竞争异常激烈的饮料市场,农夫山泉的水溶C100饮料是一个创新型设计的经典案例。在2008年汶川地震成就了王老吉,没有哪个企业想在这一年能赶超王老吉的。而在王老吉最热销的季度,也就是2008年的第二季,农夫山泉的水溶C100悄然上市了,而仅仅5个月后,就实现了1亿的销售额,令整个行业汗颜。我们可以通过这个饮料产品的设计来很好地理解一下创新型产品设计的方法。

一、差异化营销,定位蓝海

定位之父特劳特(Jack Trout)曾指出:"当你在成熟产业中无法跻身第一梯队时,夺取市场的最好方法就是以差异化战略细分出一个新的品类,以'吃螃蟹者'的身份成为人们记忆中该品类第一品牌。"而水溶C100就跳出了和主流品类的竞争,找到了属于自己的蓝海。具体说来,其在产品、品牌、定价、分销以及促销方面都有其特点。

二、目标市场——中高端消费人群

水溶C100的目标消费者主要是城市白领、学生等时尚人群。首先是由于这部分人群接受西方的文化和习惯影响较大，比较容易接受柠檬汁的概念。其次，这部分消费者追求美容、健康等生活概念，因此维生素C的功能对他们的影响较大。最后，由于柠檬汁产业在国内尚未形成，水溶C100要实现量产必须依靠进口，较高的成本也从根本上决定了其主要消费者是诸如城市白领、学生等时尚人群，从而使整个产品策略定位于中高端消费人群。

三、产品设计的四个主要方面的创新

1. 产品名称——中西结合，强调功能诉求

水溶C100在品牌命名上采用体现产品属性并突出核心诉求的方式。水溶C100的C意指维生素C，是人体必需的，有益于身体的健康和活力；而100在中国消费者心目中有完美的意思，突出表示水溶C100能够100%地满足消费者每日所需的维生素C。水溶C100还采用"中文名+英文字母+数字"的构成方式，这与很多白领在工作和生活中的说话习惯相一致，因而更容易让消费者记住。

2. 产品内容——口味独特

首先现在市场上流行的品类主要为橙汁、苹果汁和葡萄汁，而柠檬汁类的产品在国内尚属空白地带。而且在中国消费者心中，象征时尚、高档的柠檬汁具有目前主流产品无法替代的特性，避开了同质化的激烈竞争。水溶C100的口味是柠檬独特的酸甜味，口感很受大众欢迎，正适应了这个时代年轻人喜好较强刺激的生活习惯。

其次，所有人特别是对时尚女人而言，适量补充维生素C是保持年轻活力、美容与增强免疫力的重要手段，选择维生素C作为产品的功能诉求，很容易让年轻人特别是白领接受。

3. 产品形式——包装新颖

最后，产品的包装方面，水溶C100采用了透明包装，而且瓶子的款式设计得细长，符合现代白领审美趣味，具有时尚性特点。除了美观之外，瓶子的实用性很强，水溶C100的瓶子开口大，不仅方便携带，而且便于消费者作为水瓶使用。

4. 定价——撇脂定价形成新奢侈品概念

在定价上，水溶C100采用的是撇脂定价策略。水溶C100的价格定在4.5元一瓶，而普通软饮料一般的价格不会超过3元。这种与同行业相比带有歧

视性的定价策略,使得水溶C100显得卓尔不群。在形成了一定知名度之后,饮用水溶C100成了一个特定群体的象征,是一种身份的标签。这就使水溶C100成为了营销概念中的新奢侈品。而水溶C100的目标消费者主要是白领和时尚人士,这部分人拥有较高的消费水平同时又有追求奢侈品、追求市场的心理,因此,其定价策略同目标市场是一致的。

Tip:随后娃哈哈、汇源推出诉求和包装几近的产品,在终端铺货上采取大堆头、大宣传的策略;其他山寨版的柠檬汁饮料也陆续登陆市场,在糖酒交易会上,模仿者更是漫山遍野。但这些借鉴设计显然还是不能像原来的创新型设计那样取得太骄人的成绩。

概念提示:撇脂定价——所谓"撇脂定价法"又称高价法,即将产品的价格定得较高,尽可能在产品寿命初期、在竞争者研制出相似的产品以前,尽快地收回投资,并且取得相当的利润,然后随着时间的推移,再逐步降低价格使新产品进入弹性大的市场。一般而言,对于全新产品、受专利保护的产品、需求的价格弹性小的产品、流行产品、未来市场形势难以测定的产品等,可以采用撇脂定价策略。

借鉴性设计成功案例:

湖南卫视:目前作为国内最有影响力的地方电视台,它成功的一个契机就是成功地模仿,其多档节目都是通过借鉴模仿国外的成功电视节目而在国内的电视娱乐节目市场获得成功的,例如当年风靡全国的《超级女声》节目即模仿借鉴美国的选秀歌唱节目《美国偶像》。

美国电视选秀节目《美国偶像》(*American Idol*)

 英国电视相亲节目《带我走吧》(TAKE ME OUT)	后起之秀的江苏卫视的王牌节目《非诚勿扰》借鉴英国的电视相亲节目《带我走吧》(TAKE ME OUT)。现在更是几乎所有的地方卫视都开始进行借鉴性的自己的电视相亲节目的制作。
 美国电视选秀节目《美国达人》	东方卫视的王牌节目《中国达人秀》更是在整体节目策划、主持人风格、舞台设计等诸多方面全面借鉴了美国的《美国达人》节目。这些电视产品的设计的成功,可以说明借鉴性的产品设计只要能够运用得恰到好处,就能取得骄人的业绩。

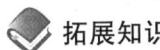 拓展知识

旅游产品设计案例

一、细分目标市场的成功旅游产品设计案例

(一)上海"小主人生日游"

上海针对15岁以下少年儿童的细分市场创造出"小主人生日游"的独特品牌,"小主人生日总动员"主题活动。上海有140万15岁以下的少年儿童,旅游市场不为他们设计一些有意义的活动,是一个缺憾。"小主人生日游"每天同时过生日的大约有4 000个孩子,他们和绿色一起成长,和父母一起放飞风筝。

（二）Contac 假日公司

Contac 旅游批发公司主要为 18～35 岁年轻人设计旅游；旅游团成员的平均年龄 24 岁，有更多的夜生活娱乐、许多观光和其他活动可以自由选择。Contac 旅游批发公司消费市场定位在大学生、年轻的专业人员和大学生的父母身上。全球有大约 12 个旅游营运公司盯准 18～35 岁的年轻人的旅游市场，但只有 Contac 面向全世界销售它的旅游项目。多国籍组合是其竞争优势，在任意一处旅行中，都有来自 15 个不同国家的旅行社结伴而行。

Contac 假日公司是与特定的目标市场建立长期与稳定的商业关系的一个典型案例。这表明，在激烈的竞争中，遵循"特定范围"的市场营销原则会带来成功。

二、一些成功的创意创新型旅游产品设计范例

实训模块五
旅行社外联销售

▶ 本模块导读

外联销售工作是整个旅行社工作中的重要环节,无论是在国内旅游还是国际旅游经营中,外联销售工作都起着举足轻重的作用。外联与销售承担着整个旅行社信息反馈、线路研发、产品销售、市场拓展等多项任务。

本实训模块由3个实训项目构成,通过3个具体项目的实训,使学生了解旅行社外联销售人员的主要业务内容、岗位职责,掌握外联市场调研的方法、旅游产品促销方案的设计方法、旅游产品的销售流程及销售技巧。3个实训项目完成后的成果是一份比较完整的旅行社外联销售人员业务流程的项目总结。本实训模块的3个项目是紧密联系、环环相扣的。

本实训模块以引导学生善学、乐学为最基本的出发点,以真实的工作过程为着手点,以培养学生的岗位职业能力为最终目标,通过设置工作性的学习情境,实现学生知识、技能、智能和心理品质的协同发展。教师可以先从整体上介绍本项目的具体内容,然后分项目、分任务进行具体实训内容的实施。

▶ 实训目标

- 熟悉外联销售岗位的工作内容和工作特点;
- 掌握旅行社常用的促销策略;
- 熟悉电话营销的技巧;
- 提高沟通及倾听能力;
- 掌握处理客户关系的技巧。

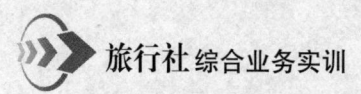
旅行社综合业务实训

▶ **实训模块推荐课时 18 课时**

▶ **具体实训项目**

表 5-1 具体实训项目任务表

实训项目一 旅行社外联岗位认知及外联市场分析	实训项目二 旅游产品促销方案设计	实训项目三 旅游产品的销售技巧
任务1 旅行社外联销售岗位认知	任务1 旅行社促销案例收集与分析	任务1 电话销售
任务2 外联部市场调研	任务2 旅行社产品促销方案设计	任务2 拜访客户
任务3 成果汇报与考核评价	任务3 促销方案展示与考核评价	任务3 门市销售
		任务4 与客人签订旅游合同
		任务5 成果汇报与考核评价

实训项目一 旅行社外联岗位认知及外联市场分析

● **实训目标**

（一）了解什么是外联销售工作及旅行社外联部的机构设置；

（二）熟悉旅行社外联销售岗位的工作内容和工作要求；

（三）熟悉旅行社外联销售的岗位职责和外联销售人员应具备的素质要求；

（四）掌握旅行社外联销售的工作流程。

● **实训推荐课时**: 5 课时

● **实训环境**: 给每位学生配一台能上网的电脑的实训室。

实训模块五　旅行社外联销售

- **实训项目介绍**

通过本项目的学习,让学生掌握什么是外联销售工作,了解外联部(销售部)的机构设置,熟悉外联销售岗位职责、工作的要求,了解外联销售人员应具备的素质,掌握旅行社外联销售的工作流程。

本实训项目采取实地调查、室内资料收集、角色扮演的方式进行。在实训条件上要求教师为学生提供可连接互联网的电脑或其他上网的条件,以便于学生能够利用网络获取所需的各种信息和资源。

- **项目实训工作程序**

(一)教师讲解

教师可以通过自选的教学方式进行讲解,讲解的要点也可以围绕为完成本实训项目所需要的相关知识而自行选取和拟定。具体讲解内容应该包括以下几个方面:第一,布置总体实训安排,针对本实训项目提出总体要求;第二,进行必要的关于旅行社外联销售人员岗位职责、业务内容等基本知识的讲解;第三,讲解本实训项目的操作方法(室内资料收集方法和实地调查方法等)与技巧。

(二)学生分组

在教师讲解后亦即实训开始前,教师要根据本项目的任务量及学生的实际人数,选取适宜的分组方式把学生分成若干小组,保证每个小组都能顺利完成任务而又避免人员冗余。同时,要有序、高效地完成实训项目。一般每个小组还要选出一名小组长组织和控制整个实训项目的工作过程。

(三)分组讨论

在对学生分组后,教师要以分好的小组为单位组织学生进行分组讨论,确定各小组的具体的实训内容,提出意见和要求,这就要求小组成员要集思广益,表达各自的想法并进行沟通,最终达成组员间的共识。组内讨论完成后,组间以小组长为代表进行进一步的讨论,讨论的任务主要是汇总各小组讨论结果,并根据总任务的情况协调确定各自小组实训的主要侧重方面,确定的主要依据是每个具体的实训任务都要求有至少一个小组去完成。

(四)资料的收集与整理

各小组按照本组的实训计划分头进行室内资料的收集工作。小组成员由组长分配任务,通过具体的分工协作获取所需的资料。每人对自己收集的资料要及时进行整理,在规定时间内完成任务并将资料整理文本交予组长,组长再对组内成员收集的资料进行汇总、整理,撰写相关报告并与组员共同交流学习。

(五)实际调查阶段

通过对已收集到的资料的交流学习,各组选取当地不同的旅行社进行分组走访,对旅行社的外联销售业务进行实地的咨询与调查,并将自己室内所搜集的资料与被访社进行对比,如果有不完善之处及时补充,真正做到理论与实践相结合。在走访旅行社的过程中,学生应重点掌握旅行社外联人员开展市场调研和市场预测、确定市场开拓策略和市场营销组合的方法。

(六)成果展示及评定

各个小组进行实训成果的汇报,选取代表进行主要调研成果的课堂讲解展示。展示完成后,由集体评议打分,即教师和全体学生一起进行各个小组最后成果的评议和打分。打分完成后指导教师要对整个实训过程进行总结和点评,提出学生们在实训中的成绩和不足。

(七)集体成果汇编

成果展示及评定后,教师要及时将各小组成果进行汇总,形成一份比较完整的旅行社市场调研和营销组合的报告,这份报告既是对本次实训项目成果的总结,又为下期实训项目的操作提供重要的基础资料。

- **具体任务分解**

任务1 旅行社外联销售岗位认知

> **工作目标**

1. 了解旅行社外联部的机构设置和外联业务的特点;
2. 熟悉外联销售工作的分类及岗位职责;
3. 掌握旅行社外联销售人员应具备的素质要求。

> **推荐课时**:2课时

> **工作内容**

1. 通过网上查阅资料和实地调研的形式对某区的旅行社进行调查,填写调查表。实地调研分小组,3~5人为一组。

主要调查内容包括:

(1)旅行社的名称;
(2)旅行社的地理位置;
(3)旅行社的组织结构(现场咨询);
(4)外联部的岗位职责及业务范围。

表5-2 旅行社调查表

名称	地址	注册资本	业务范围	组织结构	外联部职责

2.根据不同的外联岗位设计一份相应的岗位工作职责说明书。

任务2 外联部市场调研

➢ **工作目标**

1.了解如何进行市场调研和市场预测;
2.掌握市场调研和市场预测的方法;
3.明确市场细分、市场定位和营销组合的内容。

➢ **推荐课时**:2课时

➢ **工作内容**

根据市场调研的内容和方法完成"北京—承德"旅游线路设计前的调研工作。具体包括:

1.旅游交通工具、不同交通工具需要花费的时间、列车时刻及票价、里程数;

2.景区附近可以提供旅游服务的供应商(餐厅、酒店、超市、自费项目及收费标准);

3.同行之间的竞争环境(有哪些旅行社推出了北京—承德旅游线路,报价分别是多少?)。

线路设计出之后,选择合适的标准,细分这条旅游线路的目标市场,为后续的实训环节奠定基础。

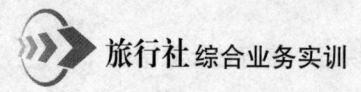

任务3 成果汇报与考核评价

➢ **工作目标**
1. 让学生们掌握成果汇报的方法；
2. 选取代表展示实训成果，并进行考核评价。

➢ **推荐课时**：1课时

➢ **工作内容**
1. 进行实训项目的汇报与交流；
2. 学生自评、互评，小组组长点评，实训教师总评；
3. 实训教师对学生进行全面考核与成绩评定；
4. 教师汇总各组成果并完成集体成果汇编。

➢ **工作重点**：成果汇报展示的方法。

- 学生信息页

一、外联与销售工作的概念

外联业务在我国旅行社业务操作中原专指对海外旅行商的业务联络工作，而与国内旅行社进行业务联系则称为地联业务。随着旅游产业的发展，以及外联业务运用范围的扩大，国内旅游业务中也广泛使用这种说法。因此，外联业务就是旅行社与旅游客户（包括旅游者、旅游中间商和其他旅行社）联络，通过市场分析，设计、开发旅行社线路产品并直接销售的业务。

二、外联销售工作的分类

一般来说，外联销售工作总体分为两大类：一类是旅游同业销售工作；另一类是直客市场销售工作。前者是将旅游行业内其他旅行社作为销售客户，将自己所在旅行社的优势产品推介给旅行社同行，从而完成旅游产品的销售工作，创造价值或效益。后者是将市场直客作为销售客户，将自己所在旅行社的优势产品推介给市场上的直客，从而达到销售旅游产品、创造效益的目的。

同业销售的优势在于比直客更容易得到同业旅行社的认可，而且能较大比例地节省广告投入成本,但同业销售由于最终同业旅行社还要将产品销售给其自身客户,获取利润,故此同业销售时,将旅游产品销售给同行的旅行社一般利润率较低,主要以量取胜。

直客销售的优势就在于全部利润都由自身旅行社获得,不存在中间环节。但销售压力及广告投入也较大,这就要求旅行社不断推出更有吸引力和性价比高的旅游产品来招徕客户,以新取胜。

三、外联销售人员的岗位职责

(一)提供信息

外联人员要做好旅游市场调查工作,研究国内外旅游市场的发展动态,及时向旅行社经营决策者提供通过调查和预测得出的结论,如产品质量、客户情况、发展趋势等市场信息,以便决策者作出正确的经营决策。

(二)设计产品

外联人员根据目标市场特点,认真研究旅游消费者的旅游动机和消费心理,设计有吸引力的旅游产品。同时还要加强与各地接待社的合作,经常与其保持联系,收集当地最新的旅游市场信息,使本社的旅游产品不断更新、完善。

(三)销售产品

外联人员一个重要的职责就是与客户进行业务洽谈,签订旅游合同,同时还要负责承办国内外旅游团体或旅游中间商的委托代办业务,并且积极参加旅游展销、促销活动,做好对外旅游宣传工作,树立良好形象,招徕更多的客源。

四、外联销售工作的岗位特点

(一)综合性

旅行社外联业务的综合性主要体现在工作内容和工作对象上。首先,外联人员的工作涉及许多方面的内容,如收集资料、设计产品、对外报价、进行洽谈、销售产品、草拟协议书和意向书等,这些业务都有不同的要求。其次,外联人员的工作涉及多个单位和部门,对外要与海内外的旅游客户接洽,对内要与计调部门、接待部门、财务部门打交道,综合性很强。

(二)超前性

外联业务是旅行社其他业务的基础,因此每项工作都必须有一定的超前性。譬如,为销售更多的旅游产品,招徕更多的客源,必须事先对市场进行调查,收集信息,了解市场的需求;还必须根据市场的需求,预先设计出适销对路的旅游产品,采用恰当的方式宣传促销。以上工作都需要外联人员必须注意市场的发展趋势,具备超前的理念和意识。

(三) 经济性

外联部门主要是组织和提供客源,其业务的每一环节都会影响旅行社的收益。因此,外联部门的工作必须注意以下三点:第一,价格的制定必须合理,既要保证效益又要有竞争力,二者缺一不可;第二,报价必须仔细,稍有疏忽,就会造成较大的经济损失;第三,签订合同必须认真,各项条款都要仔细斟酌,避免主客双方的权益受到损害。

(四) 可变性

由于旅行社外联工作的着眼点在市场,而影响旅游活动的可变因素又比较多,因此外联工作具有较大的可变性。一方面,国内从事旅游业务的企业不断增加,业内竞争日趋激烈,导致客源市场呈现不稳定的多变状态;另外,旅游者的旅游需求不断变化,客观上也增加了外联部门把握旅游市场的难度。另一方面,旅游供应商产品价格波动,也会影响旅行社外联人员对产品价格的把握;加之国内旅游综合配套设施在地域上的不平衡,经常引起单项热销旅游产品的相对供应不足,尤其是在旅游旺季,往往会因为旅游团队同时到达而造成交通、住宿等接待环节不顺畅的尴尬局面。另外,国内外政治、经济状况的变化,以及自然灾害等因素,也给外联工作添加了诸多难处。

(五) 时效性

由于外联工作面对的主要是竞争激烈、瞬息万变的旅游市场,因此时效性很强。应加强横向关系的交流,及时掌握最新的信息。从旅游业的特点来看,不抓时机就会失去很多客源。外联人员在工作中要特别注意适应一些行业的特点,注重工作时效。特别是对海外、外地客户的咨询、报价,必须在24小时内给予回复,这是国际惯例。

五、外联销售人员的素质要求

(一) 熟练的知识水平

掌握旅游客源市场和我国主要旅游产品的基本知识,掌握市场销售的业务知识、国内外同行的发展动态,了解心理学、旅游保险、财会、金融、社交礼仪等相关知识。

掌握我国有关旅游政策及法规,熟悉《经济合同法》《海关法》《消费者权益保护法》等法规。

(二)较强的工作能力

外联销售人员应具有较强的工作能力,主要表现在以下几个方面:

1. 语言表达能力

外联销售人员大部分时间会与旅游者或同行打交道,善于人际协调和沟通是做好外联销售工作的基本条件。外联销售人员要有较强的口头表达能力,有一定的外语基础,对中外文化差异有一定的了解。

2. 分析判断能力

根据旅行社领导的要求,结合市场销售业务实际情况,提出与业务有关的市场销售对策并付诸实施。

3. 创新能力

要有强烈的市场意识,根据客户需求和市场的变化,将旅游资源与旅行社自身业务相结合,适时推出新颖的旅游产品,来吸引旅游消费者。

(三)良好的气质和修养

开展外联销售工作时,在推销旅游产品的过程中,同时也是在推销自己,展现旅行社的形象。外联销售人员应该通过文雅得体的气质和修养,给客户留下良好的第一印象,有了好印象,才能赢得客户的认可和支持,从而达到销售旅游产品的目的。

(四)较高的政治思想和职业道德水平

①有强烈的责任心和事业心。

②遵纪守法,廉洁奉公。

③重法规,守信用,维护企业信誉。

④顾全大局,团结协作,热心服务,讲究效率。

六、旅游市场细分

(一)旅游市场细分的概念

旅游市场细分是指企业根据旅游者特点及其需求的差异性,将一个整体市场划分为两个或两个以上具有相类似需求特点的旅游者群体的活动过程。经过市场细分后,每一个具有相类似需求特点的旅游者群体就是一个细分

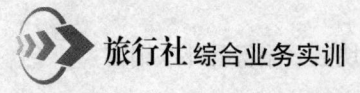

市场。

市场细分有利于识别和发掘旅游市场,开发旅游新产品,开拓旅游新市场;有利于有针对性地制定和调整旅游市场营销组合策略;有利于旅游企业优化资源配置和取得良好的经济效益。

(二)旅游市场细分的标准

旅游市场细分是一项复杂而重要的工作,通常根据地理、人口、心理和行为四大因素的组合来进行。

1. 按地理因素细分

旅游活动本身是以旅游者的空间位移为典型特征的,因此按照地理因素对旅游市场进行细分有着非常重要的意义。例如,世界旅游组织(WTO)根据地区间在自然、经济、文化以及旅游者流向等方面的联系,将世界旅游市场细分为六大旅游区域:欧洲市场、美洲市场、东亚及太平洋市场、南亚市场、中东市场和非洲市场。我们通常所说的"国内旅游市场"和"国际旅游市场"是按国界进行市场细分,这是旅游目的地国家或地区细分国际旅游市场最常用的形式。此外,地区、城市、乡村、不同的气候带、地形地貌等都可以作为地理细分的标准。

2. 按人口统计细分

按人口统计细分是将旅游市场按照人口统计学变量如年龄、收入、教育程度、职业、种族、性别、宗教、家庭规模、社会阶层等划分成不同的群体,这些变量往往易于识别且便于衡量。人口统计细分也是细分旅游者群体很常用的方法。一般情况下,旅游企业选择其中的一个或几个变量作为细分的标准。例如,按照人口年龄段,旅游市场可细分为老年人、中年人、青年人、儿童四个子市场。旅行社也可以按照家庭生命周期将旅游市场划分为新婚家庭、中年家庭和老年家庭,从而相应地推出"新婚旅游""合家欢旅游"和"追忆往昔旅游"等不同的旅游产品来满足个性化的需要。

3. 按心理因素细分

旅游者在心理上也具有许多不同的特征,心理细分就是根据这些特征对旅游市场进行细分。人们在旅游活动中更多的是为了获得心理上或精神上的满足,而人与人在心理满足上又有很大的差异性。例如,有的人旅游是为了寻求刺激,有的人旅游是为了寻求安宁。因此,旅游经营者应利用这种差异对市场进行细分,创造不同的市场机会。不同的心理需求、不同的个性,产生了消费者不同类型的购买动机,有的追求新颖,有的追求实用,有的对质量要求很高,有的则只求物美价廉。由于消费者心理需求具有多样性、时代性、可诱导性等特性,因此有时心理因素是很难严格加以判定的,很难量化和把握,但它对旅游市场的细分却是极为有效的。

4. 按行为因素细分

不同的旅游者在行为上往往会有很大的差异,因此按照旅游者的行为进行市场细分也是很有效的。依据旅游者行为特点可以将旅游市场细分为团队市场和散客市场,这是旅游市场最基本的细分形式之一。近些年来散客市场得到很大的发展,成为世界旅游市场的主体,在这一市场中,情况也日益复杂多样,出现了独自旅游、结伴同游、家庭旅游、小组旅游等形式。又比如,有些旅游者在旅游时只乘坐某一家航空公司的飞机或只住一家旅店,因此,航空公司和饭店可以按照这种行为习惯将旅游者分为坚定的品牌忠诚者、转移型的忠诚者和无品牌偏好者,然后通过一系列市场营销活动来扩大市场占有率。

七、外联部的旅游市场调研

(一)旅游市场调研的概念

旅游市场调研是指旅游企业运用科学的方法和手段,有目的、有系统地收集、记录、整理、分析和总结与旅游市场变化有关的各种旅游消费需求以及旅游营销活动的信息、资料,以了解现实旅游市场和潜在旅游市场,并为旅游经营决策者提供客观决策依据的活动。

(二)旅游市场调研的重要作用

旅游市场调研是旅游企业及时掌握旅游消费者的需求特点、了解市场动向、把握市场脉络,从而正确地制定企业战略的重要方法。旅游市场调研也是全部旅游企业开展营销活动的基础。

市场预测、市场细分以及目标市场的选择都必须在旅游市场调研的基础上,通过对调研结果的分析来进行。

(三)旅游市场调研的内容

1. 旅游市场环境调研

调研对旅游市场起影响和制约作用的国内外政治形势以及国家旅游市场管理的有关方针政策;调研我国客源国或地区的有关法律和法规条例,包括环境保护法、旅游法、保险法、出入境方面的规定、地区旅游管理条例等；调研我国客源国或地区的经济特征和经济发展水平、旅游资源状况以及世界旅游经济发展趋势等；了解旅游目的地和客源地的价值观念、受教育程度与文化水平、职业构成与民族分布、宗教信仰与风俗习惯、社会审美观念与文化禁忌等；了解客源地、旅游目的地自然景观条件、气候条件、季节因素以及物产方面等。

2. 旅游市场供给信息调研

调研旅游目的地旅游吸引物的数量和质量、旅游设施的情况；调研目的地可进入性，表现为进入游览点、服务设施和参与旅游活动所付出的时间和费用，包括交通工具和旅游目的地的交通基础设施条件、地方政府政策及旅游经营因素、签证手续的繁简、出入境验关程序、服务效率等。

3. 旅游市场需求信息调研

旅游市场需求是指在一定时期内、一定价格上，旅游者愿意并能够购买的旅游产品的数量。掌握旅游市场需求信息是旅游市场调研的首要任务，旅游需求决定了旅游市场规模的大小。

旅游市场需求信息的内容主要包括：旅游者基本情况信息，如旅游者的国籍、年龄、性别、职业、民族等；旅游者的收入状况；旅游者人口特征及经济发展水平；旅游者旅游动机；旅游者对旅游产品的评价等。

（四）旅游市场调研的方法

1. 直接调查法

（1）观察法

通过观察要调查的对象及其背景可以收集到最新资料。例如，调查员到景区、饭店，听取或试探性地观察其他游客对线路安排中的景点、旅游企业的评价。

（2）专题讨论法

专题讨论法是邀请6~10人，在一个有经验的主持人引导下，花几个小时讨论一种旅游产品、一项服务的调查方法。主持人要鼓励大家无拘束地自由发言，利用群体激励来揭示深层次感觉和想法，可利用笔记、录音或录像记录下讨论过程，供事后研究消费者的看法、态度和行为。专题讨论法可以了解到旅游者的感受、态度和满意程度，是设计大规模问卷调查前的一个有用的试探性步骤。目前这种方法已被广泛采用。

(3) 实验法

实验法是最科学的调查方法。实验法是选择多个可比的主体组,分别赋予不同的实验方案,控制外部变量,并检查所观察到的差异是否具有统计上的显著性。在把外部因素剔除掉或加以控制的情况下,可以比较准确地获得变量间的相关关系,从而较好地验证实验前的众多假设。由于旅游研究环境的复杂性,旅游研究人员往往难以控制各种外部因素和变量,所以,旅游市场调研中实验法很少使用。

2. 间接调查法

间接调查法主要是文案调查法,是指通过搜集旅游企业内部和外部各种信息数据和情报资料,从中摘取与市场调查课题有关的内容进行分析研究的调查方法。

实训项目二　旅游产品促销方案设计

- 实训目标

(一) 熟悉旅游产品促销的方法和技巧;

(二) 掌握旅游产品促销策略及促销活动的操作步骤;

(三) 培养学生旅游促销活动的组织能力;

(四) 能为某一旅游产品设计比较切实可行的促销方案。

- 实训推荐课时:5 课时
- 实训环境:给每位学生配备一台能上网的电脑的实训室。
- 实训项目介绍

促销是旅行社外联销售工作的重要组成部分,它直接服务和作用于产品销售。当前,旅游促销已经从单一的销售方式演化为实力、技艺和文化的比拼。主要的旅游促销方式有:媒体广告、网上促销、旅游节、旅游促销会议、旅游国际展览会和联合促销等。此外还可以采取旅游促销组合,将广告促销、人员促销和销售促进以及公共关系联合在一起进行旅游促销。

本实训项目的基本内容是为旅行社的产品设计促销方案,要求学生在了解旅行社促销手段的基础上,能灵活利用促销策略为旅游产品设计出最佳的促销方案,制订出外联促销计划。本实训项目采取以游客身份走访某旅行社咨询调查和室内资料收集的两种方式进行。在实训条件上要求教师为学生协调好实训室，在实训室里要求有可连接互联网的电脑或其他上网的条件，以便学生能够利用网络获取所需的各种信息和资源。在实训的具体操作中，首先要求教师在实训开始前将实训项目概要地介绍给学生，使学生能够从整体上准确把握本实训项目。然后要求教师重点对本实训项目的实现途径及方式进行详细讲解，并为学生的实训操作提供大体的建议和方向，以使学生在实训操作中能够有的放矢，提高实训效率。

● 项目实训工作程序

（一）教师讲解案例

实训教师先对本实训项目进行较为全面的介绍，然后列举经典的旅游促销案例进行分析讲解，讲解过程中组织学生一起进行讨论，归纳概括旅行社常用的基本的旅游产品促销方法和手段。

（二）学生分组进行案例收集

随后实训教师将学生进行分组，可以沿用上一实训项目的分组或对其略加调整，让学生通过各种渠道去收集国内外比较成功的旅游促销的案例，或者也可以寻找一些促销不成功的案例进行分析。

（三）案例分析展示

以小组为单位进行案例分析汇报，培养学生分析问题的能力，同时分享集体成果。经过分析对比，学生掌握外联促销要素组合的技巧。

（四）实训任务布置

以上一个实训项目中完成的旅游线路为工作对象，进行旅游产品促销方案的设计、宣传海报（宣传手册、导游图、旅游指南）的制作，完成一次旅游促销活动的整体策划，让学生们在实战中掌握旅游产品促销的基本方法。

（五）成果展示及评定

组织学生以小组为单位进行促销方案的课堂演示，可以采取多种方式进行，例如鼓励学生可以采取自己设计展示促销幻灯片、自己设计主题曲等方式。学生和教师一起进行集体评议，选出最成功的旅游促销策划。最后老师进行整个实训项目的点评。

（六）策划成果汇编

成果展示及评定后，教师要及时将各小组成果进行汇总，形成一份比较完整的旅游产品设计及促销方案,这份报告既是对本次实训项目成果的总结,又为下期实训项目的操作提供重要的基础资料。

- 具体任务分解

任务1　旅行社促销案例收集与分析

➢ **工作目标**

1. 培养学生运用各种渠道收集资料的能力;
2. 培养学生分析案例、总结提炼观点的能力;
3. 通过案例分析,掌握外联促销要素组合的技巧。

➢ **推荐课时:** 1.5 课时

➢ **工作内容**

1. 通过各种渠道查找国内外旅游促销成功案例,并进行分析;
2. 通过各种渠道收集一些促销不成功的案例,并进行分析;
3. 以小组为单位进行课堂上的案例独立的分析汇报。

任务2　旅行社产品促销方案设计

➢ **工作目标**

1. 熟悉旅行社外联促销要素组合技巧;
2. 掌握不同促销手段的适用范围和对象;
3. 能将直接营销、营销推广、广告应用、公共关系促销等外联促销组合策略具体应用到旅游产品的实际推广促销工作中。

➢ **推荐课时:** 2 课时

➢ **工作内容**

1. 针对模块三中设计的学生周末承德两日游线路,设计促销方案;
2. 针对模块三中设计的承德旅游线路,设计实体营销方案(采取何种媒体、在哪里投放广告、预算多少等);
3. 设计宣传海报或导游图、宣传手册、文化衫及各种纪念品等。

任务3 促销方案展示与考核评价

➤ 工作目标
1. 选取代表汇报与展示本项目实训成果;
2. 评价各组的工作情况。

➤ 推荐课时:1.5课时

➤ 工作内容
1. 组织学生以小组为单位进行促销方案的课堂演示,可以采取多种方式进行,例如鼓励学生采取自己设计展示促销幻灯片以及自己设计主题曲、导游图、宣传手册、宣传活动等方式;
2. 学生和教师一起进行集体评议,选出最成功的旅游促销策划;
3. 最后教师进行整个实训项目的点评;
4. 成果汇总。

● 学生信息页

一、旅行社促销的概念

旅行社促销是指旅行社为了激励顾客购买自己的旅游产品,运用各种推销方式和方法,将旅游地、旅游产品和服务的有关信息及时传递给潜在旅游者,实现旅游产品从生产领域向消费领域转移的活动。旅行社促销分为两个层次:一是为吸引旅游者赴某一目的地去旅游而进行的促销工作;二是为吸引旅游者购买赴某一目的地的某一产品而进行的促销工作。

二、旅行社促销要素组合

(一)旅行社促销要素和技巧

旅行社的促销组合一般由以下要素构成:媒体广告、营销公关、直接营销、销售推广、现场传播。

1. 媒体广告

媒体广告是指利用一定媒介(电视、杂志、报纸、广播、户外广告),把各种旅游产品或服务的信息传送到潜在的顾客那里去,以达到促销的目的。旅游

媒体广告根据其特点、类型的不同,在选择上应基于如下四个方面来考虑:

(1)针对目标顾客的媒体视听习惯来选择

如对高层商务旅游者,以网络、报纸、杂志为好;对普通市民以电视、电台、报纸为好。再如,对青年以时尚的电视、报纸专题栏目为佳。

(2)针对促销产品的特点来选择

如对风景区、景点,宜选择杂志彩页和电视做广告;对线路和服务项目,以报纸和电台为好。

(3)针对广告的信息特点来选择

如对时效性很强的旅游信息,较适合于报纸媒体;对常规线路和景点,可选择杂志做广告;对集中性促销的产品则应各种媒体一齐上阵。

(4)根据费用来选择

不同的媒体或版面、时段、大小不同,其费用也不同,选择的原则便是既要尽量节约成本又要有的放矢,取得最佳绩效。掌握好广告时效性以及了解各媒体特点、价格和栏目是非常必要的。

2. 营销公关

营销公关的主要功能是通过各种有效的社会交往手段,对社会公众所需了解的本企业信息和社会公众及本企业职工提出的要求与意见进行双向传递和处理,进而增加本企业旅游商品和服务的品种和数量,改善并提高旅游商品和服务的质量,使之在各方面最大限度地与公众的要求利益取得一致,从根本上树立本企业的形象和声誉,扩大企业的旅游市场占有率,获得理想的经济效益和社会效益。

3. 直接营销

直接营销包括四种方式。

(1)人员推销

指旅行社派出推销员直接与顾客接触,向顾客传递旅游产品的信息和资料,说服顾客购买本企业的产品;还要收集顾客对产品的意见并及时反馈给企业。

(2)直接邮寄

向旅游者寄送产品目录或宣传品,这是新做法。

(3)电话营销

向内营销(in bound)即公布800等免费电话,吸引旅游者使用电话查询或

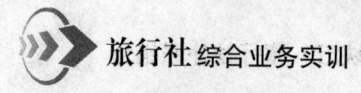

预订产品;向外营销(out bound)是销售人员通过电话劝说旅游者购买其产品。

(4)互联网营销

在互联网上公布产品,旅游者在网上预订。

4. 销售推广

包括面向消费者的销售推广和面向行业的销售推广。面向消费者的销售推广主要有打折、优惠、奖励等方法。面向行业的销售推广包括邀请中间商踩线实地考察旅行、参加旅游博览会、参加旅游交易会、给中间商销售折扣、联合做广告、销售竞赛与奖励以及提供宣传品等众多不同的方式。

组织中间商考察旅行是国际上常用的推销手段。目的是通过实地考察,了解旅行社的产品和旅游目的地的情况,熟悉旅游线路和旅游活动内容,产生组团旅游的愿望。注意:①要有针对性地选择中间商(即主要客源地或机会市场的中间商、实力较强的中间商);②考察团规模适中,以 20~30 人为宜,以保证接待质量;③制订合理可行的旅行计划,确保考察旅行的顺利进行,为今后中间商组团旅游提供样品;④善于创造融洽的气氛,借此建立良好的私人关系,使客人满意而归。

5. 现场传播

在旅行社营业场所陈列宣传品,进行内部装饰,向旅游者传播产品信息,增强旅游者的购买信心,促成购买行为的发生。

(二)旅行社外联促销组合策略

旅行社外联促销组合策略是旅行社总体发展战略指导下的市场营销策略,外联部的所有促销要素都必须为总体目标服务,所有的促销要素预算都受总体预算的限制。外联促销组合策略效果如何,既是对旅行社总体促销策略的检验,又是外联业绩的体现。

1. 推式策略

推式策略着眼于积极主动上门推销,把本社的产品直接推向目标市场,表现在销售渠道中每一个环节都对下一个环节主动出击,强化顾客的购买动机,说服顾客迅速采取购买行为。这种策略及与之相应的促销方式显然是以直接营销为主,即采取人员推销并辅之以营销推广和公关活动等。

2. 拉式策略

拉式策略立足于直接激发最终购买者对购买本旅游产品的兴趣和愿望,促使其主动向旅行社寻求服务,最终达到把旅游者拉到本旅行社来的目的。

这种策略以广告宣传和营销推广为主,辅之以公关活动等。

3. 锥形突破策略

锥形突破是一种很奏效的非均衡快速突破策略,它是外联销售人员将自身的多种旅游产品排成锥形阵容,而以唯我独有、最具招徕力的拳头产品作为开路先锋(锥尖),以求其像锥子一样迅速突破目标市场,然后分梯级阶段连带层层推出丰富多样的旅游产品。这种策略采用以人员推销、人员推广为主,辅之以广告宣传。

4. 创造需求策略

这是旅行社根据自身优势或特点,举办一些独具特色的旅游项目或活动,在诱发、创造旅游需求的基础上,引导消费者和潜在消费者购买本企业的产品。如与旅游景区或旅游目的地合作,共同举办独特的活动来吸引游客。这一策略可以采用广告为主,辅以人员推销的方式。

三、旅行社外联促销案例

【案例1】 旅游出新招 进城赶大集

案情:9亿农民的旅游市场,堪称"世界之最"的大市场,到农村去,到想进城的农家去,那里有丰富的客源。大连一家旅行社想出了"让农民进城赶大集"的促销点子,他们经过调研,精心策划出一套促销计划,并付诸实施。

进城赶大集,利用农民节前买年货、办礼品、赶大集的习俗,派大客车到乡下集镇,广为宣传,坐满就发车,进城后半日购物,半日游玩,中午提供便餐,当日返回家园,饱了农民眼福,且获利多多。

该旅行社推出此种旅游产品后,深受偏僻乡镇农民欢迎,最多一天曾租了30辆大客车进城赶集,每车50人,一人赚10元,一个月下来,收益也不小。

点评:促销一定要将产品和市场相结合,找准市场需求点,采用相应的促销手段,便能奏效。大连这家旅行社推出"让农民进城赶大集"之举,可谓独具匠心和智慧。虽然每个人仅赚10元,但客源广泛、需求众多、操作简便、成本低。采用直接推销的手段,方式灵活、针对性强,通过现场广播宣传和人员推销,易强化购买动机,及时促成交易。此方法还可以举一反三,如组织农村中小学生逛新城、组织郊区居民进城欣赏夜景等。

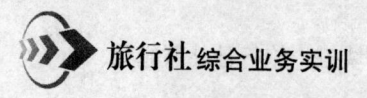
旅行社综合业务实训

【案例2】 不怕失败的推销

案情：某社一位外联用三四个月的时间到一家公司推销，遭到13次拒绝后才结识了一位开发区日资企业的中方工会主席。之后又多次上门拜访，直到一年后，终于组成127人赴北京、青岛、大连的旅游。之后这位外联继续与该企业工会保持良好的关系，每年该企业的旅游活动都找她安排。

点评：在实际推销中，吃"闭门羹"或遭白眼的事是常见的，要有思想准备。做外联不要怕失败，做直接营销更要有不怕失败、不怕"跑断腿"、不怕"磨破嘴"的勇气、毅力和精神。所谓"精诚所至，金石为开"正是这个道理。同时也要掌握推销技巧，懂得客源来自社会的不同层次、不同方面。企事业单位的"老干办""退管办""工会""团委""办公室"常常是组织旅游的主管部门。只要"撬开"这些大门，与其建立真诚的友谊，彼此信赖，日久天长就可以挖到客源。

【案例3】 营销推广

案情：大连一家旅行社推出"成都、九寨沟、峨眉山、乐山"双飞8日包机游，并固定每周四发团。当时该线的市场价是2 580元/人。为了完成该包机线的促销，该社外联部经过核算，如果包机每周发团团队人数达不到实际座位的130人是正常的，若组团人数少于90~100人就意味着亏损。于是他们在营销推广中报出亲情价1 980元/人，立即引起了消费者的强烈反应，购买踊跃，常常不到24小时就组成130人的团队。

点评：亲情价虽是赔本招徕的"最低点"，却是减少包机损失最后的"爆发点"。只是不宜多用，除非面对急切促销的非常时刻。营销推广促销效果是及时的，易于较快地提升销售额，但由于过于急功近利，若使用不当，就可能损害所销售产品的形象。如会让顾客对你的产品质量产生疑问，动摇产品信任度并影响企业的品牌形象。

在决定采取营销推广之前，外联部应作出营销推广的具体方案，主要内容包括：奖励规模、奖励范围、奖励期限以及营销推广的总预算等。

【案例4】 山水旅行社春节自驾游促销计划

案情:总体目标:开发自驾游市场,通过组织春节自驾游项目,树立本社又一品牌和产品,以获得新的营业收入。情况分析:略。促销策略:媒体广告(电台、报纸)+销售推广(针对旅游者的自制宣传品)+直接营销(电话、网络)。组织和实施:旅行社领导负责,外联部经理具体实施,外联部人员分工执行,由社领导和外联部经理控制、监督和检查各项工作的落实、进展与效果。

预算:媒体广告租用费+自制宣传品费+人员工资+通信、交通+其他。效果预测:争取信息传播覆盖面达到目标市场的80%以上,受众面占目标市场居民数的10%,即占全部本地居民500万人口的10%为50万,争取实际购买者达到其中的0.1%,即500人左右。按成本利润预算,购买人数在60人以上即可实现成本持平并产生利润。

点评:该案例促销目标明确,即开发自驾游市场,树立该社又一品牌和产品,以获得新的营业收入。促销达成的目标包括目标市场销售量(500人左右)、市场占有率、信息传播覆盖范围(80%以上)等。计划实施采用了促销策略(广告、宣传品策略)。计划的组织和实施落实到个人,并有责任分工。促销成本费用也做预算。这是一个比较好的促销计划,但也存在不足,如要有促销行动计划表和成果检查评价,并且在时间上要有严格规定,奖罚是多少也应该明确。

实训项目三　旅游产品的销售技巧

● 实训目标

(一)熟悉旅游产品销售的流程及步骤;

(二)能通过不同的途径寻找客户;

(三)能运用电话销售技巧提供咨询与推销产品;

(四)熟悉销售沟通的规范和礼仪;

(五)掌握拜访客户的流程及业务洽谈技巧;

(六)能签订旅游合同,完成一次完整的销售过程。

- **实训推荐课时**：8 课时
- **实训环境**：给每个学生配备一台能上网的电脑的实训室。
- **实训项目介绍**

销售旅游产品是一项系统性、流程化的工作。只有前期准备、中间操作、后期完善等各环节做好工作，才能顺利完成最终的销售目标。旅游销售人员推销要按照一定的步骤进行，推销过程的每一个步骤都值得重视，在推销过程中要注意运用恰当的销售技巧，以提高销售业绩。

本实训项目采取室内资料收集、角色扮演的方式进行。在实训条件上要求教师为学生提供可连接互联网的电脑或其他上网的条件，以便于学生能够利用网络获取所需的各种信息和资源。在实训开始前要求教师为学生的调查提供大体的建议和方向，避免学生在操作的过程中因没有找好方向而浪费人力和时间。

- **项目实训工作程序**

（一）教师讲解

教师先对本实训项目进行较为全面的介绍，然后概括讲解完成各分任务需要具备的知识：旅行社销售人员的基本礼仪规范、旅行社主要消费群的市场需求和消费行为、电话销售的规范用语、呼出电话和呼入电话的销售技巧、销售人员在销售不同阶段的技巧、销售计划的主要内容、旅行社门市顾客主要类型和消费行为、顾问式销售模式和技巧、销售合同的主要条款等。

（二）学生分组

在实训开始前，教师要根据本项目的任务量及学生的实际人数，采取适宜的分组方式把学生分成若干小组，保证分成的每个小组都能顺利完成任务而又避免人员冗余。

（三）布置任务

教师布置工作任务，发放任务单、旅行社产品宣传手册、合同以及其他辅助资料，阐述工作任务的要点，提出完成工作任务的要求；也可以让学生通过网络途径或实地走访形式收集旅行社产品宣传手册等资料，以完成后续工作任务。

（四）资讯采集和任务准备

学生以小组为单位进行任务分析，针对具体的任务要求，通过网络、教材、图书馆和校外导师、行业工作人员完成相关信息的收集工作和实训任务的准备工作。

(五)模拟演练阶段

各学生小组成员利用对已收集资料的掌握,在实训室通过角色扮演进行实际模拟和演练。教师跟踪学生完成任务过程,及时解答学生的疑问,帮助解决销售过程中的困难。

(六)成果展示及评定

各个小组进行实训成果的汇报,对销售工作过程进行反思与总结,教师点评,学生自评、互评,使学生认识到"工作"中存在的问题和不足,提出合理的改进方案。

- **具体任务分解**

任务1 电话销售

➢ **工作目标**

1. 了解电话销售的流程及步骤;
2. 掌握电话销售流程和前期的准备工作内容;
3. 掌握呼出电话及呼入电话的营销技巧;
4. 掌握电话销售客服规范用语;
5. 掌握和关键人物沟通的电话销售技巧。

➢ **推荐课时**:2课时

➢ **工作内容**

1. 每3~4名学生组成一组,制订电话销售工作计划单和任务分配单;
2. 整理并打印旅游产品及线路的相关资料,方便客人询问时查询;
3. 做好相关知识的准备,包括旅行社的基本情况、旅行社拥有的线路(要对每条线路的名称、行程、接待标准、特色、报价等熟练掌握)、行业中其他旅行社同一条线路的情况;
4. 对客人可能咨询的问题做好知识储备,确保临阵不慌;
5. 拟定电话销售大纲,以确保电话销售过程中逻辑清楚、避免遗漏;
6. 组员分别扮演电话销售人员和潜在客户,完成电话销售的模拟对话,对呼入电话营销和呼出电话营销工作模拟演练。

➢ **工作重点**:电话销售的技巧。

任务2　拜访客户

➢ **工作目标**

1. 掌握销售人员寻找不同类型客户的途径；
2. 掌握销售准备工作主要内容；
3. 掌握首次拜访客户的技巧；
4. 能制订旅行社销售计划；
5. 熟练运用SPIN技巧，确立客户需求；
6. 熟悉旅行社产品，熟练为客人介绍旅行社产品；
7. 掌握解决客户异议与谈判技巧。

➢ **推荐课时**：2课时

➢ **工作内容**

1. 每3~4名学生组成一组，以特定的市场目标人群（老年团、商务团、学生团、休闲度假团等）为对象，制订电话销售工作计划单和任务分配单；
2. 准备好旅游线路、报价、名片、宣传资料、小礼品等材料；
3. 做好相关知识的准备，包括旅行社的基本情况、旅行社拥有的线路（要对每条线路的名称、行程、接待标准、特色、报价等熟练掌握）、行业中其他旅行社同一条线路的情况；
4. 了解访问对象的需求特点和性质、所在机构的情况、购买风格等；
5. 事先制定谈判方案并熟悉，以确保面谈过程中逻辑清楚，避免遗漏；
6. 注意得体着装、仪容仪表，给客户以良好的第一印象；
7. 组员分别扮演销售人员和潜在客户，完成面对面洽谈的模拟练习。

➢ **工作重点**：面对面洽谈业务的语言技巧与行为技巧。

任务3　门市销售

➢ **工作目标**

1. 熟悉门市销售的工作任务及岗位职责；
2. 熟悉各类不同消费者的消费需求与购买过程行为特征；
3. 能够对旅行社门市环境进行布置；
4. 掌握门市销售人员基本礼仪规范；
5. 掌握顾问式销售技巧。

> **推荐课时**:2 课时
> **工作内容**

1. 学生以 3~4 人为一小组,模拟旅行社的门市部,对旅行社门市环境进行布置;

2. 发放旅行社产品小册子、价目表、旅行社出境合同、旅行社国内旅游标准合同(散客)、销售计划样本;

3. 练习门市销售人员基本礼仪规范,注意得体着装,给客户以良好的第一印象;

4. 以小组为单位进行游客和门市销售人员角色扮演,完成顾问式销售过程的模拟演练。

> **工作重点**:顾问式销售技巧的掌握与应用。

任务4　与客人签订旅游合同

> **工作目标**

1. 熟悉旅行社出境和国内旅游常用合同和条款;
2. 熟悉与客人签订旅游合同的业务流程,能签订合同。

> **推荐课时**:1 课时
> **工作内容**

1. 利用网络查找旅游合同(包括国内组团合同、出境游合同等),了解合同中的要点;

2. 客户接受建议后,选择办理方式,并向其提供并签订《国内(出境)旅游合同》;

3. 合同签订完毕,向客人收取相关旅游费用。

> **工作重点**:《旅游合同》的签订。

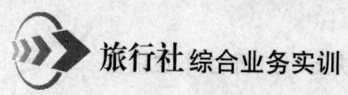

附：北京市国内旅游合同
BF—2009—2705

合同编号：

北京市国内旅游合同

旅游者：_____

组团旅行社：_____

北京市工商行政管理局
北京市旅游局　制定

二〇〇九年六月

使用说明

1. 本合同为示范文本,适用于住所地在本市行政区域内依法经营国内组团旅游服务业务的旅行社(简称组团社)与旅游者之间缔结的国内组团旅游服务关系。法律法规对合同内容另有强制性规定的,从其规定。

2. 旅游者在签订合同前请仔细阅读本合同各项条款,特别是《通用条款》第2条、第3条、第5条、第6条和《专用条款》各条款。合同填写完毕后,请旅游者保存原件,组团社保存复写联。

3. 名词解释

(1)国内组团旅游服务:是指由旅行社负责组织旅游团队并将其或异地成团的旅游者送到国内除香港、澳门、台湾地区以外的城市或旅游景点,并亲自或委托接待社为旅游者提供的客票代订、交通、餐饮、住宿、游览等综合性旅游服务活动。

(2)转团:是指由于低于成团人数,经旅游者同意,组团社在出发前将其转至其他旅行社组织的旅游团队的行为。组团社委托接待社提供具体旅游服务的行为不属于转团。

(3)脱团:是指旅游者擅自脱离旅游团队、不随团完成约定行程的行为。

(4)实际损失:是指因违约所实际导致的损失,但不得超过违约方订立合同时可能预见到或应当预见到的因违反合同可能造成的损失。

(5)不可抗力:是指不能预见、不能避免并不能克服的客观情况,包括因自然原因和社会原因引起的事件,如自然灾害、战争、罢工、重大传染性疫情、政府行为等。

(6)意外事件:是指因当事人故意或过失以外的偶然因素而发生的,影响旅游行程的列车和航班等公共交通工具的延误或取消、恶劣天气变化、交通堵塞、重大礼宾活动等事件。

4. 双方请保存好旅游活动中的有关票据、证明和资料,以便作为投诉凭据、索赔证据。其中书式、邮件、传真等能够以有形形式长久保存的证据证明力要明显优于口头、电话等形式。

北京市旅游局旅游服务热线电话:12301。

通信地址:北京市朝阳区建外大街28号,邮编:100022。

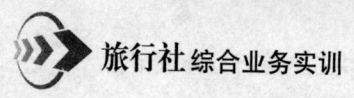

通用条款(略)
专 用 条 款

根据《中华人民共和国合同法》《旅行社条例》等有关法律规定,旅游者和组团社双方在平等、自愿、公平、诚实信用的基础上就国内组团旅游的有关事宜经协商达成协议如下:

第一条 旅游者情况

旅游者人数为_____人,具体情况为(表格不够可以另附,但需双方签字确认):

姓名	性别	年龄	健康状况	备注

旅游者代表应当保证其在合同中的签章能够代表表格中列明的所有旅游者对合同约定的认可。表格中列明的任一位旅游者均应当按照合同约定维护权益并履行义务。

第二条 旅游手续

由旅游者自行办理的旅游手续:□航空客票、□_____。

第三条 旅游内容及安排

(一)成团人数为_____人。

(二)成行团号:_____。

(三)行程时间共计_____天_____夜(含在途时间)。

(四)出发地及时间:_____。

(五)返回地及时间:_____。

(六)途经地及旅游线路(主要景点应当注明保证旅游者实际游览的最少时间):_____
_____。

(七)成人旅游费用为_____元(人民币)/人,儿童(不满12周岁)旅游费用为_____元(人民币)/人,总计:大写_____元(人民币),小写_____元(人民币)。

— 154 —

(八)遇单人房间时住宿差价的解决办法：_____。

(九)关于旅游费用的特别约定：_____。

(十)旅游费用的支付方式和时间：_____。

(十一)交通标准：_____。

(十二)住宿标准：_____。

(十三)餐饮标准：_____。

(十四)购物安排：累计不超过____次,购物场所名称、主要经营品种和停留时间：_____

_____。

(十五)自费项目和价格：_____。

(十六)自由活动次数和时间：_____。

(十七)接待社名称、地址、联系人、联系电话：_____。

(上述横线内空间不够,可以在《旅游行程表》中详细注明)

第四条　通知方式:本合同中的通知应当采用 □书式、□电子邮件、□传真、□短信、□电话、□口头方式。

第五条　不成团安排

(一)实际报团人数未达到成团人数标准的,属于因客观原因导致的不成团,组团社不承担责任。但组团社应当提前3日(不含本日)将不成团情况通知旅游者,双方按照下列第_____种方式解决:

1.组团社为旅游者办理延期出团或更改旅游线路,费用如有增减,由组团社退还或由旅游者补足。

2.解除合同,组团社一次性退还已收取的全部旅游费用。

3.经旅游者同意,组团社将旅游者转团;旅游者应当与受让旅行社重新签订合同,并由受让旅行社对旅游者承担责任。旅游者不同意所转的旅游团队的,按照第2种方式解决。

4.经旅游者同意,组团社将旅游者转团,提供受让旅行社盖章的《旅游行程表》《行程须知》等关于旅游内容和安排的资料以及受让旅行社的名称、联系方式等基本情况由旅游者签收确认,并仍由组团社对旅游者承担责任。旅游者不同意所转的旅游团队的,按照第2种方式解决。

(二)组团社未提前3日通知旅游者的,应当按照《通用条款》"第六条(三)2(2)"的有关规定承担责任。

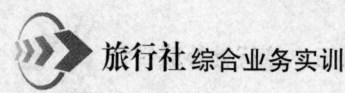

第六条 争议解决方式

本合同项下发生的争议,由双方协商解决,或向有管辖权的旅游质监所、消费者协会等有关部门投诉;协商、投诉解决不成的,向_____人民法院起诉,或按照另行达成的仲裁条款或仲裁协议申请仲裁。

第七条 其他约定_____
_____。

旅游者或其代表(签章):　　　组团旅行社(盖章):
住所:　　　　　　　　　　　　旅行社业务经营许可证号:
电话:　　　　　　　　　　　　住所:
证照号码:　　　　　　　　　　电话:
邮件地址:　　　　　　　　　　经办人及电话:
传真:　　　　　　　　　　　　传真:
签订时间:　　　　　　　　　　签订时间:
签订地点:　　　　　　　　　　签订地点:

任务5　成果汇报与考核评价

➢ 工作目标
1. 选取代表汇报与展示本项目实训成果;
2. 评价各组的工作情况。

➢ 推荐课时:1课时

➢ 工作内容
1. 成果准备与汇报;
2. 进行讨论与评议;
3. 学生与教师打分;
4. 确定考核成绩;
5. 进行成果汇总。

- 学生信息页

一、旅游产品销售步骤

销售旅游产品是一个系统性、流程化的工作。只有在前期准备、中间操作、后期完善等各环节做好工作,最终的销售目标才能顺利完成。

(一)旅游产品销售步骤

旅游推销人员推销要按照一定的步骤进行,推销过程的每一个步骤都值得重视。推销步骤的按部就班和推销方法的因人而异是取得良好业绩的必要条件。推销步骤主要有七个方面,如图所示。

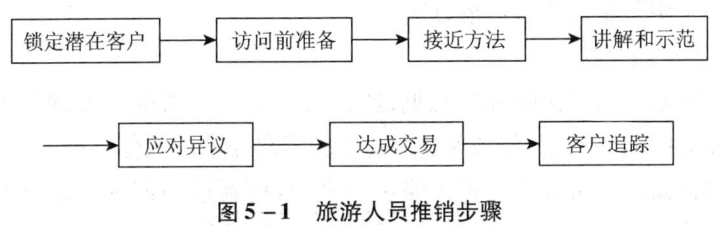

图 5-1 旅游人员推销步骤

1. 锁定潜在客户

旅游推销人员首先要寻找推销对象即客户。推销人员可以通过多种渠道寻找潜在客户,如可从上游旅游供应商、下游旅游中间商处寻找潜在线索,从潜在客户的行业组织寻找线索,从电话簿中寻找线索,从报刊、广播电视、互联网等媒体中寻找线索,从政府驻外机构处寻找线索,等等。

有了潜在客户以后,推销人员还须进行筛选,剔除没有价值的线索,发现并锁定有价值的客户。

2. 访问前准备

旅游企业推销人员在访问客户前要做必要的准备,包括尽可能了解访问对象的需求特点、性质、所在机构的情况、购买风格、主要决策人等。推销人员还要考虑选择对客户适宜的访问方法,如电话访问、登门访问等。确定访问时机也很重要,如正赶上客户出差、开会或工作繁忙,就不宜上门造访。

3. 接近方法

旅游企业推销人员接近客户时,为避免吃"闭门羹",需要给客户以良好的第一印象,包括得体的着装、适合的开场白、恰如其分的谈话内容,争取"润物细无声"地被客户接纳。

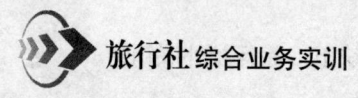

4. 讲解与示范

旅游产品基本上是无形产品,旅游推销人员无法向客户提供现场实物展示,就需依靠讲解和图片示范等来吸引客户。旅游企业推销人员在讲解示范时可借鉴如下三种方式:

(1) 固定法

推销人员事先背下文字部分,在讲解时照本宣科,同时以图片资料等方式辅助进行讲解示范。

(2) 公式法

推销人员先与客户讨论,再根据其特点把客户分成若干种类型,对不同类型的客户采用既定的讲解示范方法。

(3) 需求满足法

旅游推销人员多倾听客户意见,抓住客户的真正需要的关键点和解决客户心存疑虑的主要问题,分别找到适合不同客户需求的最佳卖点进行推销。

在具体做法上可采取五种策略影响客户:可通过强调本企业所提供的旅游产品在质量、品牌、价格、服务等方面的优势来打动顾客,通过专门知识说服客户,通过与客户建立良好关系来维系顾客,通过适当的服务感动客户,通过建立良好的个人形象赢得客户。

5. 应对异议

旅游企业推销人员在向客户推销时,一般情况下客户不管是否有兴趣都会提反对意见,有的客户甚至已作出了购买决定,还挑旅游产品、服务、价格等方面的毛病,以此要求推销人员提供更多的优惠。推销人员因此要善于应对各种反对意见。首先,对本企业所提供的旅游产品要心中有数、要有信心;其次,把客户反对意见看成是常态,甚至可把反对意见看成是客户对旅游产品感兴趣的另一种折射;第三,不直接反驳,最好是列出有利情况让客户自己得出结论。

6. 达成交易

旅游企业推销人员要善于捕捉时机,把客户的购买愿望转化成实际购买行为。一些经验丰富的推销人员往往能很好地把握火候,一旦时机到来,他们总会用肯定的询问诱导客户成交。如某企业要组织团体旅游,推销人员会这样问:"贵公司把旅游团发团时间定在××时还是××时?"

7. 客户追踪

推销人员在授权范围内代表旅游企业与客户签约后,并不等于推销工作的结束。推销人员要把有关信息传递给客户并把交易情况通报所在企业,以便各部门齐心协力准备好为客户服务。现代旅游企业特别重视对回头客的争夺,因此一笔交易的达成,还意味着新一笔交易的起点。所以推销人员在达成交易后还要追踪客户是否满意。

二、旅行社电话销售技巧

(一)旅行社呼出电话营销技巧

旅行社单纯要靠电话来和客户达成协议,目前来讲还是有一定困难的。但是,旅行社的销售业务离不开电话,好的旅行社销售人员总是能够打出高质量的呼出电话(outbound call),并让呼出电话成为整个销售中非常重要的一环。具体来说,一个好的销售人员在呼出电话之前,应该进行的必要准备如下:

1. 准备好一份尽可能同质的呼叫客户名单

即要么列出 20 个没有拜访过的潜在客户,要么列出 15 个拜访过的有意向客户,并准备相应的资料。列出名单后,旅行社销售人员就应该在一定时间内专注于对这份名单进行电话拜访,中途尽量不要让其他事务干扰自己。因为,对于这份名单上的客户,呼出电话中有很多措辞是相近的,甚至有可能,销售人员其实是在向他们展示旅行社的同一条线路和产品。根据生物体自然学习的渐进规律,在 3 个类似措辞的电话之后,再笨拙的口舌都会变得对答如流。

2. 打每通电话前先把要表达的内容要点准备好

将准备表达的要点,先在脑海中过一遍,而且应该写下来。这样接通电话后,就不至于因为紧张或者兴奋而一时忘了自己要讲的内容。另外和旅行社的客户沟通时,对于客户的针对性措辞、关键话语该如何说,都应该有所准备,必要的话,与旅行社的其他同事进行提前对练,以达到最佳状态。

3. 一定要争取直达负责人

电话销售最大的优势,就在于绕过了很多中间环节,直达项目负责人。而近年来,由于电话营销的普及,很多公司已经开始不厌其烦,因而有很多过滤营销电话的设置。这就需要旅行社销售人员在拨通电话后,为了尽快和想找的负责人直接通话,需要掌握一定技巧。比如,一名旅行社销售人员,想要找到一家大型公司主管员工福利的行政部经理,设法签订组织公司员工出去进行奖励旅游的协议。当对方前台人员接听电话的时候,应该掌握不给对方机会说"不"的原则。如果用普通的用语问"你们的行政经理这会儿方便接电话吗?"很可能得到的回答是"经理正忙",从而使自己陷入一个进退两难的窘境。不妨使用这种方式:"早上好!请问你们行政经理贵姓?"这个问题让对方只能回答具体内容,以此引导对方提供行政部经理的称呼,然后自信地加上"请帮我转一下某经理"。这样更容易获得与行政经理通话的机会,因为没有给电话接听者说"不"的机会。

4. 控制好开场白

国外心理学家发现,对于电话营销来说,呼出电话的最初15秒是最重要的。在这15秒内,如果旅行社销售人员不能以最有效的方式迅速打动对方,让他判断出这通电话是否值得听下去,就有可能中断这次通话。而且,首个电话没有能够引起客户兴趣,下次失败的概率也非常高。因此,在拨打每通陌生电话之前都必须经过认真研究,找出该客户可能的突破点。

5. 掌握好报价技巧

价格是决定销售能否成功的重要因素,但并不是最重要的因素。销售员的工作,就是向客户解释本旅行社提供的各种服务的价值,让客户认识到物有所值。在报价上有个小技巧,即要尽量先报高价产品及主要产品。在客户提出价格问题后,再提供较低标准的一系列情况,形成对比。

6. 做好一名称职的倾听者

电话销售的目的就是主动向客人推销,不可避免地,销售人员的讲话占主要通话时间。优秀的旅行社销售人员总是十分敏感地倾听对方的反应,并随时记录。当客户有反对意见时,千万不要直接否认对方的提法,正确的做法是认真倾听。倾听可以让销售人员更好地掌握客户情况,倾听后,再把客户的反对意见接过来,从客户角度实际地加以分析,提供自己的解决建议。

7. 体现利益共享

成功的电话销售,就是一次成功的合作。在这个合作过程中,重要的,绝不仅是销售人员成功地销售出产品,而是让对方也能有所收获,即所谓"双赢"的结局。可以让客户单位的负责人感到销售人员是在为他着想,他也能够获得一些收益。这有助于吸引客户注意力,发展成为销售机会。旅行社所能提供的服务是多样的,销售员应自觉地无论何时都必须设法推销额外的或附加值高的产品及服务,并形成自己的特色,必要的时候不妨出让一些利益给客户共享。

(二)旅行社呼入电话营销技巧

1. 旅行社销售人员要加强对旅行社产品的了解

尽管不能够预知什么时候旅行社会有电话呼入(inbound call),但是每一个呼入旅行社的咨询电话,很大程度上都意味着是有着明确需求的客户,旅行社开拓一个新客户很不容易,所以更要珍惜那些主动联系旅行社的客户。旅行社销售人员应该对自己旅行社的产品尽可能烂熟于胸,尤其是最近旅行社主推的拳头产品,做到来电中潜在客户提出的每个问题都能马上作出专业的回答,这是在客户心中树立形象的首要条件。另外,对于同一城市其他竞争性旅行社的相关产品与价格等,尤其是与自己旅行社产品的区别等,也应该有所了解。

2. 把握好正确接听电话的时机

接听电话的最佳时机在电话铃第二次响完之后。原因在于第一声铃响就接电话让客户感觉旅行社很急切,很想做成这笔生意,从而增加客户讨价还价的砝码。而超过3声铃响的话,又会让人久等,这种情况就应该向对方致歉。

3. 接听电话常用语

接起电话,先报自己的旅行社名称、单位名称以及自己的名字,如果有总机就不必再报旅行社名称。对方报名就立刻打招呼。如对方指名要别人听电话,就要很客气地说"请您稍等一下"。如果被指名接电话者正在打另外一个电话就请对方稍候。如果时间又拖了一会儿,请对方再稍候。如果时间拖更久了,就说"等一会儿请他回电话,方便吗?"如果对方同意,就请对方留下电话号码。如果代理别人接听电话,就说:"我是×××,某某人不在,我可以为您效劳吗?"

4. 时刻做好记录准备

在接听呼入电话的时候,旅行社销售人员应该不断重复客户的谈话要点,做好记录,从而给客户更好的引导。在呼入电话结束后,需要马上整理这些记录,录入客户管理资料,为以后的呼出电话做准备。产品销售成功后也应对该客户进行持续跟进,利用邮寄小纪念品、节日发送短信、每个季度的电话跟进等和客户保持好联系,争取下一次旅游产品的销售。

三、外联销售人员寻找客户的技巧

(一)寻找准客户的五个技巧

1. 直接访问

挨家挨户直接拜访可能购买产品或服务的客户;或是打电话给陌生人以获取访问的机会;或是寄推销函给陌生人,再用电话追踪以获得拜访的机会。

2. 利用老客户的介绍

每一位老客户都有其长期建立的关系网,假如他欣赏你、信任你,就会愿意介绍他的关系网成为你的准客户。因此,外联销售人员要想方设法使客户满意你的产品的服务。

3. 利用各单位代表的协助

与有业务关系的单位的代表培养良好的人际关系,鼓励他们随时留意购买信息。一旦成交,应支付固定的佣金或酬谢给出了力的单位代表们,或免费让其参加旅游活动,向其馈赠礼品等。

4. 产品展示

举办旅游产品展示会,有兴趣的人留下姓名与地址,就能形成一份准客户的名单了。

5. 利用名册

如工商名录、企业指南、电话簿、社团会员名册、俱乐部成员名单等。

(二)寻找潜在客户

对潜在客户名单进行分类,主要根据其购买愿望的强烈程度来分,从而设计出访问对象、访问顺序与路径,使销售成绩趋于稳定,不至于发生很大的波动。

表5-3 寻找潜在客户

基准等级	具备潜在客户资格的程度	访问次数	可能需要的时间
A	从任何角度看都具备立刻购买的条件	至少一次	可能在一周之内
B	虽不具备完全的条件,但有访问价值	每周至少一次	可能在一周之内
C	不具备充分的条件,但是可以访问	每月至少一次	可能在50天之内
D	希望不大,但不要太灰心	每两月至少一次	可能在70天内

四、SPIN 销售技巧

SPIN 销售法是尼尔·雷克汉姆(Neil Rackham)先生创立的。SPIN 技巧注重通过提问来引导客户,使客户完成其购买流程。SPIN 即 S:Situation Questions,即现状问题;P:Problem Questions,即困难问题;I:Implication Questions,即牵连问题;N:Need-payoff Questions,即价值问题。

SPIN 推销模型主要是建立在客户的需求上,销售人员可以将 SPIN 模型当作销售指南,通过发问来了解客户心理需求的发展过程,使其了解购买旅游产品的急迫和重要性。

SPIN 销售模式的 4 个步骤:

首先,利用情况性问题(Situation Questions)(例如先生从事什么职业?……)来了解客户的现有状况以建立背景资料库(收入、职业、年龄、家庭状况……)。销售人员通过资料的搜集,方能进一步导入正确的需求分析。此外,为避免客户产生厌烦与反感,情况性问题必须适可而止地发问。

接着,销售人员以难题性问题(Problem Questions)(如你的保障够吗?对产品满意吗?……)来探索客户隐藏的需求,使客户透露出所面临的问题、困难与不满足,由技巧性的接触来引起准客户的兴趣,进而营造主导权使客户发现明确的需求。

第三步,销售人员会转问隐喻性问题(Implication Questions)使客户感受到隐藏性需求的重要与急迫性,由销售人员列出各种线索以维持准客户的兴趣,并刺激其购买欲望。

最后,一旦客户认同需求的严重性与急迫性,且必须立即采取行动时,成功的销售人员便会提出需求—代价的问题(Need-payoff Questions)让客户产生明确的需求,以鼓励客户将重点放在解决方案上,并明了解决问题的好处与购买利益,从而实现产品的销售目的。

五、处理客户异议的技巧

客户异议是指客户的反对意见,可解释为反对某一种计划、想法或产品而表达出来的态度,是持反对立场的某种担心、理由或者争论论据。

在实际的销售过程中,旅行社销售人员经常会遇到各种异议。许多旅行社销售人员会认为应对异议是一件困难的事情。其实,异议不仅仅是销售工

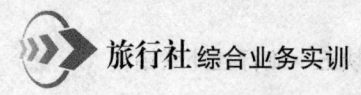

作中的一个障碍,同时也是一个积极的因素。

(一)外联销售时客户常见的异议

"那比我想的还贵好多。"

"那太贵了,超出我的旅游预算。"

"别家的旅游产品比较便宜。"

"我不相信该旅游产品的价值。"

"不要问我,我不是最后决定者。"

"我先考虑一下,以后再说。"

"我没有预算要去旅游。"

"上次我刚买的××旅行社的线路,非常满意,不准备更换旅行社。"

(二)异议的种类

处理异议之前一定要注意一点:如果不知道客户为什么提出异议,你将根本无法处理这个异议。尤其是面对的客户层次差别非常大的时候,异议的种类会非常多。因此,要注意异议有哪几个种类,为什么会产生异议。

在销售中,常见的异议有四种:误解、怀疑、冷漠、举欠缺。

1. 误解

第一种异议是误解。如果产品质量很好,客户却说产品质量不好时,可能是客户听到了不正确的信息,或者是客户没有理解旅行社销售人员的话,因此解决误解的方法就是和客户交流正确、可靠的信息。这些正确、可靠的信息可能是相关的文字信息,也可能是某些客户的反馈信息。

2. 怀疑

客户产生怀疑,很可能是产品缺乏相关的凭证。因此,解决怀疑的办法是向客户出示一些文字上的证明或一些具体的数字。

3. 冷漠

冷漠、不关心,其实就说明了旅行社销售人员还没有真正地了解客户的需求。一旦看到客户冷漠、不关心,旅行社销售人员就要通过提问再去了解他的需求。

4. 举欠缺

第四种异议就是举欠缺。什么是举欠缺?就是客户指出了产品客观存在的不足之处。这个时候怎么办?补救的方法是用产品更大的利益去弥补客户指出的不足。其实客户也知道,任何产品都不是十全十美的。指出产品的不足之处只是他的一种习惯行为,或者只是他对十全十美的产品的一种向往。例如,所有的客户都想买一个质量尽可能好的产品,而且价格要尽可能的低,一旦客户感觉产品质量不错,但是价格偏贵时,他就会举出实际的不足之处。这个时候旅行社销售人员可以询问客户看重的是价格还是质量,更好的质量自然价格要高一些,即用产品更大的利益去抵消客户所说的相对较小的利益。

(三)处理异议的基本技巧

首先,对本企业所提供的旅游产品要心中有数、要有信心;其次,把客户反对意见看成是常态,甚至可把反对意见看成是客户对旅游产品感兴趣的另一种折射;第三,不直接反驳,最好是列出有利情况让客户自己得出结论。

当尽了一切努力、客户仍然摇头说不时,为了以后的成功销售,应当做以下努力:依然保持良好的态度,并谢谢客户给你这次机会;为下次的机会铺路;寄张感谢卡给客户;从客户的拒绝中获得经验。

实训模块六
旅行社接待业务

> **本模块导读**

　　本实训模块由3个实训项目构成,通过3个具体项目的实训,使学生了解旅行社接待业务的具体工作流程,掌握地陪导游接待服务程序、全陪导游接待服务程序和海外领队服务程序等。3个实训项目完成后的成果是学生能够针对旅行社的要求,正确操作导游服务流程,并能够正确处理带团中的突发问题。本实训模块的3个项目是紧密联系、环环相扣的。教师在指导学生进行本模块内容的实训时应该先整体介绍各项目的具体内容,然后分项目、分任务进行具体实训内容的实施。在实训模拟过程中,主要针对学生所在区域的教室、景区、景点,让学生在自己熟悉的环境面向自己熟悉的同学,这样能够更容易掌握旅行社接待业务的工作流程,而不至于因为对于对象和位置的不熟悉而无从下手。如部分学生对整个流程比较熟悉,综合能力较强,指导教师也可以选取其他的场景进行现场模拟(对于有条件的学校可以设计一次真正的实训旅游,让学生带着任务去景点、景区进行实际操作的演练)。对于一般学生可以采取教室模拟和室外模拟的方式进行。

> **实训目标**

- 掌握接团时候的注意事项,熟知地陪导游业务流程;
- 能够绘制全陪导游流程图;
- 能够正确处理旅行社接待业务过程中出现的一系列问题,保证旅游活动的顺利进行;
- 熟悉全国旅游景区的讲解知识;

- 能够运用所学到的知识独立完成一个完整的旅行社接待业务。

▶ **实训模块推荐课时 20课时**

▶ **具体实训项目**

表6-1 具体实训项目任务表

实训项目一 地陪导游业务	实训项目二 全陪导游业务	实训项目三 海外领队业务
任务1 模拟到当地火车站(或机场)接团	任务1 全国旅游景点的概述讲解	任务1 开"赴英旅游团"行前说明会
任务2 带团过程中突发问题的处理	任务2 绘制全陪工作流程图	任务2 领队工作中突发问题的处理
任务3 当地景点模拟讲解		

实训项目一 地陪导游业务

- **实训目标**

(一)掌握地陪接团的工作步骤,熟悉旅游团的具体情况;

(二)熟悉地陪接团注意事项;

(三)能够正确处理带团过程中的突发问题;

(四)实践操作地陪导游对当地景点讲解服务。

- **实训推荐课时**:10课时
- **实训环境**:开放教室,当地旅游景区或景点,每位学生一部手机、导游旗、话筒和旅游相关资料。
- **实训项目介绍**

旅游接待计划是旅行社地陪了解旅游团基本情况和安排活动日程的主要依据。在熟悉、分析并研究接待计划后,地陪应该拟定旅游团在本地的旅游日程,落实好各项接待事宜并做好相关的物质、知识、形象准备工作。准备工作做好后,地陪就要去机场或车站、码头等迎接旅游团,应对各环节:认找旅游团、首次沿途导游、安排客人入住饭店、核对和商定旅游日程、参观游览过程中

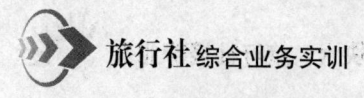

的导游服务以及带团过程中的其他一系列问题的处理。本项目实训要求学生通过对地陪工作流程的全面了解和掌握，能够顺利完成随后几个相关工作项目的实训。

本实训项目采取室内外模拟和景点景区模拟两种方式进行。在实训条件上要求教师为学生提供开放教室以及与场景模拟相关的部分物品，比如手机和资料等。在实训开始前要求教师为学生的模拟提供必要的建议和方向，避免学生在模拟的过程中，把握不住模拟的重点或者忽略带团过程中突发问题的处理。

● 项目实训工作程序

（一）教师讲解

由教师布置总体实训安排，针对本实训提出总体要求，进行必要的关于地陪导游服务程序的讲解。讲解中突出地陪认找旅游团的注意事项、首次沿途导游、安排游客入住饭店、景点讲解方法与技巧等。对于在带团过程中突发问题的处理，可以设计几个模拟情景，让学生学会解决。

（二）学生分组

在实训过程中根据实训的具体任务将学生分组，每个小组选出一名组长组织本组整个实训的具体实施过程。要综合考虑每一个学生，要让每个学生都有锻炼的机会，发挥学生的组织协调能力，使他们能够胜任地陪导游接待工作。

（三）分组讨论

教师组织学生进行分组讨论，确定各小组具体的模拟任务，提出要求。各个小组组长之间通过讨论选定各自小组模拟的主要侧重方面，要求每个具体的模拟任务都有小组参加，各小组之间可以有重复模拟的内容或者场景，但是每一个具体的模拟任务都必须有具体的小组承担，切忌有的任务出现空缺。

（四）本组设计模拟情景

组长分配任务。组长在分配任务的时候，要全面考虑每一个成员的优势，尽量使本组的每一位成员都有具体的任务。小组成员在组长的带领下进行具体任务的分工，通过变化角色使本小组的情景模拟达到最优。

（五）正式模拟

各个小组根据自己平时的练习模拟，选定最佳成员担任相应角色进行正式模拟。

（六）集体评议

由教师和全体学生（不包括本组成员）一起进行各个小组最后模拟的评议和打分。

（七）教师点评

指导教师进行整个实训过程的总结和点评，提出学生们在实训中的不足之处和可取之处。

- 具体任务分解

任务1　模拟到当地火车站（或机场）接团

➢ **工作目标**

1. 熟悉接待计划的格式与内容，掌握接待计划中的各项服务内容，尤其是注意事项；

2. 掌握落实接待工作的方法，包括车队、行李员、酒店总台、景点工作人员等的确认问题；

3. 掌握地陪接团的注意事项，包括认找旅游团的基本方法、能够制作接站牌；

4. 掌握首站沿途导游的程序和内容，能够积极调动游客的情绪。

➢ **推荐课时**：4课时

➢ **工作内容**

1. 研究旅游接待计划。

2. 拟定旅游团在本地的旅游日程。

3. 落实各项接待事宜

（1）本次旅游团的接待车辆；

（2）本次旅游团的接待饭店；

（3）旅游团在本地的用餐安排；

（4）掌握不熟悉景点的情况（尤其是初次上团或者第一次去的景点）；

（5）旅游团队的行李运送安排。

4. 相关物质、知识和形象准备工作。

5. 地陪接站服务，确认接站的准确时间和地点。

6. 认找旅游团。

7. 前往饭店途中致欢迎词和讲解服务。

8. 首站沿途导游,积极调动游客的情绪。

➢ **工作要求与注意事项**

1. 本模拟实训工作采取以学生自主组织为主、以教师指导为辅的方法,按照学生人数进行分组模拟练习,每组学生人数可以自定,但是主要角色(地陪、司机等)必须由小组成员担任,其他学生担任游客。相同的任务由不同的小组完成,各个小组可以设计自己的模拟情景和场景,突出某一个方面,比如对于同一个实训任务有的小组可以侧重导游接站服务,有的小组突出游客入住饭店服务。

2. 在学生模拟过程中教师针对学生存在的问题进行随时的指导。每个组之间不可以出现雷同模拟,要设计本组有特色的场景。

3. 在正式模拟时教师要公正,给予每一个学生正确评价,学生之间也要作出正确的互评。

模拟到当地火车站(机场)接团评分表:

表6-2 教师评价表

考查要点	准备工作	接站服务	前往饭店服务	应变能力	仪表、礼仪
地陪导游工作程序	熟悉接待计划,拟定该团在当地的活动日程表,落实各项接待事宜,相关物质、知识准备等	接站时间把握恰当,认找旅游团的方法以及说话表情及其他身体语言运用得当	前往饭店途中致欢迎词和沿途导游讲解流畅连贯,普通话标准,见人说人、见物说物	在有压力的情况下思维敏捷、情绪稳定、考虑问题周到,能够妥善、及时处理突发事件和特殊问题	穿着打扮得体、整洁,言行举止大方,符合导游员礼仪礼貌规范
满分	30	25	20	20	5
得分					
总分					
教师评语					
教师签名			年 月 日		

表6-3 学生互评表

景点名称：			
小组组长：		指导教师：	
小组成员：			
学生互评			
考查要点	地陪导游规范	分值	得分
准备工作	熟悉接待计划,拟定该团在当地的活动日程表,落实各项接待事宜,相关物质、知识准备等	30	
接站服务	接站时间把握恰当,认找旅游团的方法以及说话表情及其他身体语言运用得当	20	
前往饭店服务	前往饭店途中致欢迎词和沿途导游讲解流畅连贯,普通话标准,见人说人、见物说物	10	
应变能力	在有压力的情况下思维敏捷、情绪稳定、考虑问题周到,能够妥善、及时处理突发事件和特殊问题	15	
仪表礼仪	穿着打扮得体、整洁,言行举止大方,符合导游员礼仪礼貌规范	5	
团队合作情况	本组成员密切合作,配合默契;出现问题能够共同决策	20	

任务2 带团过程中突发问题的处理

> **工作目标**

1. 掌握带团过程中经常有可能发生的各种问题和一些突发事件的处理；
2. 通过本模拟操作训练,使学生对待一些常规问题能有条不紊地进行处理,当面对突发事件时能够沉着冷静地应付并能较好处理。

> **推荐课时**:4课时

> **工作内容**

1. 模拟带团过程中各种突发问题的处理(根据教师和学生的具体情况,以下实训项目可作具体调整)：

(1) 漏接、空接、错接的预防和处理；

(2) 旅游路线和日程变更的处理；

(3)误机(误车、误船)的预防和处理;

(4)物品丢失问题的预防和处理;

(5)游客走失的预防与处理;

(6)游客患病的预防与处理。

2. 本实训设计导游在带团中出现的问题,让学生进行灵活处理,因此每组学生必须分工协作,有的担任导游,有的担任突发事件的当事人,小组之间能够相互配合,各司其职。

3. 以小组为单位进行模拟练习,各组之间最好选择不同的突发问题进行处理,即使选择同一个问题也要有所变化,切忌雷同模拟。

➢ 工作要求与注意事项

1. 本模拟实训工作采取以学生自主组织为主、以教师指导为辅的方法,按照学生人数进行分组模拟练习,每组学生人数可以自定,但是主要角色(地陪、司机和主要游客)必须由小组成员担任,其他学生担任一般游客。相同的任务可以由不同的小组完成,但是每一个小组都必须突出自己的特点,不能抄袭其他小组的模拟情景,并保证每一个任务都有小组学生担任,不能出现实训任务无人完成的现象。

2. 当同一个突发事件有两个以上小组模拟时,老师起协调作用,让学生自己设计项目情景,先在本组演示,然后择优再在全班同学面前模拟。

3. 在练习模拟过程中教师针对学生存在的问题进行随时的指导,并解答学生的各种问题。

4. 在正式模拟时候教师要公正,给予每一个学生正确评价,学生之间也要作出正确的互评。

任务3 当地景点模拟讲解

➢ 工作目标

1. 根据当地旅游景点进行模拟讲解;
2. 掌握导游讲解的几种基本方法与技巧;
3. 把握导游交际中语言技巧的运用;
4. 了解导游词写作的要点。

➢ 推荐课时:2 课时

➢ **工作内容**

1. 查阅当地主要的旅游景点,并上网搜集和整理当地旅游景点的介绍资料,然后编写导游词;

2. 小组合作完成一个景区或一条线路的模拟导游,每组学生分工协作,有的搜集资料,有的编制线路,有的设计情景,有的编写导游词,每个学生都能够各司其职;

3. 以小组为单位进行景点讲解模拟练习,可以让本组每个成员都当一次导游,最后选择最佳导游面向全班同学讲解。

➢ **工作要求与注意事项**

1. 各个小组汇总本组成员的查阅搜集结果,整理编写景点导游词,并利用规定的有限时间进行景点模拟导游讲解练习。

2. 本模拟实训工作采取以学生自主组织为主、以教师指导为辅的方法,按照学生人数进行分组模拟练习,每组学生人数可以自定,但是主要角色(地陪)必须由小组成员担任,其他学生担任游客。相同的景点模拟讲解可以由不同的小组完成,但是每一个小组都必须突出自己的特点,并保证每一个任务都有小组学生担任,不能出现实训任务无人去完成的现象。

3. 在学生进行导游词编写和模拟导游讲解练习时,教师要针对学生存在的问题进行随时的指导,并解答学生的各种问题。

4. 在正式模拟时教师要公正,给予每一个学生正确评价,学生也要作出正确的评价。

模拟现场导游讲解评分表(普通话):

表 6-4 教师评价表

考查要点	景点讲解	语言表达	导游规范	应变能力	仪表礼仪
具体要求	讲解条理清晰、详略得当、重点突出,讲解方法运用得当,讲解生动、有感染力,回答提问准确、熟练	普通话标准、规范,语速适中,用词准确、恰当,有分寸,内容有条理、有逻辑性,表情及其他身体语言运用得当	熟知导游服务规范,能够正确运用导游辅助工具,导游服务程序正确、完整	在有压力的情况下能够保持头脑清醒、思维敏捷、考虑问题周到,能够妥善、及时处理突发事件和特殊问题	穿着打扮得体、整洁,言行举止大方,符合导游员礼仪礼貌规范

续表

考查要点	景点讲解	语言表达	导游规范	应变能力	仪表礼仪
满分	30	25	20	20	5
得分					
总分					
教师评语					
教师签名			年 月 日		

表6-5 学生互评表

景点名称：			
小组组长：		指导教师：	
小组成员：			
学生互评			
考查要点	具体要求	分值	得分
景点讲解	讲解条理清晰、详略得当、重点突出，讲解方法运用得当，讲解生动、有感染力，回答提问准确、熟练	30	
语言表达	普通话标准、规范，语速适中，用词准确、恰当、有分寸，内容有条理、有逻辑性，表情及其他身体语言运用得当	20	
导游规范	熟知导游服务规范，能够正确运用导游辅助工具，导游服务程序正确、完整	10	
应变能力	在有压力的情况下能够保持头脑清醒、思维敏捷、考虑问题周到，能够妥善、及时处理突发事件和特殊问题	15	
仪表礼仪	穿着打扮得体、整洁，言行举止大方，符合导游员礼仪礼貌规范	5	
团队合作情况	本组成员密切合作，配合默契；出现问题能够共同决策	20	

- 学生信息页

一、地陪导游的概念

地方陪同导游人员,简称地陪,是指接受接待旅行社委派,代表接待旅行社实施接待计划,为旅游者提供当地旅游活动安排、讲解、翻译等服务的工作人员。地陪是导游员(地陪、全陪、出境领队)的一种,对导游职业素养要求最高。地陪导游是旅游目的地的导游,所以是团队计划的最主要执行者。

二、地陪导游服务程序

地陪导游服务程序是指地陪自接受了旅行社下达的旅游团接待任务起至送走旅游团的工作流程。在这个过程中,地陪自始至终应按照中华人民共和国国家标准——《导游服务质量标准》去接待来自全国和世界各地的朋友。

地陪导游服务程序如下图所示:

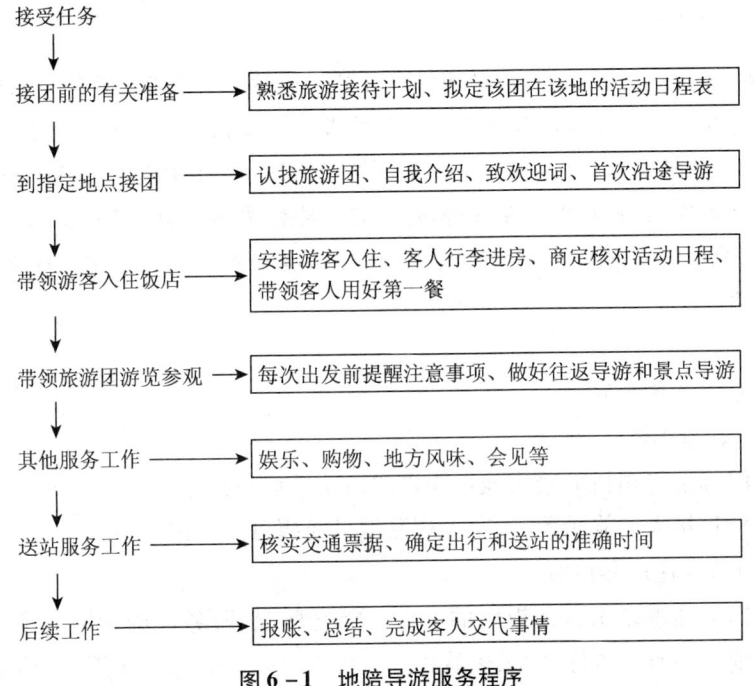

图 6-1 地陪导游服务程序

(一)地陪导游接团前的准备

做好准备工作,是地陪提供良好服务的重要前提。地陪须在上团前 3 天领取接待计划。

1. 熟悉接待计划

（1）熟悉旅游团的基本信息

（2）熟悉旅游团员的基本情况

客源地和游客姓名、性别、职业、年龄（有否老人和儿童）、宗教信仰、民族。

（3）全程旅游路线、海外旅游团的入出境地点

（4）所乘交通工具情况

抵离本地时所乘飞机（火车、轮船）的班次、时间和机场（车站、码头）的名称。

（5）掌握交通票据的情况

接海外团应了解该团机票有无国内段，要弄清机票的票种是 OK 票还是 OPEN 票。

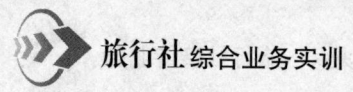
小贴士

OK 票，即已订妥日期、航班和机座的机票。持 OK 票的旅客若在该联程或回程站停留 72 小时以上，国内机票需在联程或回程航班起飞前两天中午 12 小时以前、国际机票需在 72 小时前办理座位再证实手续，否则原座位不予保留。

OPEN 票，是不定期机票，旅客乘机前需持机票和有效证件（护照、身份证等）去航空公司办理订座手续，订妥座位后才能乘机。此种客票无优先权、无折扣优惠。

2. 落实接待事宜

（1）联系车辆

地陪确定与司机的接头地点并告知活动日程和具体时间。

注意！接大型旅游团时，车上应贴编号或醒目的标记。

（2）落实住房和用餐

地陪应熟悉该团所住饭店的名称、位置、概况、服务设施和服务项目。地陪应提前与各有关餐厅联系，确认该团日程表上安排的每一次用餐的情况。

（3）落实行李运送

（4）了解不熟悉景点的情况

（5）与全陪联系

3.物质和其他准备

(1)领取必要的票证和表格

地陪要按照该旅游团中游客的人数和活动日程表中活动安排的实际需要,到本社有关人员处领取门票结算单和旅游团餐饮结算单等结算凭证及与该团有关的表格(如游客意见反馈表等)。

注意!在填写各种结算凭证时,具体数目一定要与该团的实到人数相符,人数、金额要用中文大写。

(2)备齐上团必备的证件和物品

导游人员上团必须佩戴导游证胸卡、携带身份证和接待计划、举本社导游旗。

4.导游知识准备

根据旅游团的计划和性质及特点准备相应知识。如:带专业旅游团所需的专业知识,新开放的游览点或特殊游览点的知识,对当前的热门话题、国内外重大新闻、游客可能感兴趣的话题等都应做好相应的知识准备。

5.形象准备

导游人员自身的形象美不是个人行为,它在宣传旅游目的地、传播中华文明方面起着重要作用,也有助于在游客心目中树立导游人员的良好形象。因此,地陪在上团前要做好仪容仪表方面(即服饰、发型和化妆等)的准备。

(二)地陪服务程序

接站是指地陪去机场、车站、码头迎接旅游团。接站服务在地陪服务程序中至关重要,因为这是地陪和游客的第一次直接接触。游客每到一地总有一种新的期待,接站服务是地陪的首次亮相,要给游客留下热情、干练的第一印象。这一阶段的工作直接影响到以后接待工作的质量。

1.旅游团抵达前的业务准备

地陪要落实旅游团所乘交通工具抵达的准确时间,接团当天,地陪应在旅游团出发前三小时向机场(车站、码头)问询处问清飞机(火车、轮船)到达的准确时间(一般情况下应在飞机抵达前的2小时,火车、轮船预定到达时间前1小时向问询处问);做到四核实:计划时间、票面时间、时刻表时间、问询处时间。

同时要与司机商定出发时间,确保提前半小时抵达接站地点。到达接站地点后,地陪要与司机商定停车位置,到问询处再次核实旅游团所乘飞机(火车、轮船)抵达的准确时间。

旅游团所乘交通工具抵达后,地陪应在旅游团出站前,持本社导游旗或接站牌站立在出站口醒目的位置热情迎接旅游团。接站牌上应写清团名、团号、领队或全陪姓名;接小型旅游团或无领队、无全陪的旅游团时,要写上游客的姓名、单位或客源地。地陪也可以根据交团社的社旗或游客的人数及其他标志如所戴的旅游帽、所携带的旅行包上前委婉询问,去主动认找旅游团。

小贴士

如果有行李车,地陪要与行李员联系,告知其该团行李送往的地点。

2. 旅游团抵达后的服务

找到旅游团后,为防止错接,地陪应及时与领队、全陪接洽,核实该团的客源地、组团社或交团社的名称、领队及全陪姓名、旅游团人数等。地陪应协助该团游客将行李集中放在指定位置,提醒游客检查自己的行李物品是否完好无损。与领队、全陪核对行李件数无误后,移交给行李员,双方办好交接手续。若有行李未到或破损,导游人员应协助当事人到机场登记处或其他有关部门办理行李丢失或赔偿申报手续。

地陪应提醒游客带齐手提行李和随身物品,引导游客前往登车处。游客上车时,地陪应恭候在车门旁,协助或搀扶游客上车就座。待游客坐稳后,地陪再检查一下游客放在行李架上的物品是否放稳,礼貌地清点人数,到齐坐稳后请司机开车。

3. 赴饭店途中的导游服务

在行车途中,地陪首先要致欢迎词,在介绍本地概况时,建议选择主要景观、标志性景观讲解,讲解的内容要简明扼要,语言节奏明快、清晰。讲解景物取舍得当,随机应变,见人说人,见景说景,与游客的观赏同步。在旅游车快到下榻的饭店时,地陪应向游客介绍该团所住饭店的基本情况。

4. 抵达饭店服务

游客抵达饭店后,地陪要协助领队和全陪办理入住登记手续,掌握领队、全陪和团员的房间号,并将与自己联系的办法如房间号(若地陪住在饭店)、电话号码等告知全陪和领队,以便有事时尽快联系。

领队或全陪通知客人叫早服务,地陪则应通知饭店总服务台或楼层服务台。

5. 陪同客人用餐和购物

地陪要提前按照接待社的安排落实本团当天的用餐,餐间,请全陪或领队宣布当日或次日的活动安排和叫早时间。

购物是游客旅游过程中的一个重要组成部分。作为地陪要把握好游客的购物心理,做到恰到好处地宣传、推销本地的旅游商品,既符合游客的购买意愿,也符合导游工作的要求。

6. 参观游览服务

参观游览是旅游产品消费的主要内容,是游客期望的旅游活动的核心部分,也是导游服务工作的中心环节。

地陪在参观游览时要提前10分钟到达集合地点,清点人数。

开车后,地陪要向游客重申当日活动安排,并根据窗外景点变化情况进行口头讲解。抵达景点前,地陪应向游客介绍该景点的概况,尤其是景点的价值和特色。

注意!如旅途长,可以讨论一些游客感兴趣的国内外话题,或导游做主持人组织适当的娱乐活动等来活跃气氛。

7. 送站服务

送站服务是导游工作的尾声,地陪应善始善终,搞好送站服务。对接待过程中曾发生的不愉快的事情,应尽量做好弥补工作;要想方设法把自己的服务工作推向高潮,使整个旅游过程在游客心目中留下深刻印象。

地陪带旅游团到达机场(车站、码头)必须留出充裕的时间。具体要求是:出境航班提前2小时,国内航班提前90分钟,乘火车提前1小时,乘汽车提前半小时。

注意!旅游车到达机场(车站、码头),地陪要提醒游客带齐随身的行李物品,照顾游客下车。待全团游客下车后,地陪要再检查一下车内有无遗漏的物品。

8. 善后工作

下团后,地陪要认真处理好旅游团的遗留问题,填写清楚有关接待和财务结算表格,连同保留的各种单据、接待计划、活动日程表等按规定上交有关人员并到财务部门结清账目。同时认真做好陪团小结。

表6-6　国内旅游游客意见反馈表

尊敬的游客：

欢迎您参加旅行社组成的团队出外旅游，希望此次旅程能为您留下难忘的印象。为不断提高我市旅游服务水平和质量，请您协助我们填写此表（在每栏其中一项里打"√"），留下宝贵的意见。谢谢您！欢迎再次旅游！

组团社：　　　　　　全陪导游姓名：

团号：　　　　　　　人数：

游览线路：　　　　　天数：

游客代表姓名：　　　联系电话：

单位：　　　　　　　填写时间：　　年　月　日

项目	满意	较满意	一般	不满意	游客意见与建议
咨询服务					
线路设计					
日程安排					
活动内容					
价格、质量相符					
安全保障					
全陪导游业务技能					
全陪导游服务态度					
地陪导游服务					
住宿					
餐饮					
交通					
娱乐					
履约程度					
整体服务质量评价					

三、带团过程中突发问题的处理

旅游活动无论计划多么周密，都还存在一些不可控因素。对游客而言，发生任何问题、事故都是不愉快的，甚至是不幸的。因此，问题、事故一旦发生，导游人员必须当机立断，沉着冷静，在领导的指示下合情合理地予以处理，力争将问题、事故的损失和影响减少到最低限度。

(一) 漏接的预防和处理

漏接是指旅游团(者)抵达后,无导游人员迎接的现象。

1. 由于主观原因所造成的漏接

①主观原因包括导游工作不细、迟到、没看变更记录、没查对新的航班时刻表等。

②具体处理方法:实事求是地向游客说明情况,诚恳地赔礼道歉,求得谅解。如果有费用问题(如:游客乘出租车到饭店的车费),应主动将费用赔付给游客。

2. 由于客观原因所造成的漏接

①客观原因包括:由于种种原因,上一站接待社将旅游团原定的班次或车次变更而提前抵达,但漏发变更通知;接待社已接到变更通知,但有关人员没有能及时通知该团地陪;司机迟到,未能按时到达接站地点,造成漏接;由于交通堵塞或其他预料不到的情况发生,未能及时抵达机场(车站);由于国际航班提前抵达或游客在境外中转站乘其他航班。

②处理方法:立即与接待社联系,告知现状,查明原因,耐心向游客做解释工作,消除误解。

3. 漏接的预防

导游人员接到任务后,应了解旅游团抵达的日期、时间、接站地点(具体是哪个机场、车站、码头)并亲自核对清楚。

旅游团抵达的当天,导游人员应与旅行社有关部门联系,弄清班次或车次是否有变更,并及时与机场(车站、码头)联系,核实抵达的确切时间。

导游人员应与司机商定好出发时间,保证按规定提前半小时到达接站地点。

(二) 空接的预防与处理

空接是指由于某种原因旅游团推迟抵达某站,导游人员仍按原计划预定的班次或车次接站而没有接到旅游团。

1. 造成空接事故的原因

(1) 接待社没有接到上一站的通知

由于天气原因或某种故障,旅游团(者)仍滞留在上一站或途中。而上一站旅行社并不知道这种临时的变化,没有通知下一站接待社。此时,全陪或领队也无法通知接待社,因此造成空接。

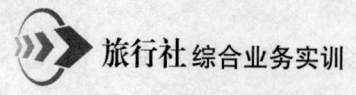

(2)上一站忘记通知

由于某种原因,上一站旅行社将该团原定的航班或车次变更,变更后推迟抵达。但上一站有关人员由于工作疏忽,没有通知下一站接待社,造成空接。

(3)没有通知地陪

接到了上一站的变更通知,但接待社有关人员没有及时通知该团地陪,造成空接。

(4)游客本身原因

由于游客本人生病、有急事或其他原因,临时决定取消旅游,没乘飞机或火车前往下一站,但又没及时通知下一站接待社,造成空接。

2. 空接的处理

①导游人员应立即与本社有关部门联系,查明原因。

②如推迟时间不长,可留在接站地点继续等候,迎接旅游团的到来,同时要通知各接待单位。

③如推迟时间较长,导游人员按本社有关部门的安排,重新落实接团事宜。

(三)错接的预防与处理

错接是指导游人员接了不应由他接的旅游团(者)。

1. 错接的预防

①导游人员应提前到达接站地点迎接旅游团。

②接团时认真核实。

导游人员要认真逐一核实旅游客源地派出方旅行社的名称、旅游目的地组团旅行社的名称和旅游团的代号、人数、领队姓名(无领队的团要核实游客的姓名)、下榻饭店等。

③提高警惕,严防社会其他人员非法接走旅游团。

2. 错接的处理

一旦发现错接,地陪应立即采取的措施是:

①报告领导。发现错接后马上向接待社领导报告,查明两个错换团的情况,再作具体处理。

②将错就错。如果经调查核实,错接发生在本社的两个旅游团之间,两个导游人员又同是地陪,那么就将错就错,两名地陪将接待计划交换之后就可继续接团。

③地陪要实事求是地向游客说明情况,并诚恳地道歉,以求得游客的谅解。

④如发生其他人员(非法导游)将游客带走,应马上与饭店联系,看游客是否已住进应下榻的饭店。

(四)旅游路线和日程变更的处理

旅游过程中,旅游团(者)提出变更路线或日程的要求时,导游人员原则上应按合同执行,若有特殊情况应上报组团社,根据组团社的指示做好工作。

1. 客观原因需要变更计划和日程

旅游过程中,因客观原因、不可预料的因素(如天气、自然灾害、交通问题等)需要变更旅游团的旅游计划、路线和活动日程时,一般会出现三种情况:

①缩短或取消在一地的游览时间;

②延长在一地的游览时间;

③在一地的游览时间不变,但被迫取消某一活动,由另一活动代替。

针对上面出现的三种情况,导游人员这时一般可采取一定的应变措施。

(1)制订应变计划并报告旅行社

(2)做好旅游者的工作

地陪、全陪应先就有关问题进行协商取得一致意见,然后找准时机向领队及团中有影响的旅游者实事求是地说明困难,诚恳地道歉,以求得谅解,并将应变计划安排向他们解释清楚,争取他们的认可和支持,最后分头做旅游者的工作。

(3)适当地给予物质补偿

必要时经领导同意可采取加菜、加酒、赠送小纪念品等物质补偿的方法,或请旅行社领导出面向旅游者表示歉意。

2. 导游人员采取的具体措施

(1)延长在一地的游览时间

旅游团提前抵达或推迟离开都会延长在一地的游览时间,地陪应采取的相应措施有:与旅行社有关部门取得联系,重新落实该团用餐、用房、用车的安排;调整活动日程,酌情增加游览景点;适当延长在主要景点的游览时间;晚上安排文体活动,努力使活动内容充实。

(2)缩短在一地的游览时间

旅游团提前离开或推迟抵达,都会缩短在一地的游览时间,对此地陪应积极做好如下工作:尽量抓紧时间,将计划内的参观游览安排完成;如系提前离开,要及时通知下一站;向旅行社领导及有关部门报告,与饭店、车队联系,及时办理退餐、退房、退车等事宜。

(3) 被迫改变部分旅游计划

减少(超过半天)或取消一地的游览时间,全陪应报告组团社,由组团社作出决定并通知有关地方接待旅行社;被迫取消某一活动,由另一活动替代,导游人员要以精彩的介绍、新奇的内容和最佳的安排激起旅游者的游兴,使新的安排得以实现。

(五)误机(误车、误船)的预防和处理

误机(误车、误船)是指由于某种原因或工作中的差错造成旅游者不能按原计划如期赴外地或离境的事故。

1. 产生事故的原因

原因很多,一是非责任事故,即由于旅游者一方的原因或突发事故而导致误机(误车、误船);二是责任事故,即由于组团社或接待社工作上的差错造成的。

2. 事故的处理

(1)导游立即报告旅行社,接待旅行社与各方联系,争取旅游团乘下一航班、下一班次火车或包机、加挂车厢或改乘其他交通工具前往下一站。及时通知下一站接待旅行社。

(2)旅游团当天走不了,就由接待旅行社解决其滞留在当地期间的食宿和交通车辆以及离开的交通票证等事宜。

(3)事故责任者应该诚恳地向旅游者赔礼道歉,提供热情周到的服务。旅行社领导应该出面向旅游者道歉并予以安慰。

3. 事故的预防

误机(误车、误船)事故损失大、影响深远,旅游管理部门要强化管理和处罚力度;导游员要加强责任心,与各方紧密联系,严格按照规章制度办事,时间安排留有余地。

(六)物品丢失问题的预防和处理

1. 遗失证件、物品的预防

(1)多做提醒工作

这是防止游客物品丢失的最有效的方法。

(2)不保管旅游者的证件、贵重物品

(3)提醒司机关好旅游车的门窗

(4)严格按规定交接行李

2. 丢失证件、物品的处理

(1)丢失外国护照的处理

导游要帮助游客寻找,让接待旅行社开具遗失证明,到当地公安机关挂失,申请新护照,重新办理签证,告知游客一切费用自理。

(2)丢失中国护照的处理

帮助寻找,确认丢失后,接待社开具遗失证明。失主持遗失证明和照片到当地公安局出入境管理处挂失并申请新护照。获新护照后去侨居国驻华使、领馆办理入境签证手续。

(3)丢失港澳居民来往内地通行证的处理

由接待社开具遗失证明,向派出所挂失,取得报失证明;到当地公安局出入境管理处申请赴港澳证件,经核实后发给失主一次性有效的《中华人民共和国入出境通行证》;回港澳地区后,向通行证受理机关申请补发新的通行证。

(4)丢失台湾居民来往大陆通行证的处理

接待社开具遗失证明,到当地派出所挂失并取得报失证明;携旅游团接待计划和上述证明到当地公安局出入境管理处申请一次性有效的出境证明。

(七)游客走失的预防与处理

1.游客走失的预防

(1)讲清每一天的活动安排

(2)多做提醒工作

(3)清点人数

(4)密切配合,防止走失

参观游览时,地陪、全陪和领队要密切配合,地陪举社旗走在队伍前面,全陪和领队则殿后。

2.游客走失的处理

参观游览时游客走失,导游要立即寻找;请求协助,找景区工作人员帮助;与饭店联系,看游客是否已经回到饭店;报告旅行社。

自由活动时游客走失,导游要及时报告旅行社,找到走失者后做好安抚工作,并根据情况写出书面报告。

(八)游客患病的预防与处理

1.游客患病的预防

(1)活动安排留有余地,注意劳逸结合

(2)注意饮食卫生

(3)及时报告天气变化

2. 旅游者患一般疾病的处理

(1) 旅游者晕车

乘车前,建议旅游者饮食不宜过饱,但也不宜空腹乘车,少食油腻食物,多食易消化食物。乘车时,尽可能将其安排在旅游车前部、顺方向座位,建议他少看车外移动物体;让其在乘车前半小时服用 1 片乘晕宁、2 片维生素 B6 等;请其在脐部贴橡皮膏等。

(2) 旅游者身体不佳

不动员他随团活动;建议患病旅游者及早就医;安排好患病旅游者休息;回饭店后先探视患病者。

(3) 旅游者中暑的处理

立即将患者移至阴凉通风处,让其平卧并解开衣扣、裤带,通风降温。与医务人员联系,请其协助;饮用凉开水或含盐饮料;患者发热,可头敷湿毛巾,用凉水擦身降温;患者神志不清,可掐人中穴、双手合谷穴,促使其苏醒;尽快送往附近医院诊治。

四、导游讲解的基本方法

(一) 分段讲解法

所谓"分段讲解法",就是将一处大景点分为前后衔接的若干部分来分段讲解。对比较小的、次要的景点可采用平铺直叙法进行导游讲解,但对规模大的重要景点就不能面面俱到、平铺直叙地介绍,而应采用分段讲解的方法。

(二) 突出重点法

所谓"突出重点法",就是在导游讲解时避免面面俱到,而是突出某一方面的讲解方法。

1. 突出大景点中具有代表性的景观
2. 突出景点的特征及与众不同之处
3. 突出旅游者感兴趣的内容
4. 突出"……之最"

面对某一景点,导游人员可根据实际情况,介绍这是世界(中国、某省、某市、某地)最大(最长、最古老、最高,甚至可以说是最小)的……因为这也是说景点的特征,很能引起旅游者的兴趣。

(三) 触景生情法

"触景生情法"就是见物生情、借题发挥的导游讲解方法。触景生情法贵在发挥,要自然、正确、切题地发挥。

(四)虚实结合法

虚实结合法就是在导游讲解中将典故、传说与景物介绍有机结合,即编织故事情节的导游手法。就是说,导游讲解要故事化,以求产生艺术感染力,努力避免平淡的、枯燥乏味的、就事论事的讲解方法。

(五)问答法

问答法就是在导游讲解时导游人员向旅游者提问题或启发他们提问题的导游方法。

问答法有多种形式,主要有:

①自问自答法,是为了吸引游客的注意力的问答法。

②我问客答法,是为了诱导旅游者回答的问答法。

③客问我答法,是为了满足旅游者的好奇心的问答法。

(六)制造悬念法

导游人员在导游讲解时提出令人感兴趣的话题,但故意引而不发,激起游客急于知道答案的欲望,使其产生悬念的方法即为制造悬念法,俗称"吊胃口""卖关子"。

(七)类比法

所谓"类比法",就是以熟喻生、取得类比旁通效果的导游手法。

1. 同类相似类比

将相似的两物进行比较,便于旅游者理解并使其产生亲切感。

2. 同类相异类比

将两种事物比出规模、质量、风格、水平、价值等方面的不同。

3. 时代之比

可将处于同一时期的不同国家的帝王作类比,也可将年号、帝号纪年转换为公元纪年。

(八)画龙点睛法

用凝练的词句概括所游览景点的独特之处、给旅游者留下突出印象的导游手法称为"画龙点睛法"。

除上述八种导游方法外,还有其他的一些导游方法,在具体工作中,各种导游方法和技巧不是孤立的,而是相互渗透、相互依存、互相联系的。导游人员在学习众家之长的同时,必须结合自己的特点融会贯通,在实践中形成自己

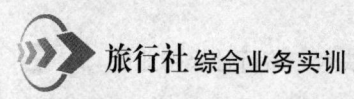

的导游风格和导游方法,并视具体的时空条件和对象,灵活、熟练地运用,这样,才能获得不同凡响的导游效果。

五、导游口头语言表达要点

（一）音量大小适度
（二）语调高低有序
（三）语速快慢相宜
（四）停顿长短合理

六、导游词写作要点

（一）导游词的特点

导游词具有三性三化三感的特点：①真实性、生动性、针对性；②知识化、规范化、口语化；③层次感、方向感、趣味感。

具体来说就是：

1. 临场性

虽然书面导游词没有直接面对游客及景观,但它模拟现场导游的场景,创作者把自己比作导游,设想正带领游客游览。因此导游词是循游览线路层层展开的,而且为增加现场感,多以第一人称的方式写作。在修辞方面,多用设问、反问等手法,仿佛游客就在眼前,造成很强烈的临场效果。

2. 实用性

导游词的写作目的有两方面：一是作为导游员实际讲解的参考；二是作为游客了解某一景点或某一旅游目的地的资料。

3. 综合性

导游词既有说明性的特点,也有欣赏性的特点,因此,导游词是综合性的。一篇优秀的导游词往往综合了各个学科门类,多角度、多层面对景点加以叙述,给阅读者全方位的信息。

（二）导游词的结构

导游词由标题、前言、总述、分述和结尾五部分组成。

1. 标题
2. 前言

前言部分一般写导游人员在陪同旅游者参观、游览前表示问候、欢迎、自我介绍的内容,实质上是一个开头。

3. 总述

总述部分主要向旅游者陈述景观的概况和旅游价值,对所要游览的内容作总结性的介绍。

4. 分述

分述部分是对旅游者游览的景观进行分别陈述。按照游览的先后顺序,对景观一一加以解说。

5. 结尾

在游览结束后,对游览的内容做一小结,如有未到之处可做一简要说明。最后,对旅游者的合作表示感谢,请留下宝贵意见,并表示祝福与告别。

(三)导游词的写作要求

①挖掘景观的深层内涵;

②突出景物的个性特点;

③注重语言的生动幽默;

④运用有趣的故事传说,尤其是导游在面向众多女性游客的时候,有趣的故事传说会起到很大的帮助作用。

(四)导游词容易存在的主要问题

①缺乏鲜明主题和观点;

②内容太单薄;

③结构层次不清楚,逻辑性不强,条理不清晰;

④书面语太重,口语化注意不够;

⑤没有自我介绍以及导游惯用语等;

⑥没有处理好"景"与"事"的关系,讲故事或者事理往往游离景点内容。

实训项目二 全陪导游业务

- 实训目标

(一)熟悉全国各个旅游区的主要旅游景点并能够进行讲解;

(二)了解全陪导游服务的工作重点、程序和规范;

(三)能够绘制全陪工作流程图。

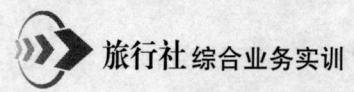

- **实训推荐课时**：8课时
- **实训环境**：给每个学生配备一台能上网的电脑的实训室。
- **实训项目介绍**

熟悉全国旅游区的旅游景点是做好全陪工作的前提条件，作为全陪导游人员要熟悉每次旅行的整体计划及详细行程以及旅游目的地的景点的辅助讲解内容。掌握全陪工作服务流程是保证每次带团成功所必需的。本实训项目主要是训练学生掌握全陪导游服务程序，熟悉全国旅游景点的基本知识，为做好全陪工作做好准备。

- **项目实训工作流程**

（一）教师讲解

由教师布置总体实训安排，针对本实训项目提出实训总体要求，进行必要的关于全陪导游服务程序的讲解，对全国旅游区的旅游景点进行简单介绍，使学生对全国主要旅游景点有一个总体认识，并熟知全陪导游工作程序。

（二）学生任务分配

在实训过程中可以把学生根据实际人数分成若干小组，让学生根据中国的八大旅游区进行分组，每个小组可以选择一个旅游区的一个景点，也可以选择一个旅游区的多个景点进行讲解，务必使每一个学生都能够进行一个景点资料的搜集和整理。学生在讲解过程中要注意全陪与地陪的区别，教师可以设置一个场景让学生担任全陪角色。

（三）分组讨论

教师组织学生进行分组讨论。把全班学生分为八小组，根据旅游区省份和旅游景点的多寡可以适当调整分配，让每一个学生都能够分到具体的工作任务，利用书本或者互联网查询所需资料。

（四）学生搜集景点资料

学生根据自己选定的景点进行资料的搜集，本组成员可以定期交流、互相补充。通过本组同学之间获取的资料信息，能够根据常规旅游线路进行旅游景点导游词的编写，在这个阶段，教师要指导学生哪些是主要素材，哪些可以不要，对于学生编写导游词给予适当的建议。

（五）各个旅游区景点线路的汇总

每个同学对自己负责的景点进行整理，并编写导游词，然后由本组组长负责召集共同讨论取舍,把本组负责的景点讲解进行汇总。可以按照常规旅游线路进行整理,学生能够根据游客的要求适当调整线路或者讲解的内容。其间要运用所学的全陪理论知识进行操作。

(六)小组评议

每组同学在本组内部进行讲解,其他成员给出意见,最后选定最佳成员担任相应角色进行面对全班同学的讲解(有条件的学校可以安排一次实训旅游,让学生担任全陪和地陪角色,看他们对导游工作的熟知程度)。各个组讲解演练完毕之后,汇总整理大家的成果。

(七)集体评议

集体评议打分,由教师和全体学生(不包括本组成员)一起进行各个小组最后模拟讲解的评议和打分。

(八)教师点评

指导教师进行整个实训过程的总结和点评,提出学生们在实训中的不足之处和可取之处。

(九)集体成果汇编

最后将各个小组成果汇总,形成一份比较完整的关于全国各个旅游区主要景点介绍的资料,为做好全陪导游工作积累必要的基础知识,为下一步的实训内容提供重要的基础资料。

- **具体任务分解**

任务1 全国旅游景点的概述讲解

➢ **工作目标**

1. 熟悉全国旅游区主要旅游景点的情况;
2. 掌握全国主要景点的知识,并能够进行讲解。

➢ **推荐课时**:4课时

➢ **工作内容**

1. 确定旅游区;
2. 确定旅游区主要的旅游景点;
3. 完成旅游景点导游词的编写;
4. 根据游客需要设计合理的旅游线路;

5. 针对不同旅游线路编写不同的讲解内容。

> **工作要求与注意事项**

1. 先选定旅游区,然后再确定旅游区里主要的旅游景点;

2. 针对主要的旅游景点选定自己要讲解的内容;

3. 学生要充分利用一切资源搜集自己要准备的资料,教师在学生进行相关工作的过程中随时进行指导;

4. 要求每个同学根据旅游区设计一条旅游线路,并写导游词;

5. 小组成员了解所分配任务后,要在小组内部进行演练,互相给出修改意见,完善本组任务的完成效果。

全国旅游景点导游讲解评分表(普通话):

表6-7 教师评价表

考查要点	景点讲解	语言表达	导游规范	应变能力	仪表礼仪
具体要求	讲解内容全面、条理清晰、详略得当、重点突出,讲解方法运用得当,讲解生动、有感染力,回答提问准确、熟练	普通话标准,语速适中,用词准确、恰当、有分寸,内容有条理、有逻辑性,表情及其他身体语言运用得当	熟知并能正确运用导游服务规范,导游服务程序正确、完整	在有压力的情况下思维敏捷、情绪稳定、考虑问题周到,能够妥善、及时处理突发事件和特殊问题	穿着打扮得体、整洁,言行举止大方,符合导游员礼仪礼貌规范
满分	30	25	20	20	5
得分					
总分					
教师评语					
教师签名			年 月 日		

表6-8　学生互评表

景点名称：			
小组组长：		指导教师：	
小组成员：			
学生互评			
考查要点	具体要求	分值	得分
景点讲解	讲解内容全面、条理清晰、详略得当、重点突出，讲解方法运用得当，讲解生动、有感染力，回答提问准确、熟练	30	
语言表达	普通话标准，语速适中，用词准确、恰当、有分寸，内容有条理、有逻辑性，表情及其他身体语言运用得当	20	
导游规范	熟知并能正确运用导游服务规范，导游服务程序正确、完整	10	
应变能力	在有压力的情况下思维敏捷、情绪稳定、考虑问题周到，能够妥善、及时处理突发事件和特殊问题	15	
仪表礼仪	穿着打扮得体、整洁，言行举止大方，符合导游员礼仪礼貌规范	5	
团队合作情况	本组成员密切合作，配合默契；出现问题能够共同决策	20	

任务2　绘制全陪工作流程图

➢ **工作目标**

1.熟悉全陪导游服务程序；

2.能够绘制全陪工作流程图。

➢ **推荐课时**：4课时

➢ **工作内容**

1.全陪做好服务准备，带好必要证件和资料；

2.首站在地接社练习，提前半小时到达接站地点；

3.协助领队办理住店手续，处理住店事宜；

4.核对商定日程，让领队向大家宣布；

5.做好各站衔接服务；

6.做好离站和末站服务。

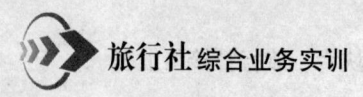

➢ 工作要求与注意事项

1. 本模拟实训工作采取以学生自主组织为主、以教师指导为辅的方法,按照学生人数进行分组模拟练习,每组学生人数可以自定,但是主要角色(全陪、司机等)必须由小组成员担任,其他学生担任游客。相同的任务由不同的小组完成,各个小组可以设计自己的模拟情景和场景,突出某一个方面。

2. 在学生练习模拟过程中教师针对学生存在的问题进行随时的指导,并解答学生的各种问题。

3. 在正式模拟时教师要公正,给予每一个学生正确评价,学生也要作出正确的评价。

• 学生信息页

一、全国旅游景点的概述讲解

中国旅游资源丰富,根据区域可把全国划分为八大旅游区,下面分别介绍。

(一)华东旅游区

华东旅游区位于我国东部,包括上海市、江苏省、浙江省、安徽省、江西省四省一市。

1. 上海市

(1)豫园

豫园是上海市区唯一留存完好的江南古典园林。始建于明嘉靖三十八年(1559),规模宏大,有胜景40余处,被誉为"东南名园冠"。豫园素有"城市山林"之誉,又有"奇秀甲于东南"之说,属全国重点文物保护单位。现在所说的豫园,通常包括了进入豫园几条热闹的街道以及豫园的标志九曲桥、湖心亭等。

(2)城隍庙

坐落于最为繁华的城隍庙旅游区的城隍庙,是上海地区重要的道教宫观,始建于明代永乐年间(1403—1424)。由于上海城隍庙内供奉的上海城隍神在上海地区的特殊地位,在近600年的发展历程中,上海城隍庙道观的建设和发展得到了上海地区百姓的热心支持,最为繁盛时期的总面积达到了约3.3万平方米。今天的上海城隍庙,包括霍光殿、甲子殿、财神殿、慈航殿、城隍殿、娘娘殿六个殿堂,总面积约1 000余平方米。

(3)外滩

外滩位于上海市中心黄浦区的黄浦江畔,是上海的风景线,周围还有位于黄浦江对岸浦东的东方明珠、金茂大厦等地标景观,是去上海观光游客的必到之地。外滩自1943年起又名中山东一路,全长约1.5公里。东临黄浦江,西面为哥特式、罗马式、巴洛克式、中西合璧式等52幢风格各异的大楼,被称为"万国建筑博览馆"。近年来上海外滩天幕的后方又被新建的许多摩天大楼改变了不少。

(4)南京路步行街

南京路是上海最繁华的街区,素有"中华商业第一街"之誉,东起外滩,西至静安寺与延安西路交会处,全长5.5公里,两侧商厦鳞次栉比,云集着600多家商店。西藏路以东称南京东路(原称花园弄,1865年改名为南京路),以西称南京西路(从前称静安寺路)。广义上的南京路包含了上海十大商业中心的两个——南京东路与南京西路。狭义的南京路即1945年以前的南京路,专指今天的南京东路(南京路步行街位于其中)。

2.江苏省

(1)中山陵

中山陵是中国近代伟大的政治家、革命先行者孙中山先生(1866—1925)的陵墓及其附属纪念建筑群。位于南京市东郊紫金山南麓,西邻明孝陵,东毗灵谷寺。中山陵坐北朝南,面积共8万余平方米。主要建筑有:牌坊、墓道、陵门、石阶、碑亭、祭堂和墓室等,排列在一条中轴线上,体现了中国传统建筑的风格,其中祭堂为仿宫殿式建筑。

(2)雨花台

雨花台是中国新民主主义革命的纪念圣地,是重点文物保护单位、爱国主义教育示范基地、国家首批AAAA级旅游区和百家红色旅游经典景区,是一个集教育、旅游、休闲、娱乐为一体的江苏省级纪念性风景名胜区。

(3)明孝陵

明孝陵是明代开国皇帝朱元璋和皇后马氏的合葬陵墓。因皇后谥"孝慈",故名孝陵。它坐落在南京市东郊紫金山南麓独龙阜玩珠峰下、茅山西侧,东毗中山陵,南临梅花山,是南京最大的帝王陵墓,也是中国古代最大的帝王陵寝之一。2003年联合国教科文组织世界遗产委员会第27届会议决定,明孝陵入选《世界遗产名录》。

(4)苏州园林

苏州园林是指中国苏州城内的园林建筑,以私家园林为主,起始于春秋时期的吴国建都姑苏时(前514),形成于五代,成熟于宋代,兴旺于明代,鼎盛于清代。到清末苏州已有各色园林170多处,现保存完整的有60多处,对外开放的园林有19处。占地面积虽然不大,但以意境见长,以独具匠心的艺术手法在有限的空间内点缀安排,移步换景,变化无穷。1997年,苏州古典园林作为中国园林的代表被列入《世界遗产名录》,是中华园林文化的翘楚和骄傲。苏州园林主要有沧浪亭、狮子林、拙政园、留园、网师园、怡园等。其中拙政园是苏州园林中面积最大的古典山水园林,它以水为主,水面广阔,景色平淡天真、疏朗自然。拙政园有"天下园林之母"之称。

3. 浙江省

(1)西湖

西湖位于浙江省杭州市的西方,以其秀丽的湖光山色和众多的名胜古迹而闻名中外,是中国著名的旅游胜地,旧称武林水、钱塘湖、西子湖,也被誉为"人间天堂"。2011年6月24日,杭州西湖正式列入《世界遗产名录》,是目前中国列入《世界遗产名录》的世界遗产中唯一一处湖泊类文化遗产,也是现今《世界遗产名录》中少数几个湖泊类文化遗产之一。一湖、二峰、三泉、四寺、五山、六园、七洞、八墓、九溪、十景为胜。

(2)宋城

"给我一天,还你千年"是宋城的口号,宋城是当前中国人气最旺的主题公园、首批国家文化产业示范基地。"建筑为形,文化为魂"是宋城的经营理念。怪街、佛山、市井街、宋城河、千年古樟、九龙广场、城楼广场、文化广场、聊斋惊魂、南宋风情街等景点一步一景。景区内斗拱飞檐、车水马龙,还原了宋代都市风貌。宋城是中国非物质文化遗产聚集地,王员外家小姐抛绣球招婿表演闻名遐迩,新春庙会、火把节、泼水节、桂花节四大节庆活动精彩纷呈,大型歌舞《宋城千古情》更是宋城一绝。

(3)普陀山

普陀山位于舟山普陀区,是舟山群岛1 390个岛屿中的一个小岛,形似苍龙卧海。中国佛教四大名山之一,是观世音菩萨教化众生的道场。最高峰佛顶山283米。普陀以山兼海之胜,风光独特,四时景变,晨昏物异。分别有"普陀八景""普陀十二景""普陀十景""普陀十六景"之颂赞。

(4)雁荡山

雁荡山位于浙江省乐清市,史称"东南第一山"。因山顶有湖,芦苇茂盛,结草为荡,南归秋雁多宿于此,故名雁荡。总面积450平方公里,500多个景点分布于8个景区内,以奇峰怪石、古洞石室、飞瀑流泉著称。

(5)千岛湖

千岛湖位于浙江省淳安县境内,是1959年我国建造第一座自行设计、自制设备的大型水力发电站——新安江水力发电站而拦坝蓄水形成的人工湖,是国家一级水体。千岛湖景区总面积982平方公里,其中湖区面积573平方公里,因湖内拥有星罗棋布的1 078个岛屿而得名。

(6)乌镇

地处浙江省桐乡市北端的乌镇是国家AAAAA级景区,全国二十个黄金周预报景点及江南六大古镇之一。是个具有6 000余年历史的江南水乡古镇,曾名乌墩、青墩,素有"鱼米之乡,丝绸之府"之称。1991年被评为浙江省历史文化名城,1999年开始古镇保护和旅游开发工程。现在的乌镇完整地保存着晚清和民国时期原有的水乡古镇的风貌和格局。

4. 安徽省

(1)黄山

黄山位于安徽南部,为三山五岳中三山之一。为道教圣地,遗址遗迹众多,居中华十大名山中的第二位,有"天下第一奇山"之称。它是世界上唯一一处集世界文化遗产、世界自然遗产和世界地质公园三项桂冠于一身的景区。黄山群峰林立,有72峰(36大峰+36小峰)。三大主峰:挺拔的莲花峰(1 864米)、平旷的光明顶、险峻的天都峰。徐霞客曾两次游黄山,留下"五岳归来不看山,黄山归来不看岳"的感叹。1985年入选全国十大风景名胜,1990年12月被联合国教科文组织列入《世界遗产名录》,是中国第二个同时作为文化、自然双重遗产列入名录的。

(2)九华山

九华山位于池州市,是中国四大佛教名山之一,为地藏菩萨道场。九大主峰如九朵莲花,千姿百态,各具神韵,还有幽潭、飞瀑及云海、日出等,是自然景观与佛教文化有机融合的名山。

(3) 齐云山

齐云山位于休宁县城西约15公里处,古称白岳,与黄山南北相望,因最高峰廊崖"一石插天,与云并齐"而得名,它是一处以道教文化和丹霞地貌为特色的山岳风景名胜区,历史上有"黄山白岳甲江南"之称,1981年被列为省重点文物保护单位,1994年国务院公布为国家重点风景名胜区。有"江南小武当"之称。

(4) 西递、宏村古村落

西递、宏村位于黟县,是中国现存古村寨中最具整体保护价值的村寨。用"仿生学"规划并建造了堪称"中华一绝"的牛形村落和人工水系,村内"枕山、环水、面屏",成为当今建筑史上一大奇观,也是世界文化遗产。

5. 江西省

(1) 滕王阁

滕王阁位于赣江与抚江的汇合处,它与湖北黄鹤楼、湖南岳阳楼并称为"江南三大名楼"。始建于唐永徽四年(653),唐太宗之子滕王李元婴任洪州都督时创建,因得此名。主体建筑9层,净高57.5米,顶层平面为十字交叉形,南北长80米,东西宽140米。因初唐才子王勃作《滕王阁序》让其在三楼中最早天下扬名,故又被誉为"江南三大名楼"之首。历史上的滕王阁先后共重建达29次之多,屡毁屡建,今日之滕王阁为1989年重建。

(2) 鄱阳湖

鄱阳湖古称"彭蠡泽、宫亭湖",是我国最大的淡水湖。位于九江至湖口相接处,上承赣、抚、信、饶、修五水,下连长江。水域辽阔,"四百里鄱阳湖,八百里岸",湖体面积约4 100平方公里。

(3) 井冈山

井冈山位于江西南部,地处湘赣交接的罗霄山脉中段,境内平均海拔382米,最高峰江西坳1 841米。自然风光绮丽,人文景观众多,是一个集风光旅游和传统教育于一身的旅游避暑胜地。被誉为"中国革命的摇篮""中华人民共和国的奠基石"。

(4) 景德镇

景德镇位于江西东北部,是中外著名的瓷都,与广东佛山、湖北汉口、河南朱仙镇并称为明清时期的中国四大名镇。宋真宗景德元年(1004)因产青白瓷质地优异,遂以年号为名置景德镇。景德镇的瓷器被称为"白如玉,明如镜,薄如纸,声如磬"。到2007年,景德镇已经获得中国优秀旅游城市、国家生态园林城市、全国文明卫生城市、江西省创建文明城市工作先进城市等称号。

(5)庐山

庐山风光以"奇、秀、险、雄"闻名于世,素有"匡庐奇秀甲天下"的美誉。是我国著名的旅游风景区和避暑疗养胜地,于1996年被列入《世界遗产名录》。苏轼所写的"横看成岭侧成峰,远近高低各不同。不识庐山真面目,只缘身在此山中"形象描绘了庐山的景色,使庐山成为众多旅游者向往的地方。

(二)华中旅游区

华中旅游区包括湖南、湖北、河南、重庆三省一市。

1. 湖南省

(1)衡山

衡山位于湖南衡阳市,有72群峰,纵横400公里,层峦叠嶂,气势磅礴。有"中华寿山""五岳独秀"等美誉。堪称中华民族文化艺术宝库。李白、杜甫、韩愈、柳宗元、朱熹、王夫之、谭嗣同、周恩来等历代名人在此留下3 700多首诗词歌赋和375处摩崖石刻。佛道同居一山、共存一庙的特色,为中国名山一绝。

(2)湘西凤凰古城

湘西凤凰古城位于湘西土家族苗族自治州凤凰县,始建于清康熙四十三年(1704),因县城西南一山酷似展翅飞翔的凤凰而得名。它被称为"中国最美丽的小城"。古城分为新、旧两个城区,自然与人文特质有机融合。老城依山傍水,前有沱江流过,四周青山环抱。

(3)洞庭湖

洞庭湖古称"云梦泽",是我国第二大淡水湖。位于湘北,横跨湘鄂两省。北连长江(吞吐湖),南面接湘、资、沅、澧四水,"八百里洞庭",约2 800平方公里。景点特色:湖外有湖,湖中有山,渔帆点点,芦叶青青,水天一色,鸥鹭翔飞。

(4)岳阳楼

岳阳楼位于洞庭湖畔,为"江南三大名楼"之一。始建于公元220年,现为1984年重修。四柱三层、飞檐盔顶的砖木结构。高25.35米,宽17.2米,进深15.6米。

(5)武陵源

武陵源风景名胜区位于湘西北的张家界市,地处云贵高原向洞庭湖平原

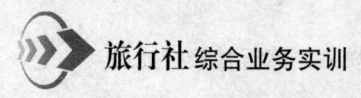

过渡的结合部。由张家界国家森林公园、索溪峪自然保护区、天子山自然保护区和杨家界自然保护区组成。武陵源属世界罕见的石英砂岩峰林地貌,景区内沟壑纵横、岩峰高耸、绿树翠蔓、鸟兽成群。它被誉为"大自然迷宫""天下第一奇山"。

2. 湖北省

(1) 黄鹤楼

黄鹤楼位于武昌蛇山西端,为"江南三大名楼"之一。始建于三国吴黄武二年(223),现存为1981年重建。外5层,通高51.4米,底层边宽30米,顶层边宽18米。各层布置有大型壁画、楹联、文物等。

(2) 三峡大坝旅游区

三峡大坝旅游区位于宜昌市,距下游葛洲坝38公里,是世界最大的水利枢纽工程。坛子岭一带海拔262.48米,是大坝建设勘测点,也是观赏三峡工程全景的最佳位置。

葛洲坝水利枢纽工程位于宜昌市三峡出口南津关下游约3公里。大坝全长2 595米,坝顶高70米,宽30米。是我国长江上第一座大坝,也是长江三峡水利枢纽的重要组成部分。

(3) 神农架林区

神农架林区位于鄂西边陲,是我国内陆保存完好的唯一一片绿洲,也是当今世界北半球中纬度内陆地区唯一保存完好的亚热带森林生态系统,是最富特色的垄断性的世界级旅游资源,动植物区系成分丰富多彩,古老、特有而且珍稀。

(4) 武当山

武当山又名太和山、仙室山,古有"太岳""玄岳""大岳"之称。地处湖北丹江口,属大巴山东段。景区面积312平方公里,以其历史悠久的道教文化、规模宏大的古建筑群、享誉海内外的武当武术、绚丽多姿的自然风光而闻名于世。

3. 河南省

(1) 龙门石窟

龙门石窟是中国石刻艺术宝库之一,位于河南省洛阳市南郊伊河两岸的龙门山与香山上。是中国四大石窟之一(另外三大石窟为山西云冈石窟、甘肃敦煌莫高窟和甘肃天水麦积山石窟)。至今存有窟龛2 345个、造像10万余尊、碑刻题记2 800余品,其中"龙门二十品"是魏碑书法的精华,褚遂良所书的"伊阙佛龛之碑"则是初唐楷书艺术的典范。2000年入选《世界遗产名录》。

(2)少林寺

天下第一名刹、禅宗祖庭、少林武术的发源地少林寺,因坐落在河南省登封市中岳嵩山的腹地少室山下的茂密丛林中,所以取名"少林寺"。少林寺以禅宗和武术并称于世。隋唐时期,已具盛名;宋代,少林武术已自成体系,风格独绝,史称"少林派",成为中国武术派别中的佼佼者。少林寺规模很大,现在人们通称的少林寺是此寺的中心部分。

(3)中岳嵩山

中岳嵩山位于河南省登封市西北,主体由太室山、少室山东西两座大山组成。嵩山被誉为我国历史发展的博物馆,儒、释、道三教荟萃,拥有众多的历史遗迹,其中有中国六最:禅宗祖庭——少林寺;现存规模最大的塔林——少林寺塔林;现存最古老的塔——北魏嵩岳寺塔;现存最古老的阙——汉三阙;树龄最高的柏树——汉封"将军柏";现存最古老的观星台——告城元代观星台。此外,嵩阳书院气宇轩昂、古朴高雅,宋时与睢阳、岳麓和白鹿洞书院并称四大书院。

(4)包公祠

包公祠位于河南省开封城西南碧水环抱的包公湖畔,是为纪念中国古代著名清官包拯而恢复重建的、国内资料最全、规模和影响最大的纪念场馆。占地1公顷,由大殿、二殿、东西配殿、半壁廊、碑亭组成。风格古朴,庄严肃穆。东侧为灵石苑,由石雕、水榭构成,典雅别致。祠内陈展有包公铜像,龙、虎、狗铜铡,包公断案蜡像,《开封府题名记碑》,《包公正史演义》等文物史料。

4. 重庆市

(1)长江三峡

长江三峡西起重庆奉节县的白帝城,东至湖北宜昌市的南津关,由瞿塘峡、巫峡、西陵峡组成,全长191公里。长江三段峡谷中的大宁河、香溪、神农溪的神奇与古朴使三峡景色更加迷人。三峡的山水也伴随着许多美丽动人的传说。长江三峡建成世界上最大的水利枢纽工程——三峡工程。

(2)大足石刻

大足石刻是唐末、宋初时期的宗教摩崖石刻,以佛教题材为主,尤以北山摩崖造像和宝顶山摩崖造像最为著名,是中国著名的古代石刻艺术。现存雕

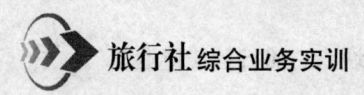

刻造像4 600多尊,是中国晚期石窟艺术中的优秀代表。1999年12月1日在摩洛哥历史文化名城马拉喀什举行的联合国教科文组织世界遗产委员会第23届会议上表决通过,将大足石刻中的北山、宝顶山、南山、石篆山、石门山5处摩崖造像正式列入《世界遗产名录》。

(3) 朝天门

朝天门位于重庆城东北长江、嘉陵江交汇处。是公元前314年,秦将张仪灭亡巴国后修筑巴郡城池时所建。明初戴鼎扩建重庆旧城,按九宫八卦之数造城门17座,其中规模最大的一座城门即朝天门。门上原书四个大字"古渝雄关"。朝天门为历代官员接皇帝圣旨的地方,因古代称皇帝为天子,故此而得名。

(三) 西南旅游区

包括广西、贵州、云南和四川三省一自治区。

1. 广西壮族自治区

(1) 桂林—漓江

桂林自古享有"山水甲天下"之美誉,是中国乃至世界重要的旅游目的地城市,有着被国务院确定的国家重点风景游览城市和历史文化名城两项桂冠,被誉为国际旅游明珠。桂林风景秀丽,有山青、水秀、洞奇、石美"四绝"之誉,是中国自然风光的典型代表和经典品牌。桂林有浩瀚苍翠的原始森林、雄奇险峻的峰峦幽谷、激流奔腾的溪泉瀑布、天下奇绝的高山梯田,有壮、瑶、苗、侗等10多个少数民族。漓江,是中国锦绣河山的一颗明珠,是桂林风光的精华,早已闻名遐迩,著称于世。漓江位于广西壮族自治区东部,属珠江水系。发源于"华南第一峰"桂北越城岭猫儿山,从桂林到阳朔约83公里的水程,称漓江。漓江风景区是世界上规模最大、风景最美的岩溶山水游览区。

(2) 阳朔

品评中国的山川美景,千古以来,一致的公论是:桂林山水甲天下,阳朔山水甲桂林。所谓阳朔山水,是指北起杨堤,南抵阳朔,漓江两岸绵延约百里的山光水色。阳朔是一个历史悠久的古城,唐诗中有一句说得好:"城郭并无二里大,人家都在万山中。"山拥江城,像一朵盛开的莲花。

2. 贵州省

(1) 黄果树大瀑布

黄果树大瀑布位于中国贵州省安顺市镇宁布依族苗族自治县,是珠江水系打邦河的支流白水河九级瀑布群中规模最大的一级瀑布,因当地一种常见的植物"黄果树"而得名。瀑布高度为77.8米,其中主瀑高67米;瀑布宽101米,其中主瀑顶宽83.3米。黄果树瀑布属喀斯特地貌中的侵蚀裂典型瀑布。1999年被大世界吉尼斯总部评为世界上最大的瀑布群,列入世界吉尼斯纪录。

(2)梵净山风景区

梵净山风景区位于贵州省铜仁市,得名于"梵天净土",原名为"三山谷"。梵净山乃"武陵正源,名山之宗",曾先后荣膺2008年度和2009年度的"中国十大避暑名山"。梵净山是全国著名的弥勒菩萨道场,是与山西五台山、四川峨眉山、安徽九华山、浙江普陀山齐名的中国第五大佛教名山,在佛教史上具有重要的地位。

3.云南省

(1)昆明滇池

滇池位于昆明市西南,又名昆明湖,是云南省面积最大的湖泊,享有"高原明珠"的美誉,是昆明风景名胜的中心。湖西侧的西山是著名游览、疗养胜地。

(2)路南石林

路南石林位于云南石林彝族自治县,是云南著名的景观,被人们誉为"天下第一奇观"。石林是由喀斯特地貌形成的。

(3)古城

云南古城包括大理和丽江,都是全国闻名的古城。

4.四川

(1)峨眉山

峨眉山位于中国四川峨眉山市境内,有"秀甲天下"之美誉。峨眉山是中国四大佛教名山之一,作为普贤菩萨的道场,主要崇奉普贤大士。1996年12月6日,峨眉山、乐山大佛作为文化与自然双重遗产被联合国教科文组织列入《世界遗产名录》。

(2)九寨沟

九寨沟位于四川省阿坝藏族羌族自治州九寨沟县漳扎镇,以有九个藏族村寨(又称何药九寨)而得名。九寨沟沟内分布108个湖泊,有"童话世界"之誉。九寨沟为全国重点风景名胜区,1992年被列入《世界遗产名录》。

(四)东南旅游区

包括海南、广东、福建、香港、澳门、台湾四省两个特别行政区。

1. 海南

天涯海角

天涯海角位于三亚市区西南23公里处,这里有美丽迷人的热带海滨自然风光,也有悠久独特的历史文化。它依山傍海,碧海、青山、白沙、巨垒、礁盘浑然一体,宛若七彩交融的丹青画屏;椰林、波涛、渔帆、鸥燕、云霞辉映点衬,形成南国特有的椰风海韵。一曲《请到天涯海角来》唱响大江南北,更使"天涯海角"成为海南和三亚旅游的标志和代名词。

2. 广东

(1) 鼎湖山

鼎湖山距肇庆城区东北18公里,因地球上北回归线穿过的地方大都是沙漠或干草原,所以鼎湖山又被中外学者誉为"北回归线上的绿宝石",与丹霞山、罗浮山、西樵山合称为广东省四大名山。

(2) 深圳锦绣中华民族村

深圳锦绣中华民族村微缩景区(简称"锦绣中华")1989年9月21日建成开业,是中国第一个大型文化主题公园,被誉为中国"人造景观的开先河之作"。是目前世界上面积最大的实景微缩景区之一,它的景观可分为三大类:古建筑类、山水类、民居民俗类。中国民俗文化村(简称"民俗村")是"锦绣中华"的姊妹篇。是国内第一个荟萃各民族民间艺术、民俗风情和民居建筑于一园的大型文化旅游景区。

3. 福建

(1) 厦门鼓浪屿

鼓浪屿位于福建省厦门岛西南隅,与厦门市隔海相望。有"万国建筑博览馆"之称,又有"钢琴之岛""音乐之乡"的美名。

(2) 武夷山

武夷山位于福建省的西北部、江西省东部、福建与江西的交界处。景区划分为西部生物多样性、中部九曲溪生态、东部自然与文化景观以及城村闽越王城遗址4个保护区。

4. 香港

(1) 香港夜景

香港夜景是世界三大夜景之一,其中维多利亚港夜景、太平山顶夜景最为壮观动人。观看香港夜景的最佳地点有三个,第一个是尖沙咀,可以眺望整个港岛区,各栋商业楼宇的夜间霓虹灯装饰堪称一绝。第二个是太平山顶,可俯瞰香港全貌。第三个是位于九龙站的ICC(国际贸易中心)2011年底新开放的360度环绕高空观景平台。

(2)海洋公园

海洋公园位于香港南区的黄竹坑,是香港一个以海洋为主的大型主题公园,也是亚洲最大、最具有国际先进水平的水陆游乐场。香港海洋公园分为3部分,分别为位于北面的山下花园和南面的南朗山南麓及大树湾。

5. 澳门

(1)三巴圣迹

三巴圣迹包括由大三巴牌坊和大炮台组成的风景区。大三巴牌坊是澳门最具代表性的名胜古迹,为1580年竣工的圣保禄大教堂的前壁,此教堂糅合了欧洲文艺复兴风格与东方建筑的风格,体现出东西方艺术的交融,是西方文明进入中国的历史见证。澳门回归后,巍峨挺拔的大三巴牌坊的广场、石坊上,几乎天天都有数以千计的澳门各界人士集会、高歌。现在,大三巴牌坊已经成为澳门的象征。

(2)葡京娱乐场

葡京娱乐场是澳门最著名的博彩业场所。澳门向来有"赌城""赌埠之城"的称呼,与蒙特卡洛、拉斯韦加斯并称为世界三大赌城。

6. 台湾

(1)阳明山公园

阳明山公园位于台北市郊,主要以大屯火山群、阳明山、七星山为主体,是台湾省最大、景色最美的郊野公园。阳明山以溪谷、温泉、瀑布和森林公园著称。

(2)阿里山

阿里山位于台湾岛中部,以森林、日出和云海三大奇观闻名,森林、日出、云海、樱花被誉为"阿里山四景",山中红桧树的树龄已达3 000多年,人称"神木"。

(3)日月潭

日月潭位于南投县阿里山风景区内,是台湾省最大的湖泊,也是我国著名的高山湖泊之一,有台湾"天池"的美称。

(五)东北旅游区

包括黑龙江、吉林和辽宁三省。

1. 黑龙江

(1) 五大连池

五大连池位于中国黑龙江省的中北部,地处小兴安岭山地向松嫩平原的转换地带,荣获"世界地质公园""世界生物圈保护区"两项世界级桂冠和九项国家级称号,被誉为"天然火山博物馆"和"打开的火山教科书"。

(2) 镜泊湖

镜泊湖位于黑龙江省牡丹江市的西南面,是中国最大、世界第二大高山堰塞湖,著名旅游、避暑和疗养胜地。

2. 吉林

(1) 长春游览区

长春市市区绿化覆盖率高,居全国各大城市之首,有"森林之城"的美称。主要旅游景点有伪满皇宫、净月潭风景名胜区、般若寺等。

(2) 长白山天池

长白山天池位于吉林省东南部,是中国和朝鲜的界湖,湖的北部在吉林省境内,是松花江之源。

3. 辽宁

(1) 大连海滨—旅顺口风景名胜区

在大连市南部沿海、辽东半岛南端,东临黄海,西濒渤海,包括大连湾和旅顺口两大景区。这里青山、碧海、蓝天、岛屿、礁石、沙滩浑然一体,风景独具特色。

(2) 葫芦岛

葫芦岛位于辽宁省西南部,辽西第一高楼"滨海金融中心"坐落于此。这里是国家级园林城市和中国优秀旅游城市。近年来,主要打造"生态宜居的海滨园林城市"。

(六) 华北旅游区

华北旅游区包括北京、天津、山东、河北、山西、陕西四省和两市。

1. 北京

北京是我国的首都,全国的政治、文化中心和国际交往的枢纽,也是一座著名的历史文化名城。北京著名的自然和人文景观众多,世界著名的景区有天安门广场、皇家园林颐和园、故宫、天坛、八达岭长城、十三陵等。

(1) 天安门广场

天安门广场坐落在中华人民共和国首都北京的市中心、故宫的南侧。天安门广场是北京的心脏地带,是世界上最大的城市中心广场。它占地面积44公顷,东西宽500米,南北长880米,地面全部由经过特殊工艺技术处理的浅色花岗岩条石铺成。1949年10月1日,中华人民共和国在这里举行了开国大典,它由此成为现代中国的象征,并被设计入国徽。天安门广场以其500多年厚重的历史内涵、高度浓缩的中华古代文明和现代文明、作为新中国的象征和无与伦比的政治中心,成为中国各族人民向往的地方。

(2)故宫

故宫位于北京市中心,旧称紫禁城。于明代永乐十八年(1420)建成,是明、清两代的皇宫。它是世界现存最大、最完整的木质结构的古建筑群。全部建筑由"外朝"与"内廷"两部分组成,东西宽750米,南北长960米,面积达到72万平方米。故宫的整个建筑被两道坚固的防线围在中间,外围是一条宽52米、深6米的护城河环绕;接着是周长3公里的城墙,墙高近10米,底宽8.62米。城墙上开有4门,南有午门,北有神武门,东有东华门,西有西华门。城墙四角还耸立着4座角楼,角楼有3层屋檐、72个屋脊,造型别致,为中国古建筑中的杰作。

(3)颐和园

颐和园位于北京市海淀区,是中国现存规模最大、保存最完整的皇家园林,中国四大名园(另三座为承德避暑山庄、苏州拙政园、苏州留园)之一。它是利用昆明湖、万寿山为基址,以杭州西湖风景为蓝本,汲取江南园林的某些设计手法和意境而建成的一座大型天然山水园,也是一座皇家行宫御苑,被誉为皇家园林博物馆。

(4)天坛

天坛位于北京市崇文区,它的面积比故宫还要大4倍,是明、清两代帝王冬至日时祭皇天上帝和正月上辛日行祈谷礼的地方。天坛建筑布局呈"回"字形,由两道坛墙分成内坛、外坛两大部分。外坛墙总长6 416米,内坛墙总长3 292米。最南的围墙呈方形,象征地;最北的围墙呈半圆形,象征天,北高南低,这既表示天高地低,又表示天圆地方。天坛的主要建筑物集中在内坛中轴线的南北两端,其间由一条宽阔的丹陛桥相连接,由南至北分别为圜丘坛、皇穹宇、祈年殿和皇乾殿等;另有神厨、宰牲亭和斋宫等建筑和古迹。

(5)八达岭长城

八达岭长城位于北京市延庆县军都山关沟古道北口,史称天下九塞之一,是长城重要关口居庸关的前哨,在明长城中保存最好,也最具代表性,因此是

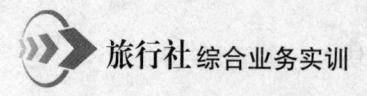

万里长城向游人开放最早的地段。古称"居庸之险不在关而在八达岭"。1987年被联合国教科文组织列入《世界遗产名录》;1992年被评为"北京旅游世界之最"中的第一名;2007年5月8日,八达岭长城经国家旅游局正式批准为国家5A级旅游景区。

(6)十三陵

十三陵位于北京西北郊昌平区境内的燕山山脉的天寿山,是中国明朝皇帝的墓葬群,总面积120余平方公里,距离北京约50公里。这里自永乐七年(1409)五月始作长陵,到明朝最后一帝崇祯葬入思陵止,其间230多年,先后修建了十三座皇帝陵墓、七座妃子墓、一座太监墓。十三座皇陵均依山而筑,分别建在东、西、北三面的山麓上,形成了体系完整、规模宏大、气势磅礴的陵寝建筑群。明代术士认为,这里是风水胜境、绝佳吉壤,因此被明朝选为营建皇陵的"万年寿域"。

北京作为中国首都,其他举世闻名的旅游景点还有国家博物馆、国家大剧院、圆明园、雍和宫、北海等。

2. 天津

(1)文化街

文化街位于南开区东北隅东门外、海河西岸,北起老铁桥大街(宫北大街),南至水阁大街(宫南大街)。南北街口各有牌坊一座,上书"津门故里"和"沽上艺苑"。长687米,宽5米,系商业步行街。这里在古代是祭祀海神和船工聚会娱乐之场所。现已修复的古文化街包括天后宫及宫南、宫北大街。天后宫俗称"娘娘宫",是古文化街上的主要参观游览景点。

(2)独乐寺

独乐寺位于蓟县城内,是中国首批公布的全国重点文物保护单位,是一座享誉中外的千年古刹。独乐寺始建于唐太宗贞观十年(636),辽代统和二年(984)重建。明万历和清顺治、乾隆、光绪年间重修,乾隆十八年(1753)增砌照壁,增设观音阁重檐上下各四根擎檐柱,并建寺东行宫。独乐寺占地总面积1.6万平方米,山门面阔三间,进深四间,上下为两层,中间设平座暗层,通高23米,是国内最古老的高层木结构楼阁式建筑。

(3)水上公园

水上公园位于天津市南开区,原称"青龙潭",于1951年7月1日正式对游客开放,因其以水见长,且日臻完善,又被誉为北方的小西子。是天津最大的公园,因其由东、西、南三大湖与11个岛屿组成,所以取名水上公园。风光如画,美丽动人。园中设有游乐场、餐馆、"眺园亭"、"盆景园"、"碧波庄"、"神户园"等。

(4) 盘山

盘山位于天津蓟县城区西北,为国家5A级景区。该景区始记于汉,盛建于唐,极盛于清,是自然山水与名胜古迹并著、佛家寺院与道家园林共称的旅游胜地,历史上众多帝王将相、文人墨客流连于此,清乾隆皇帝先后巡幸盘山32次,留下了歌咏盘山的诗作1 366首,并发出了"早知有盘山,何必下江南"的感叹。盘山景色以"五峰八石"、"三盘之胜"而称绝。主峰挂月峰海拔864.4米。

3. 山东省

(1) 东岳泰山

泰山位于山东泰安,是我国的"五岳"之首,有"天下第一山"之美誉。泰山于1987年被列入《世界遗产名录》,成为世界第一个自然和文化双遗产。数千年来,先后有12位皇帝来泰山封禅。孔子留下了"登泰山而小天下"的感叹,杜甫则留下了"会当凌绝顶,一览众山小"的千古绝唱。

(2) 曲阜三孔

曲阜三孔位于山东省曲阜市南门内,是祭祀孔子的庙宇。初建于公元前478年,以孔子的故居为庙,以皇宫的规格而建,是我国三大古建筑群之一,在世界建筑史上占有重要地位。孔府、孔庙、孔林,统称"三孔"。

(3) 海滨风景区

山东省的海滨风景区有青岛、威海、烟台和蓬莱。

4. 河北省

(1) 承德避暑山庄

避暑山庄位于河北省承德市北部,是中国古代帝王宫苑、清代皇帝避暑和处理政务的场所。始建于1703年,历经清康熙、雍正、乾隆三朝,耗时89年建成。与全国重点文物保护单位颐和园、拙政园、留园并称为中国古代四大名园。1994年12月,避暑山庄及周围寺庙(热河行宫)被列入《世界遗产名录》。

(2) 山海关

山海关位于秦皇岛市东北15公里,汇聚了中国古长城之精华,为明长城的东北关隘之一,有"天下第一关"之称。2001年,国务院将山海关列为国家历史文化名城旅游景区。

(3) 北戴河

北戴河位于河北省秦皇岛市中心的西部，与北京、天津、秦皇岛、兴城、葫芦岛构成一条黄金旅游带，北戴河处于旅游带的节点。北戴河海滨避暑区西起戴河口，东至鹰角亭，长约10公里，南北宽约1.5公里。

河北省其他著名的旅游景点还有野三坡、白洋淀、清西陵等。

5. 山西省

(1) 大同云冈石窟

位于山西省大同市的云冈石窟，有窟龛252个、造像51 000余尊，代表了公元5世纪至6世纪时中国杰出的佛教石窟艺术。其中的昙曜五窟，布局严谨统一，是中国佛教艺术第一个巅峰时期的经典杰作。

(2) 五台山

五台山位于中国山西省东北部，与四川峨眉山、安徽九华山、浙江普陀山共称中国佛教四大名山。2009年被联合国教科文组织列入《世界遗产名录》。

(3) 平遥古城

平遥古城位于山西中部，是一座具有2 700多年历史的文化名城，与同为第二批国家历史文化名城的四川阆中、云南丽江、安徽歙县并称为"保存最为完好的四大古城"，也是目前我国唯一以整座古城申报世界文化遗产获得成功的古县城。

山西省其他著名旅游景点还有晋祠、乔家大院等。

6. 陕西省

(1) 西安古城墙

西安古城墙又称西安明城墙。广义的西安城墙包括西安唐城墙和西安明城墙，但一般特指狭义上的西安明城墙。城墙内人们习惯称为古城区，面积11.32平方公里，著名的西安钟鼓楼就位于古城区。西安城墙1961年被列入全国第一批重点文物保护单位，是国家AAAA级景区。

(2) 大雁塔

大雁塔位于陕西省西安市的大慈恩寺内。唐永徽三年(652)，玄奘为保存由天竺经丝绸之路带回长安的经卷佛像主持修建了大雁塔。大雁塔作为现存最早、规模最大的唐代四方楼阁式砖塔，是佛塔这种古印度佛寺的建筑形式随佛教传入中原地区，并融入华夏文化的典型物证，是凝聚了汉族劳动人民智慧结晶的标志性建筑。

(3)秦始皇陵及兵马俑博物馆

秦始皇陵是中国历史上第一个皇帝——秦始皇帝的陵园,也称骊山陵。兵马俑坑是秦始皇陵的陪葬坑,位于陵园东侧 1 500 米处。秦始皇陵规模之大、陪葬坑之多、内涵之丰富,为历代帝王陵墓之冠。

兵马俑坑是秦始皇陵的一个组成部分。现已发现了三个坑,基本呈"品"字形排列,总面积达 2 万余平方米。秦始皇陵及兵马俑坑展现了秦始皇陵的结构布局、设计思想及秦代科技文化的成就,被誉为"世界第八奇迹"。

(七)西北旅游区

包括新疆、甘肃、内蒙古、宁夏一省三自治区。

1. 新疆维吾尔族自治区

(1)天山天池

天池是个天然的高山湖泊,有"天山明珠"之称。天池东南面是天山博格达主峰,海拔 5 445 米。

(2)吐鲁番

火焰山是中国最热的地方,夏季最高气温达 47.8℃,地表最高温度在 70℃以上。山下是高昌故城。葡萄沟内有 210 万公顷葡萄园,酒厂众多,生产的干白葡萄酒尤为著名。

(3)喀什—和田旅游区

喀什有新疆最大的清真寺"艾提尕大清真寺"。和田玉举世闻名,与丝绸、地毯并称为和田三大特产。

(4)罗布泊

罗布泊曾经是个大湖泊,现在已经消失了。境内西部是楼兰古城遗址,其消失于雅丹地形和沙丘中,充满神秘色彩。

2. 内蒙古自治区

(1)呼和浩特旅游区

草原风光明媚,昭君墓在城南。

(2)包头市旅游区

包头是"有鹿的地方"之意,是内蒙古最大的工业城市,著名的钢铁工业基地之一,称为"草原钢城"。

(3)鄂尔多斯市

鄂尔多斯市有著名的鄂尔多斯草原,核心区是一个大营和近 200 个蒙古包,在这里可考察一代天骄成吉思汗西征遗址,并瞻仰成吉思汗陵。

3. 甘肃省

(1)敦煌莫高窟

敦煌莫高窟是世界上现存规模最大、内容最丰富的佛教艺术宝库,1987年12月被联合国教科文组织列为世界文化遗产。

(2)麦积山石窟

麦积山石窟也是我国著名的大型石窟之一。

(3)敦煌雅丹国家地质公园

敦煌雅丹国家地质公园是迄今为止发现的全球规模最大、地质形态发育最成熟、最具观赏价值的雅丹地貌群落。

(4)兰州百里黄河风景线

兰州是全国唯一一座黄河穿城而过的大型城市,市区黄河沿岸形成百里黄河风景线。

4. 宁夏回族自治区

(1)银川市

银川市西夏王陵有8座帝王陵园和70多座陪葬墓。玉皇阁始建于明代,迄今已有600多年的历史,本身就是座珍贵的传统木结构大屋顶建筑。还有海宝塔、西夏影视城、三关口明长城等。

(2)沙坡头保护区

沙坡头保护区是著名的沙漠旅游胜地。

(八)青藏旅游区

包括青海省和西藏自治区。

1. 西藏自治区

(1)拉萨

拉萨,在藏语中为"圣地"或"佛地"之意,长期以来是西藏政治、经济、文化、宗教的中心。因为每年平均日照总时数多达3 005.3小时,平均每天有8小时16分钟的太阳,故称"日光城"。虔诚的朝拜者、刻着经文的转经筒、金碧辉煌的布达拉宫、云雾缭绕的唐古拉山、湛蓝如洗的天空、神秘而深厚的宗教文化、干净而原始的自然风景,以及被众多背包客盛赞为"净化心灵"的城市力量,吸引着越来越多的游客前往拉萨。旅游景点主要有大昭寺、哲蚌寺、甘丹寺、色拉寺。

(2) 林芝

林芝平均海拔 3 100 米，总面积 116 175 平方公里，总人口 14 万人。被称为西藏的江南、西藏的瑞士，以世界上最深的峡谷——雅鲁藏布江大峡谷著称于世。

林芝的森林原始景观保存完好，高原挺拔的西藏古柏、喜马拉雅冷杉、植物活化石"树蕨"以及百余种杜鹃等应有尽有，素有"天然的自然博物馆""自然的绿色基因库"之称。其中布裙湖一带还是传说中野人经常出没的地方。

2. 青海省

(1) 塔尔寺

塔尔寺位于西宁市西南 25 公里处的湟中县城鲁沙尔镇。塔尔寺又名塔儿寺，得名于大金瓦寺内为纪念黄教创始人宗喀巴而建的大银塔，藏语称为"衮本贤巴林"，意思是"十万狮子吼佛像的弥勒寺"。是中国藏传佛教格鲁派（黄教）六大寺院之一，也是青海省首屈一指的名胜古迹和全国重点文物保护单位。

(2) 青海湖

青海湖又名"库库淖尔"，即蒙语"青色的海"之意。它位于青海省东北部的青海湖盆地内，既是中国最大的内陆湖泊，也是中国最大的咸水湖。由祁连山的大通山、日月山与青海南山之间的断层陷落形成。

二、绘制全陪工作流程图

(一) 全陪的概念

全陪导游是指按照合同约定实施组团旅行社的接待计划、监督各地接待社的履约情况和接待质量、负责旅游活动过程中与旅行社的联络、做好各站衔接工作、协调处理旅游活动中的问题的导游人员。

(二) 全陪的服务流程

全陪服务流程图如下：

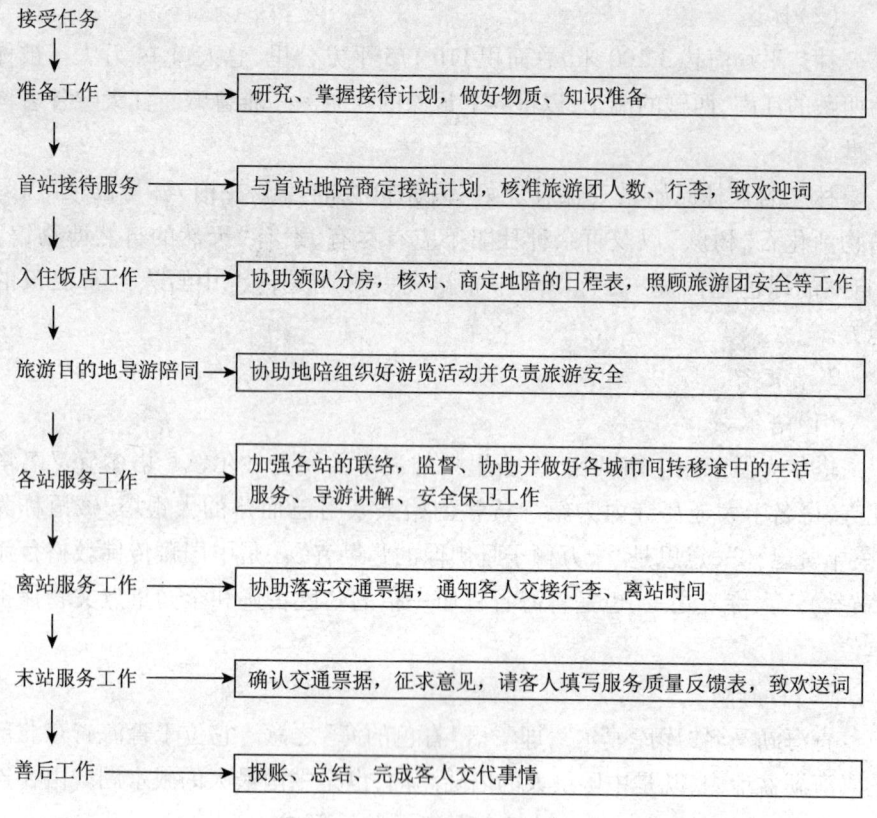

图 6-2 全陪服务流程

全陪具体工作流程：

①全陪导游上团前，要查阅接待计划及相关资料，了解旅游团（者）的全面情况，掌握其重点和特点，做好必要的物质准备，携带必备的有关证件和资料。接团的前一天，全陪导游应同接待社取得联系，互通情况，妥善安排好有关事宜。

②首站接团服务要使旅游团（者）抵达后能立即得到热情友好的接待，使旅游者有宾至如归的感觉。接团前，全陪导游应向接待社了解本站接待工作的详细安排情况；应提前半小时到接站地点迎候旅游团（者）；接到旅游团（者）后，应与领队核实有关情况；协助领队向地陪导游交接行李；代表组团社和个人向旅游团（者）致欢迎词，欢迎词应包括表示欢迎、自我介绍、表示提供服务的真诚愿望、预祝旅行顺利愉快等内容。

③入住饭店时,全陪导游应当协助领队办理旅游团的住店手续,并热情地引导旅游者进入房间,还应协助有关人员随时处理旅游者进店过程中可能出现的问题,使旅游团(者)进入饭店后尽快完成住宿登记手续、入住客房、取得行李。

④全陪导游应当与领队核对、商定日程。如遇到难以解决的问题,应及时反馈给组团社,并使领队得到及时的答复。

⑤全陪导游应当向地陪导游通报旅游团(者)的情况,协助地陪导游工作,监督各地服务质量,酌情提出改进意见和建议,使接待计划得以全面顺利地实施,使各站之间有机衔接,使各项服务适时、到位,保护好旅游者人身及财产安全,保证突发事件得到及时有效的处理。

⑥离站时,全陪导游应当提前提醒地陪导游落实离站的交通票据及准确时间,协助领队和地陪导游妥善办理离店事宜,认真做好旅游团(者)搭乘交通工具的服务。

⑦在向异地移动途中,无论乘坐何种交通工具,全陪导游应提醒旅游者注意人身安全,保管好随身物品;组织好娱乐活动,协助安排好饮食和休息,使旅游团(者)旅行充实、轻松、愉快。

⑧在本次旅行结束时,全陪导游应提醒旅游者带好自己的物品和证件,征求旅游者对接待工作的意见和建议,对旅途中旅游者的合作表示感谢,并欢迎再次光临。

⑨下团后,全陪导游应当处理好旅游团(者)的遗留问题。按时填写"全陪日志"或其他旅游行政主管部门(或组团社)所要求的资料。

实训项目三　海外领队业务

- **实训目标**

(一)掌握出境旅游的操作流程及业务规范;
(二)掌握"赴英旅游团"行前说明会的情况;
(三)熟悉海外领队工作的特点和业务要求;
(四)熟悉与出境旅游相关的法律法规知识;
(五)掌握领队带团过程中突发问题的处理。

- **实训推荐课时**：2 课时
- **实训环境**：开放教室、每位学生一部手机、导游旗、话筒和旅游相关资料。
- **实训项目介绍**

熟悉旅游接待计划是领队做好接待工作的前提，领队要了解组团旅行社拟发给游客的旅游行程以及与境外接待旅行社确认的接待计划书，并熟记在心，对每天的行程能够复述。领队接到带团任务，一项重要工作就是要查验全体游客的护照、签证、机票等相关的旅游证件，并准备好行前物品和说明会的工作。办理本国出境和回国入境、国外入境和国外离境手续，落实境外各项旅游接待，给游客说明去往国家的注意事项和规定，确保带团顺利进行。本项目实训要求学生通过对领队工作流程的全面了解，能够顺利完成随后几个相关工作项目的实训。

本实训项目采取室内和室外模拟两种方式进行。在实训条件上要求教师为学生提供开放教室以及与场景模拟相关的部分物品，比如手机和资料等。在实训开始前要求教师为学生的模拟提供必要的建议和方向，避免学生在模拟的过程中把握不住模拟的重点或者忽略带团过程中突发问题的处理。

- **项目实训工作程序**

（一）教师讲解

由教师布置总体实训安排，针对本实训提出总体要求，进行必要的关于海外领队导游服务程序的讲解。讲解中突出领队行前说明会、办理出入境手续、相关国家规定的介绍，并强调能够正确处理一些突发问题。对于带团过程中的突发问题，可以设计几个方面的情景，让学生学会解决。

（二）学生分组

在实训过程中根据实训的具体任务将学生分组，每个小组选出一名组长组织实施本组实训。要综合考虑每一个学生，要让每个学生都有锻炼的机会，发挥学生的组织协调能力，使他们能够熟悉海外领队的导游接待工作。

（三）分组讨论

教师组织学生进行分组讨论，确定各小组具体的模拟任务，提出要求。各个小组组长之间通过讨论选定各自小组模拟的主要侧重方面。要求每个具体的模拟任务都有小组参加，各小组之间可以有重复模拟的内容或者场景，但是每一个具体的模拟任务都必须由具体的小组承担,切忌有的任务出现空缺。

(四)本组设计模拟情景

组长分配任务,要全面考虑每一个成员的优势,尽量使本组的每一位成员都有具体的任务。小组成员在组长的带领下进行具体任务的分工,通过变化角色使本小组的情景模拟达到最优。

(五)正式模拟

各个小组根据自己平时的练习模拟,选定最佳成员担任相应角色进行正式模拟。

(六)集体评议

集体评议打分,由教师和全体学生(不包括本组成员)一起进行各个小组最后模拟的评议和打分。

(七)教师点评

指导教师进行整个实训过程的总结和点评,提出学生们在实训中的不足之处和可取之处。

- 具体任务分解

任务1 开"赴英旅游团"行前说明会

➢ 工作目标

1. 掌握出境旅游的操作流程及业务规范;
2. 掌握"赴英旅游团"行前说明会的情况;
3. 熟悉海外领队工作的特点和业务要求;
4. 熟悉与出境旅游相关的法律法规知识。

➢ 推荐课时:1课时

➢ 工作内容

1. 掌握行前说明会的工作;
2. 掌握出入境手续的办理;
3. 熟悉与出境旅游相关的法律法规。

➢ 工作要求与注意事项

1. 本模拟实训工作采取以学生自主组织为主、以教师指导为辅的方法,按照学生人数进行分组模拟练习,每组学生人数可以自定,但是主要角色必须由小组成员担任,其他学生担任游客。相同的任务由不同的小组完成,各个小组可以设计自己的模拟情景和场景,突出某一个方面。

2. 在学生练习模拟过程中教师针对学生存在的问题进行随时的指导。每个组之间不可以出现雷同模拟,要设计本组有特色的场景。教师在看学生实训时要随时解答学生的各种问题,以便为学生日后从事海外领队工作提供帮助。

3. 在正式模拟时教师要公正,给予每一个学生正确评价,学生之间也要作出正确的互评。

任务2 领队工作中突发问题的处理

➢ 工作目标

1. 掌握领队在海外带团过程中经常有可能发生的问题和一些突发事件的处理;

2. 通过本模拟操作训练,使学生对一些常规问题能有条不紊地进行处理,对突发事件能够沉着冷静地应对和处理。

➢ 推荐课时:4课时

➢ 工作内容

1. 模拟带团过程中各种突发问题的处理(根据教师和学生的具体情况,以下实训项目可作具体调整):

(1)游客食物中毒的处理;

(2)旅游路线和日程变更的处理;

(3)误机(误车、误船)的预防和处理;

(4)物品丢失问题的预防和处理;

(5)游客走失的预防与处理;

(6)游客患病的预防与处理。

2. 本实训设计导游在带团中出现的问题,让学生进行灵活处理,因此每组学生必须分工协作,有的当导游,有的当突发事件的当事人,小组之间能够相互配合,各司其职。

3. 以小组为单位进行模拟练习,各组最好选择不同的突发问题进行处理,即使选择同一个问题也要有所变化,切忌雷同模拟。

> **工作要求与注意事项**

1. 本模拟实训工作采取以学生自主组织为主、以教师指导为辅的方法,按照学生人数进行分组模拟练习,每组学生人数可以自定,但是主要角色(地陪、司机和主要游客)必须由小组成员担任,其他学生担任一般游客。相同的突发事件可以由不同的小组处理,但是每一个小组都必须突出自己的特点,不能抄袭其他小组的模拟情景,并保证每一个任务都有小组学生担任,不能出现实训任务无人去完成的现象。

2. 当出现同一个突发事件有两个以上小组模拟的情况时,教师起一个协调作用。让学生自己设计项目情景,先在本组演示,然后择优再在全班同学面前模拟。

3. 学生设计突发事件场景,在练习模拟过程中教师针对学生存在的问题进行随时的指导,并解答学生的各种问题。

4. 在正式模拟时教师要公正,给予每一个学生正确评价,学生之间也要作出正确的互评。

- **学生信息页**

一、海外领队的概念

海外领队是指全权代表组团社带领旅游团出境旅游,督促境外接待旅行社和导游员按照合同执行旅游计划,并为旅游者提供服务和维护旅游者的合法权益的人,是旅游团的领导者和代言人。

二、海外领队服务程序

(一)出境前的准备工作

1. 与计调交接

移交出团资料,了解团队构成的大致情况(人数、性别、年龄、职业等),移交出境旅游行程表,研究旅游团及接待计划,认真核对旅游团成员的证件、签证、机票等。

2. 开好出团说明会

出团说明会是在为游客办好护照、签证、机票和确认该团能成行后,与出行前一天至一周内召开的,主要目的是使游客之间、游客与领队之间互相认识并由旅行社向游客说明出境前的准备工作及出境后的注意事项,所以要求每一位参团游客都能前来参加。

出团说明会的内容:

①致欢迎词并作自我介绍:介绍领队的姓名、联系方式,表明为大家服务的工作态度,并请大家对领队的工作予以配合和监督。感谢大家对本旅行社的信任,选择参加我们的团队。

②对每位客人提出要求:注意统一活动、强化时间观念及相互之间的团结友爱。

③行程说明:按行程表逐一介绍,但必须强调行程表上的游览顺序有可能因交通等原因发生变化。同时说明哪些活动属于自费项目,客人可以选择,也可以不参加。

④通知集合时间及地点:通常要比航班离港时刻提前2小时,在机场或港口指定位置集合;如乘火车或汽车,也要在发车时间1小时前到达指定位置集合。

⑤提醒客人带好有关物品。

⑥货币的携带与兑换:中国海关规定每位出国旅游人员携带人民币不超过6 000元、外币现金折合2 000美元;前往中国香港、澳门地区的,可兑换1 000美元。

⑦卫生检疫:通常在开说明会时由旅行社联系省或自治区或直辖市的卫生检疫局人员来注射疫苗和签发黄皮书,也可在出境时领取黄皮书。

⑧人身安全和财物保管:告诫客人在境外要注意安全,特别是在海滨或自由活动时。告诫客人不要把财物放在旅游车上,并向客人讲解在饭店客房如何保管贵重物品、如何使用饭店提供的保险箱,以及在旅途中托运行李时,如何保管贵重和易损物品等基本旅游知识。

⑨出入国境时注意事项:告知有关国家的法律和海关规定,说明过关程序及有关手续。对于首次出境旅游的客人,最好将旅游中的其他有关事项逐一介绍。

⑩告知所去国家的风俗和禁忌。

说明会上应落实的事项:

①确定旅游团的分房名单(加床、不占床、单间房等)。

②发给游客团队标志胸牌和太阳帽、折叠包等物品。
③国内段返程机票是否已定或是否交款。
④确认机场税包否。
⑤旅游者中是否有单项服务、离团活动等特殊要求。
⑥旅游者中是否有清真、素食者。

【补充资料】
出入境知识——我国入境旅游有效证件
1. 护照

护照是一国主管机关发给本国公民出国或在国外居留的证件,证明其国籍和身份。有的国家为团体出国人员(旅游团、体育队、文艺团体)发给团体护照,中国为出境旅游的公民发给一次性有效的旅游护照。

外交护照。发给政府高级官员、国会议员、外交和领事官员、负特殊外交使命的人员、政府代表团成员等。持有外交护照者在外国享受外交礼遇(如豁免权)。

公务护照。发给政府一般官员,驻外使、领馆工作人员以及因公派往国外执行文化、经济等任务的人员。

普通护照。发给出国的一般公民、国外侨民等。

在中国,外交、公务护照由外事部门颁发,普通护照由公安部门颁发。如今中华人民共和国护照的有效期一般为10年,签发给16岁以下的儿童为5年,取消延期的规定。

香港特别行政区护照的有效期一般为10年,签发给16岁以下的儿童为5年;澳门特别行政区护照的有效期一般为10年,签发给18岁以下的儿童为5年。

2. 签证

签证是一国主管机关在本国或外国公民所持的护照或其他旅行证件上签注、盖印,表示准其出入本国国境或者过境的手续。华侨回国探亲、旅游无须办理签证。

签证分外交签证、礼遇签证、公务签证、普通签证等,还可分为入境签证、入出境签证、出入境签证和过境签证。旅游签证属于普通签证,在中国为L字签证(发给来中国旅游、探亲或因其他私人事务入境人员)。签证上规定持证

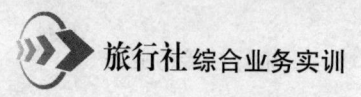

者在中国停留的起止日期。

9人以上的旅游团可发给团体签证。团体签证一式三份,签发机关留一份,来华旅游团两份,一份用于入境,一份供出境用。

签证的有效期限不等,获签证者必须在有效期内进入中国境内,超过期限签证则不再有效。

3. 港澳通行证

港澳通行证是港、澳同胞来往于香港、澳门与内地之间的证件,由广东省公安厅签发,有效期10年。另有入出境通行证,也由广东省公安厅签发,有效期为5年。

4. 台湾居民来往大陆通行证

台湾同胞来祖国大陆探亲、旅游的证件。经口岸边防检查站查验并加盖验讫章后,即可作为进出祖国大陆和在内地旅行的身份证明。由我国公安部委托香港中国旅行社签发,一次性有效,出境时由口岸边防检查站收回。

3. 物质准备

主要指带团必备物品(需要资料的相关复印件)的准备,带好个人生活用品以及工作辅助物品。

(二)出入境服务

1. 办理出境手续

(1)出发前集合

领队应比规定时间提前10分钟到达集合地点,将队旗直立竖起等待旅游团到达,让游客签到(电话联系未到团友),全体到达之后,发表简短讲话,告知下面将要办理的登机、海关等手续,对于游客迟到、临时取消旅行要短信确认、告知航空公司。

(2)办理海关申报

了解海关通道:海关通道分为"红色通道"(亦称"应税通道")和"绿色通道"(亦称"免税通道")。领队带游客办理海关申报手续。

进境旅客选择"绿色通道"的情况:

①持有中国主管部门给予外交、礼遇签证护照的外籍人员;

②海关给予免验礼遇的人员;

③无须办理红色通道海关验放手续的其他人员。

以下旅客应经由红色通道通关：

①携带文物、货物、货样以及其他需办理出境验收手续物品的；

②未将应携带出境物品原物带出的；

③携带外币、金银及其他物品，但未取得有关出境许可，或携带外币、金银及其制品数额超出原进境申报数额的；

④携带出境物品超出海关规定的限量、限值或其他限制规定的；

⑤携需携带出境的物品的；

⑥对海关规定不明确或不知如何选择通道的。

【补充资料】

出入境知识——中国海关禁止进出境物品

一、禁止进境物品

1. 各种武器、弹药及爆炸物品；

2. 伪造货币及伪造的有价证券；

3. 对中国政治、经济、文化、道德有害的印刷品、胶卷、照片、唱片、影片、录音带、录像带、激光视盘、计算机存储介质及其他物品；

4. 各种烈性毒药；

5. 鸦片、吗啡、海洛因、大麻以及其他能使人成瘾的麻醉品、精神药物；

6. 带有危险性病菌、害虫及其他有害生物的动物、植物及其产品；

7. 有碍人畜健康的、来自疫区的以及其他能传播疾病的食品、药品或其他物品；

8. 人民币（按照货币协定办理的除外；人民币外汇兑换券按有关规定办理）。

二、禁止出境品

1. 列入禁止进境范围的所有物品；

2. 内容涉及国家秘密的手稿、印刷品、胶卷、照片、唱片、影片、录音带、录像带、激光视盘、计算机存储介质及其他物品；

3. 珍贵文物及其他禁止出境的文物；

4. 濒危的和珍贵的动物、植物（均含标本）及其种子和繁殖材料。

（3）办理乘机手续及行李托运手续

了解民航国际航班的行李托运、携带规定，告知游客航空公司的诸项规

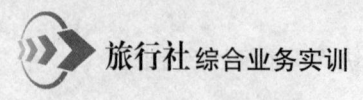

定,并集体办理乘机手续。

①计件免费行李。计件免费行李额适用于中美、中加国际航线上的行李运输。

按旅客所购票等级,对每一全价票或半价票的旅客交运的免费行李额为：一级和公务票价,免费交运行李为两件,每件最大体积(三边之和)不得超过62英寸(158厘米)。经济和旅游折扣票价,免费交运的行李件数为两件,每件最大体积(三边之和)不得超过62英寸(158厘米),两件之和不得超过107英寸(273厘米),每件最大重量不得超过32公斤。按成人票价10%付费的婴儿可免费交运一件行李,但体积(三边之和)不得超过45英寸(115厘米)。另外还可免费交运全折叠式或轻便婴儿车或婴儿手推车一辆。超过规定的件数及超过规定的最大体积的行李,应交付逾重行李费。

②可随身携带的行李。一个女用手提包,一件大衣或雨衣或一条旅行用的毛毯,一把伞或一根手杖,一个小型照相机,一具小型望远镜,在飞行途中需要阅读的少量读物,在飞行途中需用的婴儿食品,一个婴儿摇篮,旅客赖以行动的折叠椅或一副拐杖或撑架或假肢。

(4)卫生检疫

出境旅游团队前往或途经的国家如果为传染病流行疫区,或者该国对国际旅行预防接种有明确要求,都需要提前办理黄皮书。如游客未及时办理黄皮书,应按照卫生检疫的要求,现场补办手续。

(5)通过边防检查及登机安检

填"边防检查出境登记卡",如是团体签证或到免签国家出示"中国公民出国旅游团队名单表"即可。

2. 飞行途中服务

在飞行途中,领队要协助机组人员提供必要服务。

(1)乘机相关服务

调座位、用餐、熟悉救生设备、解答疑问。

(2)填写入境表格

入境卡、海关申报单等。

3. 办理国外入境手续

(1)卫生检疫

各个国家的形式有所不同,有的需要查验黄皮书和健康申报单,有的只是对游客进行检视。

(2) 办理入境手续

许多国家入境处由移民局把守，领队带领游客沿"移民入境"标志前行，出示证件，审验无误，在护照上加盖入境章后，把护照、机票退还，就正式进入旅游目的国家了。

(3) 领取托运行李

如行李破损或遗失，持行李牌报机场行李部门。

如确认丢失，填写行李报失单由航空公司解决。

(4) 办理入境海关手续

(5) 与接待社导游员会合

(三) 境外旅游服务

1. 落实境外旅游接待

(1) 领队与导游密切合作

领队致欢迎词引出境外导游；与导游就具体接待事项进行商定。

(2) 境外住店及用餐

住店：领队分房间并提醒和告知游客注意事项，如中外星级标准的差别、小费问题、房间物品的使用、国外的行为礼仪等。

用餐：告知游客中西餐的差异、用餐的规矩。

(3) 参观游览

领队应让游客清楚了解每日的行程计划，辅助当地导游完成游览计划，随时留意游客动向，保护游客安全(领队应该始终在团队的最后)。

(4) 购物及观看演出

购物：监督地陪安排购物的时间和次数；正确指导游客购物；提醒注意事项。

观看演出：正规场合对服装有要求，领队及导游应提前告诉游客有所准备。

(5) 其他服务

返程国际机票确认；督促旅游计划执行(监督接待质量)；维护旅游团内部团结；保管证件和机票等。

2. 办理国外离境手续

(1) 办理乘机手续

(2) 办理移民局离境手续及海关手续

(3) 办理购物退税手续

(4) 准备登机

3. 办理回国入境手续

(四) 后续工作

1. 和计调交接

上交"领队日志"和"旅游服务质量评价表"。

2. 整理游客意见、处理投诉或委托事项

对于投诉领队要如实汇报,不得推卸责任。

3. 报账和归还物品

按旅行社要求报账,领取个人带团报酬。如有借款或个人垫付费用一并结清。

4. 与游客保持联络

三、领队工作中突发问题的处理

领队带团去国外旅游,要有效应对突发事故,带队前就要进行一系列的防范工作,做好充足的准备,以便保证旅游活动的顺利进行。

(一) 游客中毒

1. 食物中毒

自然性的中毒:游客食入含有毒素的河豚、贝类、草类等。

细菌性的中毒:葡萄球菌中毒、沙门氏菌中毒等。

处理方法:

①患者如清醒,可补充大量水分、保暖,以预防休克。

②保留剩余食品、容器,患者的呕吐物、排泄物,以供医师做鉴别诊断。

③若中毒昏迷,但仍能正常呼吸,则采取侧卧位姿势。

④如呼吸、心跳都停止,立即给予心肺复苏,采取仰卧姿势。

⑤立即就医。

2. 植物中毒

有些植物可能引起接触性过敏反应,或因误食而中毒,如姑婆芋、尖尾芋、各种蘑菇、未煮熟的豆角等。

3. 腐蚀性毒物中毒

常见的有氨水、漂白水、硫酸、硝酸等。

具体处理方法:

不可洗胃、催吐或使用活性炭,要维持呼吸道畅通,预防及处理休克,携带残留物品和容器就医。

4. 普通药物中毒

5. 一氧化碳中毒

(二)水域安全

保证水域安全的注意事项:

①遵守安全标示,天气不佳(如雷雨天)不宜下水;

②对水域环境不熟时,不随意下水;

③不要游离岸边太远,泳技差者不可到深水区,以免发生危险;

④不单独下水,要有人照顾或结伴而游;

⑤不要在饭后马上游泳,最好在饭后30分钟才下水;

⑥不要在吃药、吸毒或酒后游泳;

⑦不要随意跳水或奔跑;

⑧体力不佳时,不要逞强下水,疲乏、眩晕、恶心、四肢抽筋时应立即上岸。

实训模块七
旅行社签证业务

▶ **本模块导读**

本实训模块由接受客人咨询、签证手续准备、办理签证3个实训项目构成,通过3个具体项目的实训,使学生掌握以下内容:接受客人咨询的理论知识和服务规范、签证手续及资料的准备内容及方法、签证办理的一般流程。3个实训项目完成后的成果是一份完整的旅行社签证业务流程的总结。本实训模块的3个项目是严格按照旅行社签证服务的操作流程设计的,从服务开始至服务结束。对每一实训项目从实训项目概况(实训目标、实训推荐课时、实训环境、实训项目介绍、项目实训工作程序)、具体任务分解(具体任务的工作目标、推荐课时、工作内容等)、相关知识模块(即学生信息页)三个方面逐步展开。

教师在指导学生进行本模块内容的实训时可以先从整体上予以介绍,然后分项目、分任务进行具体实训内容的实施。在实训时,指导教师可以根据实际情况灵活操作,如为了降低具体操作的难度,可以让学生从自己熟悉的目的国进行相关调研,这样能够更容易掌握整个签证业务的流程。指导教师也可以根据具体的情况,选取其他的目的国进行签证办理的实训。具体的实训操作可参考图7-1。

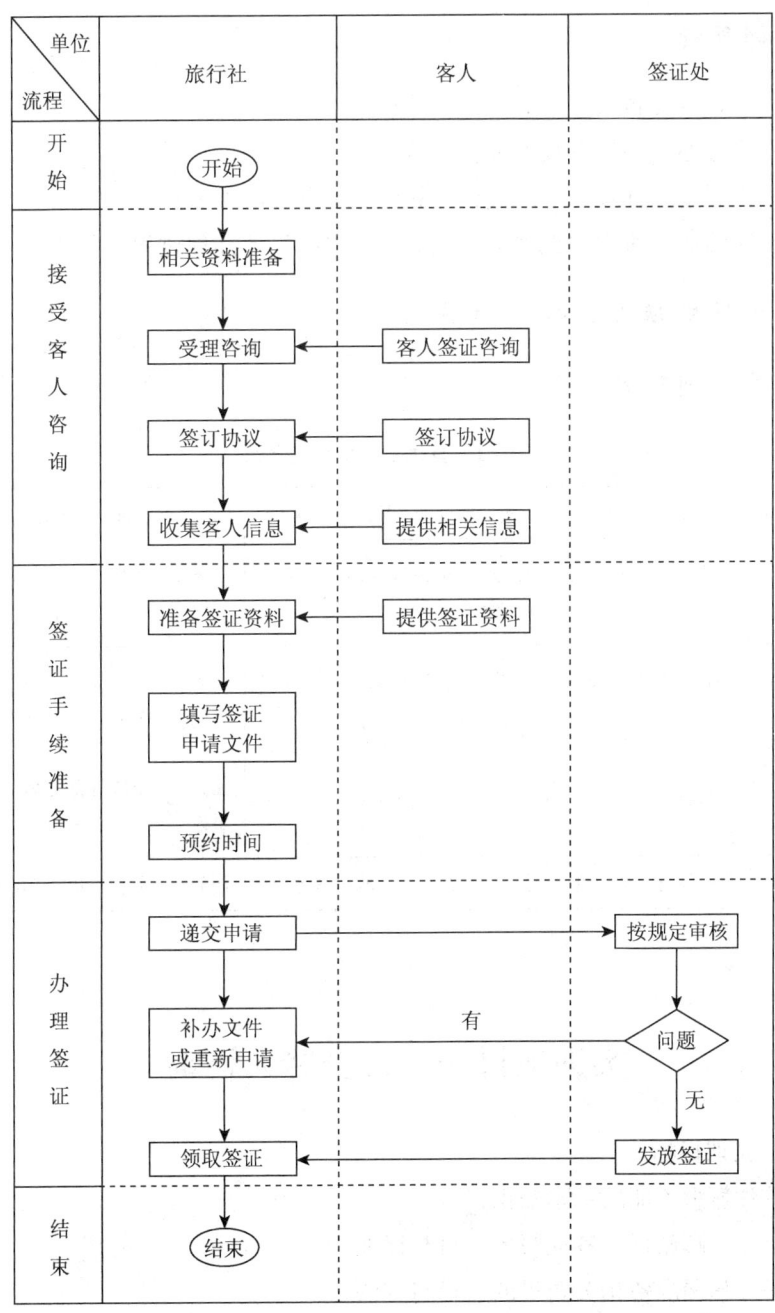

图 7-1 旅行社签证业务的实训流程图

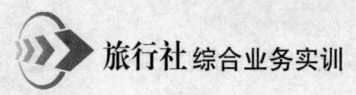

▶实训目标

- 了解接受客人咨询的理论知识；
- 熟悉办理签证手续的准备环节；
- 掌握签证办理的一般流程和具体签证办理的方法；
- 能够运用所学知识独立完成一个完整的签证办理过程。

▶实训模块推荐课时　16课时

▶具体实训项目

表7-1　具体实训项目任务表

实训项目一　接受客人咨询	实训项目二　签证手续准备	实训项目三　办理签证
任务1　准备相关资料,接受客人咨询	任务1　申请签证的各项资料的准备与核对	任务1　携带相关资料于预约时间办理签证
任务2　与客人协商并签订协议	任务2　根据规定填写签证申请表	任务2　对签证处审核出现的问题进行修正
任务3　人员信息收集	任务3　预约时间	任务3　领取签证并做好保管工作
任务4　成果汇报与考核评价	任务4　成果汇报与考核评价	任务4　成果汇报与考核评价

实训项目一　接受客人咨询

- **实训目标**

（一）熟悉签证的基本知识；

（二）了解旅行社签证服务项目与标准；

（三）掌握准备相关资料的途径与方法；

（四）实践操作受理咨询的完整过程。

- **实训推荐课时**:4课时

- **实训环境**:给每位学生配一台能上网的电脑的实训室。
- **实训项目介绍**

随着出境旅游的日渐开放,代办签证在旅行社(组团社)的经营业务中所占比重越来越大。旅行社代办签证主要是代办旅游签证。根据《中国公民自费出境旅游管理办法》,中国公民自费出境旅游主要以团队形式进行,由组团社代办旅游签证。因此,旅行社相关人员在与客户洽谈时,经常会遇到有出国旅游意向的客户。之前没有出境旅游经验的游客,对签证的认识很模糊,往往会询问很多关于这方面的问题。所以,旅行社相关工作人员如何接受客人的这些咨询就显得尤为重要。

本实训项目的基本内容为接受客人咨询,要求学生能够灵活利用各种媒介手段对签证的基本知识有一个比较全面的掌握和了解,使学生在了解签证基本知识的基础上能够较为顺利地完成后续的几个相关工作项目的实训。本实训项目采取以游客身份走访某旅行社咨询调查和室内资料收集的两种方式进行。在实训条件上要求教师为学生协调好实训室,在实训室里要求有可连接互联网的电脑或其他上网的条件,以便学生能够利用网络获取所需的各种信息和资源。在实训的具体操作中,首先要求教师在实训开始前将实训项目概括地介绍给学生,使学生能够从整体上准确把握本实训项目,然后要求教师重点对本实训项目的实现途径及方式进行详细讲解,并为学生的实训操作提供大体的建议和方向,以使学生在实训操作中能够有的放矢,提高实训效率。

- **项目实训工作程序**

(一)教师讲解

教师可以通过自选的教学方式进行讲解,讲解的要点为完成本实训项目所需要的相关知识。具体的讲解内容应该包括以下几个方面:第一,布置总体实训安排,针对本实训提出总体要求;第二,进行必要的关于签证基本知识的讲解;第三,讲解本实训项目的操作方法(室内资料收集方法和实地调查方法等)与技巧。

(二)学生分组

在我国旅游教育中越来越注重培养学生的团队精神,强调团队合作,因此,分组的方式经常采用,既培养了学生的管理能力和团队合作能力,又便于教师管理。在教师讲解后亦即实训开始前,教师要根据本项目的任务量及学

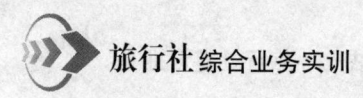

生的实际人数,选取适宜的分组方式把学生分成若干小组,保证分成的每个小组都能顺利完成任务而又避免人员冗余;同时,要有序、高效地完成实训项目。一般每个小组还要选出一名小组长组织和控制整个实训项目的工作过程。

(三)分组讨论

在对学生分组后,教师要以分好的小组为单位组织学生进行分组讨论,确定各小组的具体的实训内容,提出意见和要求,这就要求小组成员集思广益,将各自的想法进行表达并沟通,最终达成组员间的共识。组内讨论完成后,组间以小组长为代表进行进一步的讨论,讨论的任务主要是汇总各小组讨论结果,并根据总任务的情况协调确定各自小组实训的主要侧重方面,确定的主要依据是每个具体的实训任务都要求有至少一个小组去完成。

(四)资料的收集与整理

各小组按照本组的实训计划分头进行室内资料的收集工作。小组成员由组长分配任务,通过具体的分工协作获取所需的资料。每人将自己收集的资料及时进行整理,按规定时间完成任务并将资料整理文本交予组长,组长再将组内成员收集的资料进行汇总、整理,撰写相关报告并与组员共同交流学习。

(五)实际调查阶段

通过对已收集到的资料的交流学习,各组选取当地不同的旅行社进行分组走访,对旅行社的签证咨询业务进行实地的咨询与调查,并将自己室内所搜集到的资料与被访社进行对比,如果有不完善之处及时补充,真正做到理论与实践相结合。在走访旅行社的过程中,学生应重点掌握旅行社接受签证咨询的方法及所需的相关资料,因为接受签证咨询完成的好与坏直接与收集的资料有关,也与方式方法有关,这两个方面即是调查的重点。

(六)成果展示及评定

各个小组进行实训成果的汇报,选取代表进行主要调研成果的课堂讲解展示。展示完成后,由集体评议打分,即教师和全体学生一起进行各个小组最后成果的评议和打分。打分完成后指导教师要对整个实训过程进行总结和点评,指出学生们在实训中的成绩和不足。

(七)集体成果汇编

成果展示及评定后,教师要及时将各小组成果进行汇总,形成一份比较完整的接受游客签证咨询的报告,这份报告既是对本次实训项目成果的总结,又为下期实训项目的操作提供重要的基础资料。

- **具体任务分解**

任务1 准备相关资料，接受客人咨询

➢ **工作目标**

1. 让学生对旅行社签证业务有较为充分的认识和理解；
2. 让学生熟悉接受客人签证咨询的业务流程；
3. 让学生学会准备相关资料，并掌握获取资料的渠道和方法。

➢ **推荐课时**：2课时

➢ **工作内容**

1. 整理并打印代办手续的说明材料及进行产品展示，以便客人需要时阅读；
2. 对客人可能咨询的问题进行知识准备，以便临阵不慌；
3. 迎接客人，礼貌询问客人；
4. 受理咨询，认真倾听客户对身份、旅游性质、前往地区、旅游期限等的说明，了解客人所需的具体服务内容，介绍服务项目与服务标准，告知客户申请出入国境的步骤及程序，并做好相应的记录。

➢ **工作重点**：接受客户咨询，倾听客户的需求。

任务2 与客人协商并签订协议

➢ **工作目标**

1. 让学生了解与客人协商的技巧；
2. 让学生熟悉与客人签订协议的业务流程。

➢ **推荐课时**：0.5课时

➢ **工作内容**

1. 利用网络查找《签证服务协议》(见下页《签证服务协议》样本)，了解协议中的要点；
2. 了解了客户需求后，根据客户自身条件及要求推荐出入国境手续办理方式；
3. 客户接受建议后选择办理方式，并向其提供并签订《签证服务协议》；
4. 协议签订完毕，向客人收取代办及签证费。

➢ **工作重点**:《签证服务协议》的签订。

《签证服务协议》样本（资料来源：中国签证资讯网 http://www.qianzheng-daiban.com/）

甲方：

乙方：

甲、乙双方就甲方委托乙方为其申请_____签证服务一事，在平等、自愿、诚信、负责的基础上经协商一致，达成以下协议：

第一条　甲方职责

1. 积极配合乙方工作，及时向乙方提供有关信息和资料文件，并对其真实性、有效性和合法性负责。保证在_____签证有效期结束前及时回国，保证在_____不非法滞留（签证在有效期内进行续延，则以延期的有效时间为准）。

2. 按时足额交纳按本协议规定的有关费用。

第二条　乙方职责

1. 为甲方策划制定详尽有效的签证申请方案和提供整个签证申请流程的指导。

2. 指导协助甲方准备签证申请材料和撰写有关文件。

3. 解答甲方有关签证申请的各种问题。

第三条　费用

签证申请费及服务费_____元/人，共计_____元（人民币大写_____），在甲方签完协议后交纳给乙方。

第四条　乙方承诺尊重和保障甲方的隐私权，保证在未获得甲方允许的情况下，不向任何第三方提供和泄露甲方所有信息，也不作为本公司宣传或其他用途。乙方仅对甲方提供专业签证咨询服务，不承担甲方办理签证事务所涉及的任何国内、外的相关法律或经济责任。

第五条　甲方必须在签证有效期内按时返回中国，如因非法滞留而造成的一切后果，与乙方无关。

第六条　本协议自甲乙双方或其代理人签字/盖章之后即生效。协议有效期内，如甲方单方面放弃签证申请，乙方不再退还费用。

第七条　如签证拒签，则乙方所收甲方全部费用（包含服务费及签证费）为甲方申请签证实际发生费用，乙方不再退还。

第八条　此协议传真件有效。

甲方：   乙方：

签字/盖章：   签字/盖章：

签约时间：   签约时间：

联系人：   联系人：

任务3　人员信息收集

> **工作目标**

1. 让学生了解需要采集的客人信息;
2. 让学生掌握收集客人信息的方法;
3. 让学生学会建立人员信息资料库。

> **推荐课时**:0.5课时

> **工作内容**

1. 从网上下载并整理出可用的申请签证个人资料表(样表见下页),并熟悉表格;
2. 礼貌询问客人相关信息;
3. 将收集到的信息进行确认、核对;
4. 建立客户的信息资料库。

> **工作重点**:客户信息收集。

任务4　成果汇报与考核评价

> **工作目标**

1. 让学生们掌握成果汇报的方法;
2. 选取代表展示实训成果,并进行考核评价。

> **推荐课时**:1课时

> **工作内容**

1. 进行实训项目的汇报与交流;
2. 学生自评、互评,小组组长点评,实训教师总评;
3. 实训教师对学生进行全面考核与成绩评定;
4. 教师汇总各组成果并完成集体成果汇编。

> **工作重点**:成果汇报展示的方法。

表7-2 申请签证个人资料表

姓　　名		曾 用 名	
出生日期		身份证号	
出 生 地		国　　籍	
性　　别		婚姻状况	
护照号码		护照签发日	
月 收 入		护照有效期	
任职部门		职　　务	
办公电话		手机号码	
在职时间		邮政编码	
家庭住址			
邮政编码		家庭电话	
工作单位			
单位地址			
单位负责人		负责人职务	
邀请公司名称			
邀请公司地址			
邀请公司联系人		邀请公司电话	
负责人电话			
是否有同行人员，如有请注明并说明关系：			
是否有过该国签证记录：			
是否有过该国拒签记录：			
最近一次申请该国签证的签证类型：			
最近一次去该国时间及离境日期：　　　　　年　　月　　日——　年　　月　　日			
此次出国目的城市：			
去和回的大概时间：			

家庭情况：

配偶姓名		出生日期		出生地	
单位名称					
职　　务		单位电话			
子女姓名1		出生日期			
子女姓名2		出生日期			

父母情况（父母姓名必须填写，包括已故）

父亲姓名		出生日期	
母亲姓名		出生日期	

备注：
以上资料用于协助您申请签证，请如实填写（电话号码前请标注区号）。填写工整、清晰，并请注意签证申请表中的内容与签证资料的一致性，如职务、出行日期、停留日期等。
本人声明：以上所填内容完全属实，否则本人接受被取消申请资格并由本人承担造成的所有风险和损失！

申请日期：　　年　　月　　日　　　　申请人签名：

- 学生信息页

一、签证的基本概念

（一）签证的概念

一国公民在其他国家入境、出境或过境时，必须得到该国政府主管机关的许可。而这种许可的具体形式就是签证。

什么是签证？

所谓签证，是一个国家的主权机关在本国或外国公民所持的护照或其他旅行证件上的签注、盖印，以表示允许其出入本国国境或者经过国境的手续，也可以说是颁发给他们的一项签注式的证明。

一个公民如果想出国旅行、移居或者留学、结婚等，除了需要持有护照以外，还必须持有相应的签证。护照是持有者的国籍和身份证明，签证则是主权国家准许外国公民或者本国公民出入境或者经过国境的许可证明。

签证一般都签注在护照上，也有的签注在代替护照的其他旅行证件上，有的还颁发另纸签证。如美国的移民签证即是一种申请表，新加坡对外国人也发一种另纸签证，但必须与护照同时使用，方能发生效力。

（二）签证的申请

发展中国家的公民申请签证，大多都有阻力，中国也不例外。因公出国由政府外事部门通过外交部领事司统一申办签证。有近30个国家与中国签署了互免签证协议（只限因公护照或其中的外交、公务护照）。

因私出国没有免签证的优惠，目前中国公民持因私护照前往任何国家（入境）均须申请签证。即使国际通行的转机免签（Transit Without Visa），在美国、加拿大、澳大利亚、英国等国对中国因私护照也不适用，必须另行办理过境签证。

（三）签证的内容

目前，各国签证的内容不同，风格各异，但签证上所列信息内容基本一致，即签证上一般都注明签证的种类、签证代号、入出境（过境）目的、停留期限、有效次数、签发机构、签发地点、签证官员签署、签发日期等。其中，以下几项内容是非常重要的。

1. 签证有效期

它是签证的一项十分重要的内容。世界上所有主权国家签发的签证基本上都标明有效期。也就是说,没有有效期的签证是不存在的。从目前世界各国的签证期限看,大多数国家一般给予3个月的有效入出境签证,也有的国家发给1个月的有效入出境签证,而过境签证的有效期一般都比较短。也有的国家对签证有效期限制很严,如德国只按所申请的日期发放签证有效期。签证有效期是指从签证签发之日起到以后的一段时间内准许入出境(或过境)的期限,超过这一期限,该签证就是无效签证。所以,对于申请某国(地区)签证的申请人来讲,必须在获得签证后,牢记住该签证的有效期,并在该有效期内抵达目的地,并在到期日前离开该国(地区),否则会在出入境时遭到该国边检的处罚甚至拒绝入境,从而留下"黑色记录"。

2. 签证的停留期

是持证人进入某国境后准许停留的时间,它与签证有效期的区别在于,签证的有效期是指签证的使用期限,即在规定的时间内持证人可入出或经过某国的期限。如某国的入出境签证有效期为3个月,停留期为1个月,那么这个签证从签发日开始3个月内,无论持证人哪一天都可以出入该国国境;但是从入境当日起到出境当日止,持证人只能在该国停留1个月。也有的国家签证入出境期限和停留期是一致的,如美国访问签证的有效期和停留期都是3个月,即在3个月内入出境方为有效,入境后也只能停留3个月。各国对签证有效期的规定长短不一致,大多数国家短期签证一般为1个月或3个月,对留学、就业等签证最长的通常为半年或1年以上,最短的签证如过境签证一般是3天或者7天。

3. 签证的有效次数

签证除了有效期、停留期之外,还规定有效次数。签证的有效次数,是指该签证在有效期内,持证人可使用的入出境(过境)的次数。根据签证的有效次数,一般可将签证分为一次有效签证、两次和多次有效签证等。一次有效签证使用一次就失效,两次有效签证即在签证有效期内可以使用两次,多次有效签证则在签证有效期内,持证人可以多次入出其国境(或过境)。如澳大利亚、印度的旅游签证,通常在3个月或者6个月内允许持证人多次入出境(或过境)。通常,各国签发何种签证,有效期限多长,有效次数多少,是由签证机关根据入出境申请者的具体情况而决定的。

(四)签证的种类

世界各国对签证有不同的规定和要求,从而具有不同的签证类型,概括起来签证可以从以下几方面进行分类。

1.根据申请者持有护照的情况,各国一般将签证区分为外交签证、公务签证和普通签证三种

通常,对持有外交护照人员发给外交签证,持有公务护照人员发给公务签证,持有普通护照人员则发给普通签证。而在我国,对申请入境的外国人,所发给的签证主要有外交签证、公务签证、普通签证和礼遇签证四种类型。

我国现行的四种签证

△外交签证

△公务签证

△普通签证

△礼遇签证

(1)外交签证

它是一国政府主管机关依法为进入或经过本国国境应给予外交特权与豁免的人员所颁发的签证。一般而言,外交签证发给外交护照持有者。

(2)公务签证

它又称官员签证,指的是一国政府主管机关依法颁发给进入或经过本国国境的享有公务人员待遇的人员的签证。它通常发放给公务护照持有者。

(3)普通签证

它是一国政府主管机关依法为进入或经过本国国境的外籍者应予以普通人员待遇所颁发的签证。它的颁发对象,通常是持有普通护照或其他有效国际旅行证件的人员。我国普通签证则发给因下列事由来华的外国人(以汉语拼音字母标明其签证事由的不同):

D字签证,发给来中国定居的人员。

Z字签证,发给来中国任职或就业的人员及其随行家属。

X字签证,发给来中国留学、进修、实习6个月以上的人员。

F字签证,发给应邀来中国访问、考察、讲学、经商、进行科技文化交流以及短期实习等不超过6个月的人员。

L字签证,发给来中国旅游、探亲或因其他私人事务入境的人员。

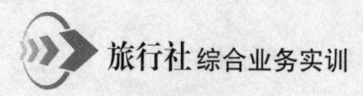

G字签证,发给经中国过境的人员。

C字签证,发给执行乘务、航空、航运任务的国际列车乘务人员、国际航空器机组人员以及国际船舶的海员和他们的随行家属。

J-1字签证,发给来中国常驻的外国记者。

J-2字签证,发给临时来中国采访的外国记者。

(4)礼遇签证

它是一些国家的政府主管机关依法为进入或经过本国国境应给予相应礼遇的人员所颁发的签证。其获得者多为一些身份较高但又未持有外交护照的人员,或者业已卸任的外国党政高级官员、知名人士。

2. 根据申请者入出境(过境)情况,签证分为入境签证、出境签证、出入境签证和过境签证

入境签证只准许持证人入境,如需出境则须再申办出境签证;出境签证只允许持证人出境,如需入境则必须再办理入境签证;出入境签证的持证人既可以出境,也可以再入境,对多次入出境签证的持证人则在签证有效期内可允许多次入出境;过境签证,一国公民在国际旅行中,需途经某国时必须取得该国的过境许可签证。各国对于过境签证的规定也不尽相同,有的要求办理签证,有的免办签证,有的则规定在指定的时间和范围内不需办理签证,如超过时限和范围则必须办理签证手续。

3. 根据申请者出入境事由,通常把签证分为移民签证、非移民签证、留学签证、旅游签证、工作签证、商务签证和家属签证7种

对于不同入境事由的签证,各国对签证的有效次数、有效期限和停留期都有不同的规定。如有的国家规定,旅游签证的有效次数为1次、有效期为3个月,停留期则为1个月内;有的国家规定,留学签证的有效次数为2次、有效期为3个月,停留期则为6个月或1年。

4. 根据申请者停留时间长短,一般把签证分为长期签证和短期签证

长期签证,是指在前往国至少停留3个月以上的签证,通常申请长期签证不论其访问目的如何都需要较长的申请时间。短期签证,是指在前往国停留3个月以内的签证,一般申请短期签证所需要时间相对比较短。

5. 特殊签证形式

(1)反签证或倒签证

是指由邀请方在本国出入境管理部(如日本的法务省入国管理局、韩国法务

部、印尼移民局)为来访人员办好签证批准证明,再连同护照等材料呈递该国驻华使领馆。使领馆凭上述批函即可发签,无须再请示国内相关部门。获得反签证就意味着入境获得批准,护照交大使馆后也不会等候太长时间。目前实行反签证的国家大多在亚洲,如日本、韩国、印度尼西亚、新加坡、马来西亚等。

(2)另纸签证

是指各国所发签证多为在护照内页上加盖签章或粘贴标签形式,但有时也以另纸发予签证,对护照不作任何改观。这类情形大多由于两国尚无邦交时表示暂不承认对方护照,或持异见人士访问敌对国后避免回国受到本国的迫害。另外一种另纸签证是团体签证,团体旅游时验明护照后即时出签以减少手续,客人护照上只有该团体的签证号码。

(3)口岸签证或落地签证

是指在前往国的入境口岸办理签证,这是仅次于免签证的优惠待遇。有时亦需邀请人预先在本国提出申请,并将批准证明副本寄给出访人员。后者凭该证明出境,抵达前往国口岸时获得签证。如泰国对印度、智利、喀麦隆等70多个国家或地区的人士,凡15天以内的停留都可以在曼谷、清迈、合义和布吉国际机场获得签证,须提交照片。目前允许中国公民办理落地签证的国家有科威特、毛里求斯、菲律宾、印度尼西亚、尼泊尔、塞舌尔、泰国、马尔代夫。

(4)过境签证

当一国公民在国际间旅行,除直接到达目的地外,往往要途经一两个国家才能最终进入目的地国境(多见于使用联程机票、搭乘国际航班转机的情况)。这时不仅需要取得前往国家的入境许可,而且还必须取得途经国家的过境许可,这就称为过境签证。关于过境签证的规定,各国不尽相同。有的国家规定,旅客搭乘交通工具通过其国境时,停留不超过24小时或一定期限的,均免办过境签证(一般都不允许出国际机场),如俄罗斯、申根公约国、东南亚国家等;也有的国家规定,不论停留时间长短或是否出机场,一律须办过境签证,如英国、美国、加拿大等国家。过境签证同入出境签证一样,都有有效期限和停留期限的规定。按照国际惯例,如无特殊限制,一国公民只要持有有效护照、前往国入境签证或联程机票,途经国家均应发给过境签证。

(5)互免签证

互免签证是随着国际关系和各国旅游事业的不断发展,为便利各国公民之间的友好往来而发展起来的,是根据两国间外交部签署的协议,双方公民持有效的本国护照可自由出入对方的国境，而不必办理签证。互免签证有全部互免和部分互免之分。目前，我国仅与朝鲜、蒙古、伊朗、土耳其、孟加拉、越南、老挝、巴基斯坦、俄罗斯等30多个国家，签订因公务出国的公民免办签证的协议。各协议签字国只是对我国因公务出国的人员，提供3个月以内免办入境签证的优惠待遇，而不包括因私出入境的中国公民。

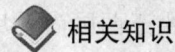相关知识

"申根协定"国家间的旅游免签证

1985年，德、法、荷、比、卢五国在卢森堡的申根签署了《关于逐步取消共同边界检查的协定》，简称为"申根协定"。此后，西班牙、葡萄牙、意大利、希腊、奥地利又分别加入了"申根协定"国家。1995年3月26日，"申根协定"正式生效。截至2011年12月19日，申根的成员国增加到26个。只要取得其中任何一个国家的签证，便可在签证有效期内自由进出其他申根公约国。目前，"申根协定"国家间主要有两种签证形式。

1. 直接申根签证。要到"申根协定"国家旅游，可以申请以短期停留（3个月之内）为目的的申根签证。通常，从哪个国家入境或者在哪个国家停留时间最长，就向哪个国家的使领馆申请申根签证。如果同时还要去好几个"申根协定"国家旅游，就在申请申根签证的同时递交所要去的这些申根国家的邀请信，使领馆就会根据申请者在这些国家所需停留的时间，给出相应的允许停留天数，这样申请者可以在签证有效期内在所有"申根协定"国家旅游，而不用再办理其他旅游签证手续。

2. 间接申根签证。凡是对"申根协定"国家中任何一个国家申请长期居住的D类签证，这类签证一般是3个月以上（包括3个月），一旦获得签证后，可从颁发签证的国家入境，在这个国家办理好长期居住手续后，就可以凭这个国家的长期居住卡在"申根协定"国家自由旅行，享受"申根协定"国家之间互免签证的申根待遇。

"申根协定"的突出贡献，在于赴欧洲旅游的费用成本降低，作业时间大大缩短，行程计划弹性增加。目前，我国国内以申请德、法、荷、意的签证最为普遍。如果被拒签，一般很难再从其他申根国获得签证。

(五)签证的申办途径

1. 公民因私出国申办外国签证的途径

一是本人与外国驻华使领馆直接联系。

二是委托中国旅行社签证代办机构,向外国驻华使领馆申请办理。

三是国外亲友办理。一些在我国设立使领馆或未建交国家,或者虽设立有大使馆但还未开办签证业务,需要由国外担保人向前往国家的主管部门申请入境许可书。然后,申请者凭护照和入境许可书入境,或者凭此种证明在入境口岸办理签证。

2. 因公护照出国签证的申办途径

因公护照出国签证的办理都是通过外交部或外交部授权的外事机构或单位来向使馆提交申请材料,有些国家的使馆要求因公护照出国签证都要通过外交部领事司统一办理,如法国、德国、英国。

因公护照的签证申请通常都不需要面试,但个别国家对持因公普通护照的要求面试(如美国)。

二、旅行社的签证业务

(一)旅行社的签证业务范围

旅行社原则上只能为参加该社团队旅游的客人申请旅游签证,个别使领馆如日本的商务签证也要通过使馆授权的旅行社来申请。旅游签证分ADS旅游签证及一般短期旅游签证两种。

1. ADS签证

(1) ADS签证的概念

ADS签证是Approved Destination Status的缩写,即"被批准的旅游目的地"签证,根据《中国公民出国旅游管理办法》,中国的旅行社组织团体游,只能去那些已与中国政府签署了"旅游目的地国"资格协议的国家。ADS协议是中国在特定时期内在公民出境旅游政策方面的一个创造,在国际上没有先例,从长远来看,这只能是个过渡性政策,它取决于国际社会对中国的认可。一方面国人想走出去需要跨过这道坎;而另一方面,世界各国如果想分享中国出境游市场,也必须向中国政府申请"旅游目的地国"资格。

(2) ADS签证的申请资格

ADS签证在中国境内有全面开放和部分开放的地区划分,并且是只能由获得国家旅游局批准以及旅游目的地国使馆授权的旅行社才能申请的纯旅游签证,申请材料只能由指定的送签人凭送签证送交,也就是说并非所有的旅行社都有资格申请 ADS 旅游签证。以申根欧盟使领馆为例:首先必须具备旅游局颁发的出境经营许可证,然后备案报批旅游局申请送签资格,获得批准后旅游局下发给指定申请人"黄卡"(由旅行社选出五人,上报给国家旅游局,这五人拿本人照片去国家旅游局登记办理黄卡,黄卡的办理需要等待国家旅游局的通知,办理好的黄卡的有效期一般在 2~3 年,黄卡到期后需要到旅游局去重新或延期申请),其中指定两张黄卡在各个欧盟使领馆备案。还需要办理"白卡"(办理白卡时需要提供本人的黄卡、照片两张和本旅行社的照片,白卡的有效期为一年,办理时间要等申请使馆的通知)。持有黄卡和白卡的人才有申根使领馆 ADS 签证的送签资格。

(3) ADS 签证的特点

ADS 签证是旅游签证的一种,只颁发给五人以上的旅游团队的成员。签证最长有效期为 30 天。加注 ADS 签证后仅限于在被批准的旅游目的地国家旅游,同时必须遵守签发国使馆对于 ADS 签证的有关规定,例如持有这种签证的旅游者必须"团进团出",必须有领队陪同,等等。

(4) ADS 签证的补充说明

①5 人以上团队才能申请 ADS 签证。

②签证申请受理国的原则:行程涉及多个申根国的话,到行程中停留时间最长的国家使领馆申请;如果在申根各国停留时间相同,则向第一入境的国家使领馆申请。

③持申根 ADS 签证的团员须随团队按时出发、旅行并按时返回(团员不能单独活动),团队回国后,2~3 个工作日内旅行社要递交护照原件及回程登机牌原件至使领馆销签(目前有些使馆会指定个别客人回国后本人亲自前往使馆面试销签)。

④团队在申请签证过程中,或出发之前,或旅游过程等各时间段发生任何变化,都要通知申请签证的使领馆。

⑤须有国家旅游局专职领队带团出境。

⑥所有文件都应该翻译成英文或接受申请国的语言。

⑦送签旅行社可能会被申请签证的使领馆随时要求提供补充材料和信息。

⑧个别团员可能被要求在出发前或回国后本人亲自前往使领馆接受面谈。

2. 短期旅游签证

它是指尚未正式成为中国公民开放旅游目的地的国家,或者尚未开放ADS旅游签证的地区,所发放给旅行社团队的旅游签证。短期旅游签证通常有效期限不超过30天,申请程序与提交资料和上述ADS签证大致相同。与ADS签证相比较,短期旅游签证可能会出现签证资料相对复杂、签证工作日长、签证率较低等情况。

3. 使领馆对旅行社的要求

无论ADS还是其他旅游签证,大部分使领馆对送签的旅行社及其送审材料都有较为严格的规定,大致内容如下:

①认真、严格审理参团客人资料,排除有滞留倾向的人员参团送签。

②严禁提供虚假资料,无论是旅行社提交的送签行程、确认预订的酒店,还是旅行团客人的个人资料,都必须是真实的,目前大多受理签证申请的使领馆都会通过电话或传真对提交的签证申请资料进行严格的核查确认。

③严格遵守受理签证的使领馆对于送签的各项规定:遵守使领馆的正常工作日;送签资料完整、清晰;及时配合使领馆要求增补各类材料。

④旅行社要保证持申根ADS签证的团员全体随团队按时出发、旅行并按时返回(其间团员不能单独活动),团队回国后,2~3个工作日内旅行社要递交护照原件及回程登机牌原件至使领馆销签(使馆如指定团内客人回国后本人亲自前往使馆面试销签,旅行社必须无条件全力配合)。

⑤如发生团员滞留不归或延期滞留,旅行社须采取必要措施,及时向使领馆汇报并说明事件情况。

⑥旅行行程和旅游团的任何改变都应由送签社在48小时内通知受理签证的使领馆。

⑦送签旅行社须无条件配合使领馆各项关于签证政策的随时调整及变化。

⑧旅行社出现违反以上任何一项规定的,使领馆将视情节轻重给予违规的旅行社警告、停止送签资格(3~6个月或1年不等)、永久停止送签资格并通报国家旅游局等惩罚措施;如果被申根协议国家中任何使领馆给予停签处罚,其他申根国家使领馆也将执行同样处罚。

送签权是任何一家出境旅行社的命脉,因此严格遵守、配合使馆的各项规定,认真做好送签资料(反复再三核查),严防死守有滞留倾向的客人(拒绝受理或收取押金),是旅行社在使领馆保持良好记录的唯一方法。

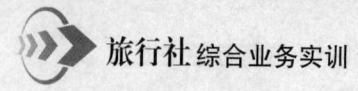

(二)旅行社签证业务的特点

由于目前我国公民(因私)出境还没有免签协议目的地国,取得目的地国的签证许可是出境旅游的先决条件,因此签证工作是出境旅游业务中相对关键的一个环节。由于不同的国家有不同的签证政策,并且还会随着政治、经济、时事等诸多因素随时变化及调整,决定了签证工作针对不同的目的地国家在不同的时期分别有顺利、艰难、简单、复杂等不同程度的区分。

1.签证业务的对外被动性

由于签证的发放取决于签证申请受理国的使领馆(签证官员),申请人、送签资料、送签社、境外邀请方等虽然都构成签证官员对于签证申请审核的背景因素,但最终签证的发放仍然取决于使领馆签证官员的个人判断,因此对于旅游团队的签证签出或者拒签,旅行社都只能被动地接受结果,即使在送签材料等工作没有任何失误的情况之下。同时,针对不同使领馆的政策,以及随时的变化、调整,旅行社的签证部也必须无条件地认真配合执行,并根据政策变动及时与其他部门协调进行出团业务的调整。这种来自于政府行为的不可抗力决定了签证工作的被动性,但是被动不意味着消极。一个合格的旅行社签证部门应该通过及时了解各国签证动态信息,不断总结工作经验,认真、严谨地执行使领馆政策来从主观上尽力争取团队签证申请工作的顺利。

2.签证业务的对内严谨敏感性

为了确保送签工作的顺利,旅行社签证部必须以认真严谨的态度来进行对内对外的工作,在客人送签申请资料方面,资料内容、形式等必须保证符合申请目的地国使领馆的相关规定,并在签证表格、行程等方面保证内容准确无疏漏,避免因送签材料不足、不合规定或内容错误等人为失误给签证申请工作带来障碍。另外为了避免由于参团游客持旅游签证境外滞留而导致签证申请资格被停甚至摘牌等事故的发生,旅行社的签证资料审核员必须对参团客人逐一进行严格的审查,通过检查客人送签资料、电话问询等方式排查出提供虚假资料、有滞留倾向的客人,有针对性地采取收取押金担保或者退还资料等措施,以确保旅行社送签业务的安全。由此,签证资料审核人员必须具有高度的工作责任心、敏感细致的洞察及准确的判断力,运用丰富的工作经验来进行如同检察院工作般复杂而高难的核查工作。

3.签证业务的繁重性

在旅游旺季,特别是黄金周来临前期,签证部是工作任务最繁重的部门,审核资料、填表、准备资料、送签、取签等工作量庞大,时间、任务紧迫,旅行社签证部往往要夜以继日地连续工作,以保证旺季出团的签证申请。这就要求签证工作人员既要有吃苦耐劳的工作责任心,同时还要有面对艰苦奋战几天几夜后,申请的团队被使领馆拒签而使所有的努力工作付诸东流的心理承受能力。从某种程度上来说,签证工作是枯燥、繁重而艰苦的,因此旅行社签证部必须有一套明确合理的分工制度及流程体系,来确保团队送签业务的顺利及签证状况的稳定。

(三)旅行社签证业务的工作分工及工作流程

1. 工作分工

旅行社签证业务在一般的旅行社都由签证部负责,且签证部内部又有详尽而具体的工作分工,详见表7-3。

2. 工作流程

(1)审核资料

签证部签证联络员收到交来的客人护照、资料并及时做好记录;填写护照、资料交接单(双方均须在交接单上签字确认),并建立相应团档;每天与计调部沟通团队送签情况及客人增减情况,监督销售部对客人材料的补充,将补回的材料及时分给签证员。

(2)核查客人

签证联络员将做好记录的客人护照、资料交至签证核查组核查客人。签证核查组须在24小时内将核查后客人的情况、是否收取客人押金在操作单上注明反馈至销售部。

要求:

①接到材料后24小时之内完成查询工作并反馈信息。

②态度和蔼,耐心细致。

③能够对客人作出基本正确判断,并给予部门经理建设性意见。

④对客人发生滞留不归承担相应责任。

(3)准备材料

签证核查组核查客人后,将客人护照、材料移交至签证材料组。签证材料组将按照使馆要求准备送签材料:填表→制作送签资料→复印相关材料→依使馆要求格式整理→准备团队的"回答问题"→将所有材料复印后依照团队为单位留存并将客人原始材料及时退回销售部→移交送签组。

表7-3 签证部的工作分工

部门		签证部的工作分工
送签组	总调度	☆负责安排部门内部送签员、查客组、填表组的工作,及时检查各组的签证情况,并协助部门经理的工作
	送签员	☆负责各个相关业务使馆备案的工作,合理安排向所有使馆的送取签证工作并确保签证的安全性;负责和同行联络并保持和各合作旅行社良好的业务关系 ☆负责整理各个境外接待公司送签证团队的英文资料(地接邀请函、酒店订单、送签行程、团队名单) ☆负责整理本公司的英文资料(担保函、团队名单、送签行程、中文保险、机位订单) ☆整理和审核所有填表组做的送签团队的资料,并确保其准确性 ☆及时通知相关的计调部和销售部做好客人的面试通知,并安排好团队客人的面试时间 ☆每个月初配合签证部经理整理出该月所有团队的截止收照日期和送签日期并发布给本部门、相关计调部门和销售部门的经理 ☆每个月初做出各个使馆送签的安排计划并预约好各个使馆的送签名额 ☆负责各个团获签护照和人数、拒签护照和人数、销签护照和人数的整理登记工作,交给部门内部联络人 ☆负责整理签证部每个月送签人数、送签种类、出签状况每月最后一个工作日上交给部门经理
	部门联络人	☆负责收取各个业务部门交来的签证资料以及做相应的团档整理工作,并登记所有相关原件资料,确保所有资料的安全性 ☆配合送签员整理各个境外接待公司送签证团队的英文资料(邀请函、酒店订单、送签行程、团队名单) ☆配合送签员整理本公司的英文资料(担保函、团队名单、送签行程、中文保险、机位订单) ☆负责和各个相关的操作部门核对第一次送签人数以及第二次送签人数,做到不漏送、不多送签证 ☆及时告知各操作部门送签状况和出签状况、拒签状况,以出团确认单复印件为依据操作
	护照管理人	☆负责每天送签费用支取、签证代送手续费的支取、认证费等费用的支取和对账工作,并及时送回发票给财务部 ☆负责管理和登记送签员送来的取签护照(出签人数、拒签人数、签出不走人数等) ☆负责和各个计调部联络人收取护照、登机牌、签证页等,并准确无误地交给送签员 ☆保证所有护照和相关销签资料的安全性、准确性,并负责团队客人的查客工作,及时做出中文送签名单和回答问题说明

续表

部门	签证部的工作分工
检查客人资料组	☆负责所有走团客人资料的审核工作,确保客人资料的整齐性、真实性,确保签证的安全性,对于客人资料表中所缺项要尽可能地填全,以便填表组的工作开展 ☆根据检查客人的情况,及时反馈给签证部经理,以便及时作出是否收取押金的决定 ☆在24小时之内将操作单返还给相关业务部门,并注明资料缺少情况和是否收押金,如遇特殊情况另议 ☆负责整理公司内部操作所需的中文名单(注明押金、夫妻、家庭等相关信息)、回答问题情况表
填表组	☆负责所有团队客人的签证表格的填写工作,包括打印客人单位担保函 ☆做好复印身份证、户口簿等相关签证资料的工作以及公司所需相关资料的留档工作(护照首页和尾页) ☆负责按照各个使馆的规定,整齐摆放好所有送签资料,并及时交给送签员 ☆负责整理英文版的客人名单和送签行程,确保其准确性,并及时提供给送签组 ☆确保填写签证表格、客人担保函的准确性,以及相关签证材料的整齐性 ☆所有客人职务的翻译请参考职务范本,要确保单位名称、地址等符合英文的要求

要求:

①按送签材料标准完成材料的准备工作。

②按照送签时间准时完成材料的准备,如造成送签延误,将承担相应责任。

③按送签使馆要求,完善送签材料。

④送签名单要注明:送签日期、出团日期、送签种类、代送社名称、签证费金额、押金及担保收取情况,注明孩子情况。

⑤回答问题应按各使馆要求包含:组团社名称、团队日期、基本行程、费用支付情况、申请人职务、月薪、领导人姓名及职务、参加工作时间、是否在申请国有亲属或朋友、携带货币金额等。

(4)送取销签

签证部送签组收到送签材料后检查是否符合使馆要求,是否有误并制作送签名单→向境外要该团邀请函→准备该团照会→支取该团签证费→送签→取签→核查签证情况→将护照移交至计调部→将签证费有关收据交至财务部→回团后,与计调部交接回团护照、登机牌→对团队的签证进行销签→将销签后的护照与财务部进行交接→将销签记录进行存档。

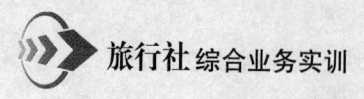

要求:
①向地接社/保险公司提供的资料准确无误。
②保证送签前获得邀请/保险,并保证邀请/保险的准确性。
③保证机位订单的准确无误。
④如遇变更,及时与相关单位沟通并确认。

实训项目二　签证手续准备

- **实训目标**

(一)熟悉签证申请应提交的材料;
(二)学会按规范填写主要目的国的签证申请表;
(三)了解向签证处预约递交签证申请文件的时间;
(四)掌握并实践签证手续准备的操作流程。

- **实训推荐课时**:6课时
- **实训环境**:给每位学生配一台能上网的电脑的实训室。
- **实训项目介绍**

受理客人签证咨询后,就要着手为客人办理签证,而办理签证前进行相关的签证手续准备成为不能忽视的重要环节。基于此,本实训模块特设计了签证手续准备这一实训项目。本实训项目包括申请签证的各项资料的准备和核对、根据规定填写签证申请表、预约时间、成果汇报与考核评价四个实训任务,通过这四个任务的实训,使学生能够掌握并实践签证手续准备的内容和操作规范,为顺利地完成后续的实训项目——办理签证打好坚实的基础。本实训项目涉及的内容极为复杂烦琐,要求学生在实训的过程中时刻做到有耐心和细心,切忌因粗心大意而致使重要资料的遗漏。

- **项目实训工作程序**

(一)教师讲解

实训教师先对本实训项目进行较为全面的介绍,然后概括讲解签证申请应提交的材料、签证申请表的填写、预约时间等具体的实训知识要点,最后强调实训操作方法及注意事项,讲解时间约为1学时。

(二)学生分组并分配任务

实训教师可以根据本项目复杂烦琐的特点,将实训学生重新分成若干小组,也可以沿用上一实训项目的分组或对其略加调整。当然,分组只是手段,目的是保证所有实训任务有序、高效地完成。

在分组后,教师要组织各小组的学生进行分组讨论,确定各小组的具体的实训主题。教师总体上进行把握,并协助将总任务全部分配下去。

(三)实训工作阶段

实训工作阶段包括资料的收集、整理以及室内操作与实际调查三个阶段。资料的收集、整理阶段主要学会通过多种渠道收集信息,并能将收集的资料进行整理;室内操作阶段是利用对已收集资料的掌握,在实训室进行实际模拟和演练;实际调查阶段通过走访旅行社,了解实际操作情况。

(四)撰写报告

每位同学根据自己本次实训工作的具体情况,严格按照实训教师要求和规范撰写实训报告。

(五)成果展示及评定

选取代表进行实训成果的汇报与展示,然后由集体评议打分,打分完成后指导教师进行总结和点评,并对所有学生成果进行汇编。

- **具体任务分解**

任务1　申请签证的各项资料的准备与核对

➢ **工作目标**

1. 让学生了解签证申请应提交的具体材料;
2. 让学生熟悉签证申请材料的准备方法。

➢ **推荐课时**:3课时

➢ **工作内容**

1. 通过多种渠道获得申请主要国家、主要类型签证所需要的各种材料;

2. 对上述材料进行汇总对比,找出其异同,熟悉并掌握办理具体签证需要的具体材料;

3. 练习准备材料(包括向客人索取各种证件资料等)与核对材料的全部程序。

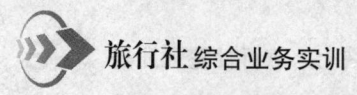

➢ **工作重点**：具体签证所需具体材料的准备。

任务 2　根据规定填写签证申请表

➢ **工作目标**

1. 让学生了解签证申请表的各项内容；
2. 让学生能够按规范填写签证申请表。

➢ **推荐课时**：1 课时

➢ **工作内容**

1. 利用网络查找主要国家签证申请表，了解表格中的内容和要点；
2. 总结并熟记签证申请表中包含的主要内容；
3. 模拟签证员，按规范为客人填写签证申请表；
4. 将填好的签证申请表放入已准备的材料中，并妥善保管。

➢ **工作重点**：签证申请表的填写。

任务 3　预约时间

➢ **工作目标**

1. 让学生了解主要送签国家使领馆签证的预约时间；
2. 让学生掌握与使领馆预约时间的方法。

➢ **推荐课时**：1 课时

➢ **工作内容**

1. 登录主要送签国家的使领馆官方网站，了解其对于预约时间的相关规定；
2. 根据客人出行信息确定合适的预约时间；
3. 练习利用各种预约方式预约送签时间。

➢ **工作重点**：预约时间的方法。

任务 4　成果汇报与考核评价

➢ **工作目标**

1. 小组代表表述本组实训成果，掌握成果汇报展示的方法并进行训练；
2. 评价各组的工作情况。

➢ **推荐课时**：1 课时

> **工作内容**

1. 每位实训学生均进行成果准备,掌握成果准备方法。

2. 选取代表交流汇报调研成果。代表可在成果汇报课上即时选取,这样可让每位学生均积极参与到成果汇报的准备中,并预演成果的汇报与展示,掌握成果汇报与展示的方法。

3. 可采用学生自评、互评,组长点评,教师点评等多种评价方式进行实训成果的评价。

4. 实训教师对评价结果进行汇总,并给出考核成绩。

5. 实训教师对本实训项目的所有学生成果进行整理、汇编。

> **工作重点**:成果准备与汇报方法。

- **学生信息页**

签证申请的主要手续准备

△签证申请应提交的材料

△签证申请表的填写

△预约时间

签证申请的主要手续准备包括三个方面:一是提交申请签证的有关材料,二是填写签证申请表,三是预约时间。

一、签证申请应提交的材料

签证材料因为具有涉及面广,又经常变化的特点,故以下仅列举可能会涉及的材料。

(一)因私签证材料

1. 护照正本

要求有至少半年的有效期。

2. 照片

不同使馆要求的张数不一样,通常2~3张。规格3.5厘米×4.5厘米,浅色背景,要求一年以内的与护照照片无太大差异的彩色近照。

3. 签证申请表

国家不同,表格不一样;少数国家,不同类型的签证要填写不同的表格。

填表最常用的语言是:英语或申请人的母语。通常为两份。

4. 个人资信证明

存款证明、房产证、车本以及持有股票、债券及信用卡等的证明原件。

5. 其他

如身份证、本人及家人户口本、名片等。

6. 申请理由

参加旅行社旅游的由旅行社准备本社组团的照会担保;其他商务、留学、工作等目的个人申请的需要境外发的邀请函、境外的聘用合同、境外学校的录取通知书、同境外业务往来的函电等书面材料。

7. 在职证明

本人单位出具的任职证明和担保函。最好用有单位抬头和通信地址、品质较好的公文纸,以前往国官方语言或英语打印,由领导签署并加盖公章。内容包括申请人的职务、工龄、月薪、旅游原因、返回后能再就业的保证、单位地址、电话、传真、公司印章,签名者的姓名和职务。有些使馆还要求出示公司单位营业执照复印件、单位宣传小册子(成立时间、性质、规模、产品、效益等)。如果申请人已退休需要提供退休证的原件及复印件。

8. 旅程安排

(参团旅游由旅行社提交)所有旅行团员的名单;旅游行程;所有旅行团员的机票预订确认;酒店预订包括酒店地址、电话和传真;入境接待社的确认包括接待社的名称、地址、电话和传真;在境外旅游期间的医疗保险证明;领队的姓名等。

(个人申请)往返机票或订单、酒店预订单、日程安排、海外保险等。

9. 签证费及担保金

所有使馆都收取签证费,只是费率有别。大部分使馆都是先收签证费,并且拒签后不退签证费及签证资料(只退还护照、户口簿、退休证、结婚证等证件原件,但银行存款证明书除外)。一些使馆对某些种类的签证要求收取担保金。

10. 公证材料

公证是对材料真实性增加了一份担保。公证手续在公证处办理。

境外公证:有些使馆要求境外发的邀请函、境外邀请单位的从业执照等文件要经过前往国公证机关的公证。国外公证由邀请方在本国办理。

国内公证:有些使馆要求申请人提供在职证明、亲属关系和单位营业执照的公证。此类公证需要申请人携带需要公证的相关材料,前往国内的各地公证处办理。

11. 认证

认证同公证的性质相似。认证的过程:申请人把需要认证的材料(如在职证明、亲属关系等)送我国外交部的认证处,由其再转使馆或相关机构确认。须认证的材料一般要先经过公证。

注意:以上材料并不是所有国家的签证都需要。有的国家需要材料较为烦琐,有的国家较为简单。同一个国家不同类型的签证,申请材料也可能不同。所需材料还与申请人本人的情况有关。不同的人(如户籍不同)申请同样的签证,可能需要不同的材料。

12. 未成年人

提交监护证明(出生公证书注明父母姓名,或者公证形式的离婚判决书包括管教权的协议,又或者父母其中一方的死亡公证书)以及监护人的书面同意书(如果监护人不能陪同出行的话,可亲自到总领事馆当面签名或者经公证处公证)。

(二)因公签证材料

①因公护照原件、申请表格、照片。

②《出国/港澳任务批件》原件,只能送往批件上所写的前往国家申请该国签证。如批件上所标国家为两个或以上(通常不能超过两个),在送其中一国签证申请时还要提交批件上另一个国家的邀请函资料。

③境外公务邀请函的原件(邀请函内容为邀请时间、邀请目的、邀请成员、出访公务行程内容、境外费用承担方等,并要邀请单位负责人盖章签字)。公务邀请单位要求为正规合法注册机构,有些使馆还要求公务邀请单位提供相当于国内营业执照的证明或是境外的经济担保等。

④往返机票或订单、酒店预订单、海外保险等。

二、签证申请表的填写

各国的签证申请表格都有自己的一定规格和要求,其内容有繁有简,但都有基本相似的部分,现将这些基本相似的内容综合介绍如下:

(一)申请人的自然状况

主要包括姓名、曾用名(有的将姓氏和名字分为两栏)、性别、出生日期、出生地点、国籍(有的分为原国籍和现国籍)、民族、身份、身高、体重、头发颜色、婚姻状况(包括单身、已婚、离异、分居、寡居或鳏居、同居等)、现住址、电话号码和邮政编码等。

(二)护照方面的内容

主要包括证件名称(护照或旅行证等)、护照号码、发照日期、发照地点、发照机关、有效期限等。

1. 家庭状况

主要包括直系亲属(父母、配偶、子女等)和近亲属(兄弟姐妹等)的姓名、性别、出生年月、职业、国籍和住址等。

2. 申请签证内容

主要包括申请签证事由或目的(如探亲、访友、旅游、商务、留学、定居等)和申请签证种类(如入出境次数、停留时间和入境口岸等)。

3. 邀请人(担保人)的状况

主要包括姓名、性别、与申请人的关系、职业、居住地址、电话号码等。

填写签证申请表,要求申请人必须认真如实地填写,要按要求用英文或前往国文字或中文逐项填写,并签上本人姓名,中、英文皆可,一般要与护照上签名一致。

三、预约时间

各个国家所需的签证工作时间各不相同,从 3~15 个工作日不等(详见主要送签国家签证申请概况表)。每个使领馆在不同时期有不同的规定。预计签证出签日为使馆正常情况下签发签证的时间;若遇特殊原因如假期、使馆内部人员调整以及签证、打印机故障等,则有可能会产生延迟出签的情况。因此,要留出足够的时间办理签证。

表 7-4 主要送签国家签证申请概况表

送签国家	预约时间/名额	签证周期	外领区比例
德国	不用预约时间,每月固定只有 100 个名额(使馆答应可以商量增加)	提前 10 个工作日(含瑞士)	不可以送外领区客人(出团前 30%的面试率)

续表

送签国家	预约时间/名额	签证周期	外领区比例
意大利	提前3~5天预约送签时间,没有名额限制 必须上领队	提前7~8个工作日(含瑞士)	可以送10%外领区客人(回团后有销签面试)
荷兰	提前3~5天预约送签时间	提前8~10个工作日(含瑞士)	可以送30%外领区客人(走团时和回团时都要求面试)
法国	提前3~5天预约送签时间,没有名额限制	提前5~6个工作日(不含瑞士)	可以送20%外领区客人(回团时要求面试)
瑞士	提前48小时送签证,每天下午送签,上午取签证,周五不受理送签证,只能取	3个工作日	可送20%外领区客人(没有面试)
芬兰	不用预约时间	5个工作日	可送外领区客人(回团销签面试,如用芬航可不用)
瑞典	不用预约时间	10个工作日(不含瑞士)	可送外领区客人(回团时要求面试)
挪威	不用预约时间	7~8个工作日(不含瑞士)	可送外领区客人(回团时要求面试)
丹麦	提前3天左右预约签证	10个工作日	不可以送外领区客人
西班牙	提前一周预约签证	10个工作日(不含瑞士)	不可以送外领区客人
希腊	不用预约时间	10个工作日	外领区客人需和使馆商量
英国	不用预约时间(英国签证中心送签)必须上真实领队	5~7个工作日	外领区客人根据比例单独申请
奥地利	不用预约时间	5~10个工作日	不能送外领区客人(走团时和回团时都要求面试)

续表

送签国家	预约时间/名额	签证周期	外领区比例
俄罗斯	不用预约时间	5个工作日;3个工作日(收加急费)	要给客人做暂住证才可以送外领区
南非	不用预约时间	7个工作日	外领区客人不超过10%
埃及	不用预约时间	5个工作日	外领区客人不超过10%
土耳其	不用预约时间	3~5个工作日	外领区客人不超过10%
巴西	不用预约时间(不做白本)	5~10个工作日	可商量
阿根廷	不用预约时间	最少1~3个工作日	可商量
智利	不用预约时间	5个工作日	未知
秘鲁	不用预约时间	5个工作日	未知
澳大利亚	不用预约时间	15~18个工作日	不可以送外领区客人
新西兰	不用预约时间	3~15个工作日	外领区客人不超过10%
美国	提前一个月预约送签时间	3~5个工作日	不能送外领区客人

实训项目三　办理签证

- **实训目标**

（一）熟悉办理签证的程序；

（二）实践办理签证的全部操作流程。

- **实训推荐课时**：6课时
- **实训环境**：给每位学生配一台能上网的电脑的实训室。
- **实训项目介绍**

顺利地完成受理客人签证咨询和签证手续准备两个实训项目后，便可以进行办理签证这一实训项目了。办理签证是整个实训模块的核心，也是实训模块能否圆满完成的最后环节。本实训项目可以分解为携带相关资料于预约时间办理签证、对签证处审核出现的问题进行修正、领取签证、成果汇报与考核评价四个实训任务,这四个实训任务环环相扣,紧密相连。学生通过对四个实训任务的操作,能够很好地了解办理签证的具体程序,熟悉并实践办理签证的全部操作流程。

- **项目实训工作程序**

(一)教师讲解

实训教师首先应对本实训项目的重点、难点从总体上加以阐述,然后具体讲解这一实训项目涉及的知识点,最后强调签证办理实务及注意事项。教师讲解时可根据实际情况选择不同的讲解方式。

(二)分配任务

实训教师可以根据本项目的任务量及特点,将实训学生分成若干小组。在分组后,每个小组选出一名组长。教师用分组讨论确定任务的形式将总任务全部分配下去。

(三)实训工作

对已分配好的实训任务进行具体操作,在操作中严格按照既定方法和流程进行。具体的工作方法主要有文献调查法和实地调查法,工作流程为携带相关资料于预约时间办理签证、对签证处审核出现的问题进行修正、领取签证、成果汇报与考核评价。教师在学生实训工作阶段要对学生的实训工作加以指导和控制,使学生在既定时间内完成既定的任务。

(四)实训总结

每位同学在实训工作结束后都要撰写实训总结报告。实训总结报告的撰写要求真实、具体,避免千篇一律、空话连篇。

(五)成果汇报及评定

结合实训过程中的表现和总结报告的撰写情况,选取若干代表进行实训成果汇报与展示,然后由集体评议打分,打分完成后指导教师进行总结和点评,并依据实训教师事先设计的成绩评价体系对学生成绩进行评定,最后对所有学生实训资料进行整理、汇编。

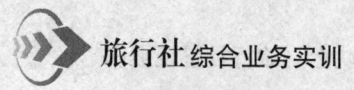

- 具体任务分解

任务1　携带相关资料于预约时间办理签证

➢ **工作目标**

1. 让学生了解申办签证的具体程序；
2. 让学生实践办理签证的操作流程。

➢ **推荐课时**：3 课时

➢ **工作内容**

1. 收集签证办理程序及注意事项等方面的资料；
2. 核对已准备好的全部签证材料；
3. 实践携带签证材料、提交签证申请、办理相关手续。

➢ **工作重点**：提交签证申请。

任务2　对签证处审核出现的问题进行修正

➢ **工作目标**

1. 让学生了解签证处审核中常出现的问题；
2. 让学生能够对出现的问题及时进行修正、补充。

➢ **推荐课时**：1 课时

➢ **工作内容**

1. 利用网络查找签证处审核中经常出现的问题；
2. 模拟签证员，对签证处审核中出现的问题进行修正。

➢ **工作重点**：对签证处审核中出现的问题及时修正。

任务3　领取签证并做好保管工作

➢ **工作目标**

1. 让学生了解领取签证的相关内容；
2. 让学生实践领取签证的具体操作。

➢ **推荐课时**：1 课时

➢ **工作内容**

1. 收集与领取签证有关的信息；
2. 根据发证通知，领取签证；

3. 领回签证后做好保管工作。

任务 4　成果汇报与考核评价

➢ **工作目标**

1. 选取代表汇报与展示本项目实训成果；
2. 评价各组的工作情况。

➢ **推荐课时**：1 课时

➢ **工作内容**

1. 成果准备与汇报；
2. 进行讨论与评议；
3. 学生与教师打分；
4. 确定考核成绩；
5. 进行成果汇总。

● 学生信息页

一、申办签证的程序

（一）中国公民申办外国旅游签证的程序

中国公民申办外国签证，无论采取哪一种方式，是委托代办，还是自己直接办理，一般都需要经过下列几个程序：

①递交有效的中国护照。外国使领馆对送交申请签证的护照一般有以下要求：送交外国驻华使领馆的护照有效期必须在 6 个月以上，持照人必须在护照上签名。

②缴验与申请事由相适应的各种证件，包括前往国的入境许可和我国公证机关出具的各类有关证明。

③填写外国签证申请表格。签证不同，表格也不同，有的要用外文填写。同时缴付本人照片，必须和护照上的照片一致。

④同前往国驻华大使馆或领事馆官员会见（有些国家不需要）。有的国家规定，凡移民申请者必须面谈后，才能决定；也有的国家规定，申请非移民签证也必须面谈。

⑤大使馆或者领事馆将填妥的各种签证申请表格和必要的证明材料呈报国内主管部门审查批准。有少数国家的使领馆有权直接发给签证，但仍须转报国内备案。

⑥前往国家的主管部门进行必要的审核后，将审批意见通知驻华使领馆。如果同意，即发给签证；如被拒绝入境，也会通知申请者本人。

⑦申请者向有关国家的驻华使领馆缴纳签证费用。一般来说，移民签证费用多，非移民签证费用少。也有些国家根据互免签证费协议，不收费。

（二）中国签证申办程序

中国签证是中国签证机关发给外国公民入、出或过境中国的许可证明。申请中国签证除须提供有关申请文件外，还须回答被询问的有关情况并履行下列手续（协议另有规定者除外）：

①提供有效护照或者能够代替护照的证件；

②填写签证申请表一份，交本人近期二寸正面免冠半身照片一张；

③缴纳签证费。

中国的签证机关，在境外是中国驻外国大使馆、总领事馆、签证办事处、驻香港特派员公署领事部或外交部授权的其他驻外机构。外国人入境或过境中国，应向中国的上述签证机关申请办理签证。有关申请签证的具体手续可就近向中国签证机关咨询。

二、签证申请被拒签或拒绝受理的情况

①申请出发时间不够使馆规定的工作日的，使领馆按原则会拒绝受理。

②申请资料不完整、不符合使馆规定的，使领馆拒绝受理。

③经使馆核实客人提供资料有虚假的会被拒签。

④经使馆核实送签资料有虚假（旅行社的行程机票、酒店预订等）的，可能会遭到全团拒签。

⑤境外接待旅行社或邀请方、送签的旅行社信用发生问题的，可能会遭到全团拒签。

⑥国内有些地区由于经济等原因，比较其他地区容易出现境外非法滞留现象。使领馆会对这些地区的客人严格审查，因此来自这些地区的客人比较容易被拒签。如河北及东北部分地区的抚顺、吉林、铁岭，朝鲜族聚集地，天津、浙江、福建、江苏等地。

⑦有过拒签记录的通常在3个月或半年内不可以再次申请该国(地区)签证。

⑧客人资料或社会身份不稳定、缺乏实力的,如年轻未婚或离异、收入、学历低,个人财产证明不足等情况,比较容易被审查客人严格的使领馆拒签。

⑨无论通过旅行社还是个人申请,即使全部签证资料无懈可击,签证是否可以成功,最终仍旧取决相关国家使领馆签证官的直接审核结果,这里面有签证官个人因素,更有该国当时的政治经济形势的直接影响。如发生拒签状况,使馆无须解释具体原因,申请人应自然接受此结果。

三、判断各国签证的难易程度

公民向前往国驻华使领馆提出签证申请时,工作人员会发给申请人几份表格:入境申请表、体检表等,由申请人填写。使领馆工作人员收到填好的申请表后,就会进行初步审查,合乎条件者交领事复审。领事复审后即约定申请人在限定时间内到使领馆内面谈有关问题,以确定是否同意入境。

若是拒签不许入境,使领馆将会在申请人的护照上盖章,说明申请人于何时到领事馆申请过。若是同意入境,就会当即发给签证。

无论申请人是否获准签证,申请人的全部材料都会输入电脑,以供再次申请时或入境后备查。

对于申请长期签证,大多数情况下领事都会直接面见申请者,并与申请人进行一番谈话。谈话内容一般是根据申请人提出的入境申请理由进行的。

一般因公出国人员不需到外国驻华使领馆进行面谈,但近年来由于出国人数日益增多,访问目的日趋广泛,使一些外国驻华使馆的领事官员认为有些团组和个人提供的申请材料不能令其满意,有必要面谈询问一些问题。

对于出国人员,应选择哪些入境签证比较容易获得批准的国家申请入境,出国前判断各国签证的难易程度,主要根据如下四点:

(一)世界上的发达国家对入境签证控制较严

如美国除对配额移民控制较松外,对其他各项入境签证都从严控制。英国、法国、德国、日本对自费留学控制较松,但在移民、探亲、劳务等方面则控制很严,尤其是日本,对移民问题更是严格限制。因此,如果申请到上述国家移居、长短期工作,难度比较大。经济不那么发达的国家对入境签证控制较宽,如拉丁美洲部分国家。西欧的荷兰、西班牙对外国人自费留学、探亲访友、长

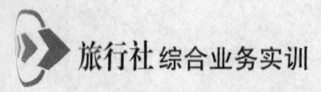

短期工作等方面采取比较宽松的政策。

(二) 人多地少的国家入境签证很难成功,而地广人稀的国家入境签证却较易通过

地广人稀且经济又比较发达的国家主要有:加拿大、澳大利亚、俄罗斯、巴西等。加拿大经济相当发达,需要大量技术熟练的工人和专业人才,该国人口稀少,需要补充大量的移民以弥补专业人才的短缺。现在,加拿大每年接收的移民已达20万人左右。拉丁美洲国家近年来因大量劳动力流入美国,造成本国服务行业、采矿行业的技术熟练工人很缺乏,因此,申请去这些国家从事服务行业工作者,其签证要比其他国家容易得多。

俄罗斯西伯利亚地区地广人稀,目前政府正计划开发西伯利亚地区,如果中国西北、东北地区的公民向这些地区申请入境签证比较容易。

(三) 选择别人较少申请的国家,签证比较容易

申请人多的国家,入境签证很难通过。一般来说,如果申请人是申请到拉丁美洲的委内瑞拉、智利、秘鲁、圭亚那、巴西、阿根廷、玻利维亚、厄瓜多尔、乌拉圭,大洋洲的新西兰及岛屿小国斐济、汤加,非洲的毛里求斯、利比里亚,中美的伯利兹、多米尼加,欧洲的意大利、荷兰、西班牙、葡萄牙等国去探亲、访友,其入境签证的成功率比较高。

(四) 与中国已建立外交关系的国家,入境签证较易成功

世界目前与中国建交的国家达140多个,这些国家大都欢迎中国公民前往该国探亲、访友、旅游、就业、继承财产以及移民定居,如东南亚的泰国、老挝、缅甸、新加坡,巴基斯坦、土耳其、伊朗等信仰伊斯兰教的国家。尤其是申请到泰国、新加坡等国旅游观光,容易得到批准,申办签证所需时间也相对比较短。

四、办理签证注意事项

①办理各国签证资讯、费用与所需证件时有变更,应随时更新。
②应确实讲清出国的目的、出发日、停留期间。
③备妥相关证件,一次交齐,免得来回奔波。
④熟悉各国签证应备证件及公司对客户收取手续费之标准。
⑤必备表格先填妥,收件日期必须记载于档案。
⑥务必建立个人资料档案,将基本资料输入,包括家庭地址、电话及公司

名称、地址、电话、接洽人。

⑦签证表格的填写或打字应力求整洁、确实。

⑧查核送签的资料是否正确,送签日期必须记载于档案。

⑨送签后必须时时追踪办件情形,留意日期是否来得及、是否要补件等,以免耽误出国日期。

 小贴士

签证专家提醒您

领到签证后要仔细核对每一项,特别注意签发日期、有效期和停留期等是否相吻合。

参考文献

1. 倪小钢. 中国公民出境游全程指南[M]. 北京：中国轻工业出版社, 2007.
2. 生延超, 范保宁. 导游理论与实务[M]. 北京：中国旅游出版社, 2007.
3. 金正昆. 国际礼仪[M]. 北京：北京大学出版社, 2005.
4. 熊晓敏. 旅行社Sales外联营销手册[M]. 北京：中国旅游出版社, 2009.
5. 蔡必昌. 旅行社管理实务操作手册[M]. 广州：南方日报出版社, 2004.
6. 徐进. 现代旅行社运行与管理实务全书（下册）[M]. 北京：北京燕山出版社, 2000.
7. 暮宾. 旅游完全手册[M]. 北京：石油工业出版社, 2001.
8. 隋伟. 出国旅游实用手册[M]. 北京：中国建材工业出版社, 2004.
9. 傅庆. 中国公民出入境全书[M]. 北京：群众出版社, 2000.
10. 罗明义, 毛剑梅. 旅游服务贸易：理论·政策·实务[M]. 昆明：云南大学出版社, 2007.
11. 北京市旅游局. 出境旅游领队实务[M]. 北京：旅游教育出版社, 2002.
12. 北京凤凰假期国际旅行社有限公司. 出境旅游操作实务[M]. 北京：兵器工业出版社, 2006.
13. 黄明亮, 赵利民. 旅行社经营管理[M]. 北京：中国人民大学出版社, 2006.
14. 杨晨晖. 外联部操作实务[M]. 北京：旅游教育出版社, 2006.
15. 陈乾康. 旅行社计调与外联实务[M]. 北京：中国人民大学出版社, 2006.